ARKANA

Buch

Ein Jahr lang ist David Luczyn kreuz und quer durch Deutschland gefahren, oft in enger Zusammenarbeit mit Radiästheten und Mythenforschern. Er stieg in die Höhlenwelt des Kyffhäusers und Hohen Meißners hinab, besuchte den Wallfahrtsort Altötting, das Rudolf-Steiner-Haus in Frankfurt und viele weitere bekannte und unbekannte Kirchen, Kapellen und Burgen sowie Kultstätten aus keltischer, römischer und germanischer Zeit. Immer auf der Suche nach Plätzen, die neben ihrer herausragenden Stellung in der Geschichte noch eine ganz besondere Ausstrahlung besitzen, eine ganz spezielle Aura aufweisen. Entstanden ist so ein ungewöhnlicher Reiseführer, der Informationen und Aufschlüsse bietet, die über das gewohnte Maß hinausgehen.

David Luczyn beschränkt sich nicht darauf, die gängigen Fakten zu den Sehenswürdigkeiten zu referieren. Er öffnet die Sinne für die verborgenen Schätze, für die tiefer liegenden Qualitäten und Energien der beschriebenen Natur- und Kulturdenkmäler. Für ihn sind sie Orte der Kraft, zentrale Punkte, an denen sich Energien bündeln, die man mit geeigneten Mitteln sichtbar und erfahrbar machen kann und die wir vor allem für uns selbst nutzbar machen können. Er beschreibt, wie sich diese Kraftorte auf Körper und Geist auswirken und wie es möglich wird, diese Kraftorte zu nutzen, um die eigenen Batterien wieder aufzuladen, um neben der äußeren Reise auch die innere Reise glücklich zum Ziel zu bringen.

Autor

David Luczyn, geboren 1952, studierte Sozialpädagogik und beschäftigt sich seit dreißig Jahren mit religiösen, philosophischen und esoterischen Lehren und mit verschiedenen Meditationsformen. Ausbildung und Selbsterfahrung in verschiedenen Methoden der humanistischen Psychologie. Seit 1985 ist er als Redakteur und Journalist tätig.

Homepage: www.stardust-archiv.de

Gründer von www.spirit-net.de

DAVID LUCZYN

MAGISCH REISEN DEUTSCHLAND

Wo die Seele Kraft tankt

Völlig überarbeitete
und erweiterte Neuausgabe

ARKANA
GOLDMANN

Fotos von David Luczyn

Umwelthinweis:
Alle bedruckten Materialien dieses Taschenbuches
sind chlorfrei und umweltschonend.
Das Papier enthält Recycling-Anteile.

Überarbeitete und erweiterte Neuausgabe Juni 2001

in der Verlagsgruppe Bertelsmann GmbH
Umschlaggestaltung: Design Team München
Umschlagfoto (Externsteine): David Luczyn
Redaktion: Dieter Löbbert, Daniela Schetar, Ralf Lay
Satz: Barbara Rabus, Sonthofen
Druck: Presse-Druck, Augsburg
Verlagsnummer: 21593
WL · Herstellung: WM
Made in Germany
ISBN 3-442-21593-5
www.goldmann-verlag.de

1. Auflage

Inhalt

Vorwort zur Neuauflage

Genau zehn Jahre sind vergangen, seit ich das Manuskript zur ersten Auflage dieses Buches geschrieben habe. Damals waren Geomantie und Feng Shui noch etwas Fremdes, Exotisches, etwas für Eingeweihte. Das hat sich dramatisch verändert. Vor allem Feng Shui ist regelrecht zur Mode geworden. Hotels, Geschäftsgebäude und Wohnhäuser werden zunehmend in Harmonie mit Erdenergien und den Elementen gebaut, eine bayrische Gemeinde ließ sogar eine ganze Siedlung nach den Prinzipien von Feng Shui und Geomantie planen, und Radiästheten haben Hochkonjunktur. Auch der Erfolg dieses Buches zeigt das Interesse einer größeren Bevölkerungsschicht. Mehrere bekannte Zeitschriften und auch das Fernsehen haben das Thema aufgegriffen und zwar oberflächlich, aber positiv darüber berichtet. Mittlerweile gibt es eine eigene Zeitung für Geomantie, ein halbes Dutzend weiterer Bücher zum Thema Kraftplätze und viele Anbieter von Seminaren und Ausbildungen.

Eine Zeit lang hatte ich selbst Reisen zu Orten der Kraft (Externsteine, Fränkische Schweiz) angeboten, die auf gute Resonanz stießen. Mehrere Gruppenreisen, die zu den Pyramiden und Tempeln in Ägypten führten, waren der Höhepunkt meiner Seminartätigkeit. Reisen zu den Kraftplätzen in Südengland (Stonehenge, Avebury, Glastonbury und andere) und eine Reise nach Peru und Bolivien (Machu Picchu) rundeten meine Erfahrungen mit besonderen Plätzen ab. Vor allem in England kam ich in direkten und häufigen Kontakt mit der Megalithkultur.

Damals war mir noch nicht bewusst, wie viele steinzeitliche Denkmäler in Form von Dolmen und Hünengräbern wir selbst in Deutschland haben. Sogar mehrere Steinkreise, darunter einen sehr speziellen (Boitin), haben wir vorzuweisen. So war die Extratour für die Neuauflage durch die neuen Bundesländer und Norddeutschland, die vorher etwas stiefmütterlich behandelt worden waren, überwiegend eine Reise zur Megalithkultur und ihren über dreitausend Jahren alten magischen Relikten. Ich kann Ihnen versprechen: eine echte Bereicherung für das Buch, das Sie jetzt in der Hand halten.

Zur Einführung habe ich daher dem Thema Megalithkultur ein ausführliches Kapitel gewidmet, sowohl von den historischen als auch der energetischen Seite, und dafür bei verschiedenen Spezialisten recherchiert. Auch zum Thema Kirchen wurde ein Kapitel ergänzt: »Heilsame Kräfte in Kirchen«. Weitere neue Orte, die mich fasziniert haben, sind unter anderem Baden-Baden, Kloster Marienthal, Klosterruine Disibodenberg und die Gralsburg Wildenberg. Insgesamt sind über dreißig neue Plätze dazugekommen, darunter mehr als zwanzig Megalithstätten.

Ich hoffe, Sie finden die neuen Orte genauso interessant und anregend bzw. entspannend und heilsam wie ich, und wünsche Ihnen bei Ihrer magischen Reise durch Deutschland alles Gute.

Wenn Sie wollen und können, besuchen Sie mich auf meiner Homepage: www.stardust-archiv.de. Hier finden Sie auch Artikel und Bilder zu meinen Auslandsreisen.

David Luczyn

Vorwort

Hinter mir liegt ein ereignisreiches Jahr mit einer wahren »Magical Mystery Tour«, einer Expedition innerlich und äußerlich. Die vielen »Zufälle«, die dabei eine Rolle spielten, bestimmte Kontakte und Begegnungen, die hilfreichen Unterstützungen und Tipps, die ich erhielt, haben viel zu dem vorliegenden Band beigetragen.

Wesentlich geprägt hat dieses Buch Hans-Jörg Müller, der mich geduldig sowohl theoretisch als auch praktisch in die Geheimnisse der Geomantie eingeführt hat. Er ist seit zehn Jahren mit Orten der Kraft beschäftigt und hat bei bekannten Spezialisten und durch intensive eigene Forschung ein profundes Wissen erworben. Dazu gehören die Bestimmung der Funktion von Naturtempeln und Einstrahlpunkten sowie die Landschaftsinterpretation aus geologischer, radiästhetischer, historischer und geomantischer Sicht. Ich konnte ihn auf mehreren seiner Reisen quer durch Deutschland begleiten und habe viel dabei gelernt.

Seine Fähigkeit, aus dem Kosmos einstrahlende feinstoffliche Energie zu »sehen« und durch Versenkung inneren Kontakt zu Naturwesenheiten aufzunehmen, hat mich sehr beeindruckt, ebenso wie seine Liebe für die Natur und das Verantwortungsgefühl für das, was sie ihm mitteilt. Seine größte Hoffnung ist, dass dieses Buch nur in ihrem Sinne verwendet wird. Durch ihn hat das Buch an Tiefe gewonnen. Sie können das leicht selbst an den Orten nachvollziehen, die wir gemeinsam besucht haben und die von ihm radiästhetisch »ausgemutet«

und geomantisch erschlossen wurden. Sie sehen an jenen ausführlichen Beschreibungen, die auf Orte im Allgäu und in der ehemaligen DDR begrenzt sind, was ein (selbst unscheinbarer) Ort alles »hergeben« kann, wenn man tiefer schaut und hineinspürt. Hätten wir das für ganz Deutschland gemacht, so hätte das Jahre erfordert und viele Bände gefüllt. Allein das Kapitel über alte Kirchen und Wallfahrtsorte wäre rahmensprengend geworden.

Mut zur subjektiven Auswahl

So dienen diese detaillierten Schilderungen der beispielhaft ausgewählten Orte als Vorbild, in welcher Weise Sie sich andere Orte selbst erschließen können.

Es ist mir eine besondere Freude, dass sich durch diese Zusammenarbeit auch ein Kontakt mit langfristigen Konsequenzen zu dem Wassermannzentrum im Schwäbischen Wald ergeben hat. Hier wurde ein spirituelles Zentrum nach allen Regeln der geomantischen Kunst erschlossen, um Mensch, Kosmos und Natur als Ganzes harmonisch in Einklang zu bringen. Leider hat das Zentrum 2001 geschlossen.

Da in diesem Buch Informationen weitergegeben werden, die zum Teil bisher noch nicht einer breiten Öffentlichkeit zugänglich waren, besteht leider auch die Gefahr des Missbrauchs. Ich habe mir lange darüber Gedanken gemacht, ob der Nutzen, Menschen an die vergessenen Energien der Natur heranzubringen, die Gefahr der Zerstörung derselben rechtfertigt. Es hat manche intensive Diskussion darüber gegeben.

Dieses Buch ist nicht so zu verstehen, dass Orte der Kraft gleich kosmischen Tankstellen grenzen- und bedenkenlos benutzt werden können. Kraftplätze sind sehr sensible Stellen im planetarischen Organismus, die auch gestört und blockiert werden können. Energie- und sensationshungrige »Kraftplatz-Touristen« können der Natur genauso schaden, wie das allgemein auch durch normale, des Landes und der Umwelt unbewusste Touristen geschieht.

Sensibler Umgang mit Kraftplätzen

Ich habe daher bewusst (im Gegensatz zum Kultplatzbuch von Gisela Graichen) besonders sensible Plätze in diesem Buch nicht erwähnt und eher solche Orte beschrieben, die entweder bekannt sind oder es »vertragen« können. Eine ganze Reihe von Plätzen ist bereits mit allen Vor- und Nachteilen touristisch erschlossen, das gilt leider auch für fast alle Dome und Wallfahrtsorte. Gerade diese verdienen eine liebevollere und bewusstere Zuwendung, um die ich hiermit den Leser bitte.

Weiter ist dieses Buch eine Herausforderung und eine Chance, sowohl für Christen als auch für Nicht-(mehr-) Christen, unsere Kirchen aus einer neuen Perspektive und in einem neuen Licht zu sehen. Wie im Kapitel über Geomantie ausführlich beschrieben, sind besonders alte Kirchen, Kapellen und Wallfahrtsstätten schon immer Orte der Kraft, der Besinnung und der geistigen und physischen Erneuerung gewesen. Dass dies nicht nur an dem darin praktizierten Glauben, sondern auch an der Architektur und der Standortwahl des Gebäudes liegt, mag für manche Christen vielleicht zu einer Provokation werden, über die sie bereit sind nachzudenken – ebenso für jene, die aus der Kirche ausgetreten sind.

Die Chance besteht darin, sowohl die zahlreichen beeindruckenden Kirchen wieder mit neuem Leben zu erfüllen, als auch einen verbindenden Dialog der Neuorientierung und des Verständnisses zu kreieren, der uns allen und nicht nur einer bestimmten Religion dient.

Es geht jetzt ums Ganze, und zwar für uns alle. Magisch Reisen ist daher eine Einladung, durch historische, mythologische und energetisch bedeutsame Orte mehr über den Sinn und die Selbstverwirklichung des Individuums die »Seele eines Ortes« zu erfahren. Indem wir über solche Orte das Wissen unserer Vorfahren entdecken und die Natur wieder mit einbeziehen, lernen wir subtile, vom materiellen Denken verdrängte Kräfte kennen, die unserem Planeten vielleicht helfen können, »ganz« zu werden. Dies sollte ohne den Druck religiöser, wissenschaftlicher oder weltanschaulicher Dogmen geschehen, haben diese doch nachweislich immer nur zu Konkurrenz, (Macht-)Kampf und Unterdrückung, aber selten zu Verständnis und Integration geführt. In diesem Sinne wünsche ich Ihnen eine interessante und aufschlussreiche magische Reise – äußerlich und innerlich.

Geomantie – Das Wissen um die Kräfte der Erde

Während die Geologie die wissenschaftliche Lehre von der Erde und ihren mechanisch nachvollziehbaren Gegebenheiten beschreibt, ist die Geomantie eine alte esoterische Wissenschaft von den geheimen, das heißt subtilen Energien und Kraftströmen der Erde. Diese teils sehr stark wirkenden Kräfte waren Eingeweihten aller Kulturen bewusst, und sie wirkten und arbeiteten im Einklang mit ihnen. Mit welchen Methoden sie diese Kräfte erkannten und wahrnahmen, ob intuitiv, medial oder durch Naturbeobachtungen, ob durch sensitive Strahlenfühligkeit oder mit mechanischen Mitteln, ist heute nur teilweise bekannt. Aber historische Bauten in aller Welt, insbesondere alle Pyramiden, alte Tempel, Menhire und Kultstätten, zeigen, dass dieses Wissen weit verbreitet war. In China gibt es zum Beispiel noch heute eine Wissenschaft der Landschaft, Feng Shui, deren Kraftströme Drachenpfade genannt und als Lebensströme der Erde geehrt und geachtet werden. Selbst im kapitalistisch-weltlich orientierten Hongkong wird dieses Wissen noch heute berücksichtigt, zum Beispiel beim Neubau von Banken, Hotels etc.

Aufgaben des Geomanten

Dem Geomanten fällt dabei die Aufgabe zu, die Wechselbeziehung zwischen irdischen Energiemustern und kosmischen Einstrahlungen in der Landschaftsgestaltung deutlich werden zu lassen und diese Kräfte harmonisch miteinander zu verbinden. In seiner Berufsqualifikation verbindet sich die Kenntnis zahlreicher Wissenschaften, wie der Astronomie, Astrologie, Geometrie,

Landvermessung, Zahlen- und Proportionslehre, mit dem direkten Einfühlungsvermögen von Wünschelrutengängern für die Strömungen und Energieflüsse auf der Erdoberfläche.

Erde als lebendiges Wesen

Das geomantische Weltbild sieht die Erde (Gaia) als lebendiges Wesen mit einem feinen Netz, den Nervenbahnen und Meridianen des menschlichen Körpers gleich, das die Erde teils sichtbar, teils unsichtbar umhüllt und durchzieht. Sichtbar und nachweislich wie unsere Nerven sind zum Beispiel alle Erz- und Wasseradern und die geologischen Verwerfungen. Nicht mit grobstofflichen Mitteln wie Skalpell und Spaten nachweisbar sind die Meridiane von Mensch und Erde. Nichtsdestoweniger sind sie messbar und in ihren Auswirkungen unübersehbar. Was in der Medizin die Hautwiderstandsmessung möglich gemacht hat, hat im globalen Maßstab die Radiästhesie gezeigt: das Vorhandensein von Energieströmen, die den Menschen direkt oder indirekt beeinflussen, im positiv aufbauenden oder im negativ schwächenden Sinne. Während sich die Geomantie mehr mit den aufbauenden Erdströmen befasst, waren und sind das Arbeitsfeld der Radiästhesie eher die geopathogenen Felder, die Reizzonen. Beide Richtungen arbeiten jedoch mit gleichen oder ähnlichen Methoden und nähern sich immer mehr an. Viele Radiästhesisten haben nun auch die Kraftplätze entdeckt, und man sieht sie hier und da mit Pendel und Rute Kirchen und Kultplätze abschreiten. Einer, der dies ausgiebig und gezielt im Rahmen seiner Doktorarbeit getan hat, ist der Diplomingenieur Jörg Purner. Er hat Hunderte von alten Kirchen, Kapellen und Kraftorten mit der Rute und anderen Instrumenten untersucht und ist zu dem eindeutigen Schluss gekommen, dass keiner dieser Plätze zufällig oder nach rein praktischen Gesichtspunkten angelegt wurde.

Kraftlinien mit starken Kreuzungen im Altarbereich

Allen gemeinsam waren eindeutig nachweisbare Kraftlinien mit starken Kreuzungen im Zentrum oder im Altarbereich. Jeder, der einmal zufällig oder bewusst an so einem Platz gestanden hat, weiß oder ahnt, was er bewirkt. Man fühlt sich erhoben, aufgeladen, zentriert, wird ruhig und klar oder spürt sogar ein Kribbeln oder Ziehen. Hellsichtige Menschen beobachten eine Vergrößerung der Aura. Ist dazu noch eine »Mediallinie« vorhanden, auch »Linie der Beredsamkeit« genannt, so überkommt einen leicht »der heilige Geist«, man redet fließend, kraftvoll und überzeugend, wächst über sich hinaus, wird eins mit etwas Höherem. Hier wurden bewusst die Kanzeln platziert.

Geomantie und Radiästhesie unterscheiden zwischen verschiedenen Zonen, Streifen und Linien, die zumeist in Form von elektromagnetischen Wellen aus dem Erdreich oder dem Kosmos kommen.

Gitternetzverläufe

Dazu gehören die Meridiane des Gradnetzes, deren Längen- und Breitengrade sich rechtwinklig schneiden, und das so genannte Globalgitter nach Dr. med. Hartmann. Dieses Raumgitter umhüllt als dreidimensionales Netz den ganzen Erdball. Es besteht aus unsichtbaren Reizstreifen, die für sensible Menschen erfühlbar, aber physikalisch mit herkömmlichen Methoden erst teilweise nachweisbar sind. Im Inneren der durch diese Gitter gebildeten Rechtecke befindet sich eine neutrale Zone mit ungestörtem Mikroklima. Unangenehm sind bei längerem Aufenthalt die Kreuzungen, besonders wenn sie mit Wasseradern und Verwerfungen zusammenfallen. Der Abstand zwischen den Linien beträgt zwei Meter in

Nord-Süd-Richtung beziehungsweise 2,50 Meter in Ost-West-Richtung. Angeblich soll die Dimension des Netzgitters den mathematischen Wurzeln der Cheops-Pyramidenmaße entsprechen.

Diagonalgitter

Das zweite Netz wird Diagonal- oder Currygitter genannt. Es läuft diagonal zum ersten Netz und hat eine Maschenbreite von drei bis vier Metern. Das Diagonalgitter hängt energetisch stark mit dem ersten Netz zusammen und bildet abwechselnd auf- und abladende Knotenpunkte.

Wachstumslinien bzw. -zonen

Sie scheinen keinen regelmäßigen Linienverlauf zu haben und weisen komplizierte Kreuzungspunkte auf. Sie wirken aufbauend und wachstumsfördernd auf Pflanzen und Bäume.

Mediallinien oder Beredsamkeitslinien

Sie stehen im besonderen Zusammenhang mit Kanzeln und Altären in Kirchen. Sie entstehen laut Diplomingenieur R. Schneider auf so genannten rechtsdrehenden beziehungsweise rechts polarisierten Wasserströmungen und Quellen. Nur etwa 20 Prozent der Quellen und Strömungen sind rechtsdrehend.

Geomantische Zonen

Eine geomantische Zone ist eine Verdichtung von Netzgittern und läuft in Nord-Süd- oder Ost-West-Richtung. Da sie eher »weltlich« wirken, finden wir auf ihnen oft Schlösser und Burgen. Römische Stadt- und Wehranlagen waren danach ausgerichtet, weil die Einpassung in diese Zonen stabilisierend auf die Sozialstruktur wirkt. Einzelne Wellenlängen innerhalb der geomantischen Zonen gelten, wenn sie in eine bestimmte Richtung fließen, als energetisierend (nach H.-J. Müller).

Energielinien und Erdkraftfelder
1 = Hartmann-Gitter; 2 = Curry- oder Diagonalnetz; 3 = Wasserläufe; 4 = Verwerfung; 5 = Leyline; 6 = Baum mit Wachstumsmuster und kosmischer Beziehung; 7 = Dolmen, in der neutralen Zone stehend (Yin); 8 = Menhir; 9 = Kraftpunkt, Himmel-Erde-Punkt; 10 = Kraftort, Orakelstätte, Kultplatz mit kosmischer Beziehung; 11 = christlicher Kraftort (Kirche). Quelle: Schweizer Institut für Feng Shui und Geomantie, Biel

Leylines

Der Begriff Leylines wurde Anfang des Jahrhunderts von dem Engländer Alfred Watkins geprägt, der herausfand, dass eine große Zahl von alten Kirchen und Kultplätzen auf einer geraden Linie lag, wenn man sie auf einer Karte miteinander verband. Er war nach eigenen Angaben in der Lage, dieses Energiephänomen zu »sehen«. Auch heute sind wieder einzelne Personen nach eigenem Bekunden fähig, diese feinstofflichen Energien tatsächlich wahrzunehmen und zu beschreiben, zum Beispiel Marko Pogačnik, Hans-Jörg Müller und Peter Dawkins. Durch die Erfahrbarkeit solcher Kräfte und die Fähigkeit bestimmter Menschen, sie zu sehen, wurde die systematische, radiästhetische Erforschung dieser Phänomene erst angeregt und dokumentiert.

Leider wird der Begriff der Leyline oft verwechselt mit geomantischen Zonen oder anderen gerade verlaufenden Energiebahnen. Eine Leyline ist ein mit »Lebenskraft« pulsierender Meridian, der meist geradlinig durch die Landschaft läuft, aber auch abrupt wieder abbrechen kann, zum Beispiel an Betonbauten.

Bei den Leylines handelt es sich um einen Lebensstrom, der da, wo er fließt, die Pflanzen-, Tier- und Menschenwelt nährt und inspiriert, vor allem, wenn er mit Steinsetzung in wahrnehmbare Energieformen transformiert wurde, wie das zum Beispiel die Megalithkultur beherrschte. Eine solchermaßen zentrierte Leyline wirkt impulsgebend und wachstumsfördernd für Lebensprozesse. Sie spendet Lebenskraft innerhalb der verschiedenen sozialen Gemeinschaften. In Kirchen und Kathedralen finden sich unterschiedliche Einstrahlpunkte. Oft bewirken solche im Altarbereich konzentrierte Strahlungen eine starke spirituelle Aufladung.

Drachenpfade

Das Wissen um solcherlei Kräfte wurde nicht nur im spirituell-religiösen Bereich angewendet, auch mancher weltliche Herrscher wusste diese Energien zu nutzen. Die chinesischen Kaiser leiteten die natürlichen, sich schlangenartig bewegenden Energieströme in lange gerade Kanäle um und richteten sie auf den Regierungssitz in Peking aus. So wurden diese Kanäle zum Hilfsmittel der Mächtekonzentration. Sie hießen »kaiserliche Drachenpfade« und wurden bis ins 20. Jahrhundert von einer eigenen Regierungsbehörde in Stand gehalten. Es war verboten, Gebäude, Grabmäler oder sonstige Mauern auf diesen Linien zu bauen, mit Ausnahme natürlich der Häuser des Kaisers und seiner Familie. Manche Abschnitte wurden als Wege und Straßen benutzt, andere verliefen unsichtbar und waren nur durch Obelisken, zeremonielle Plätze und Tempel kenntlich.

So bezog der Kaiser seine spirituelle Stärke aus den kanalisierten irdischen Energien, deren Fließkraft unterwegs an heiligen Stätten geregelt wurde. Andererseits verbreitete der Kaiser mittels derselben Kanäle die so genannte »Sonnenströmung«, die er und sein hierarchisch-kosmologisch strukturierter Hofstaat aus dem Himmel kondensierten, über das gesamte Reich und brachte dem Land Fruchtbarkeit und Ordnung. Ein geradliniges, sternförmig ausstrahlendes Straßennetz unterstützte diese magische Funktion sowohl symbolisch als auch praktisch.

Bahnen des Erdgeistes

Ähnlich steht es mit den Verbindungswegen der heiligen Stätten untereinander. Sie sind keine weltlichen Verkehrswege, sondern als Bahnen des Erdgeistes sind sie natürliche Kanäle gebündelter Energien. Ihnen folgten bereits die alten Nomadenstämme und später die Pilger und religiöse Prozessionen. Sogar bis in die heutige Zeit bewegt sich so manche christliche Prozession und mancher Wallfahrer, wahrscheinlich ohne es zu wissen, auf solchen Energiebahnen. Bis zur Frühgotik wurden auch die weit verbreiteten »Kreuzwege« energetisch konzipiert und in Verbindung mit irdischen Energieausstrahlungen beziehungsweise kosmischen Einstrahlungen angelegt. Alte Kruzifixe, Stein- und Wegkreuze stehen meist an energetischen Kreuzungspunkten, das heißt, sie markieren oder fixieren sie (Kruzi-fix).

»Die zügellose und ungezähmte Energie der Schlange oder des Weltdrachens (Drache = Lindwurm; siehe Wurmberg bei Karlsruhe und bei Braunlage) wurde gebunden, wenn bei der Gründungszeremonie einer Weihstätte der Holzpflock oder die Bronzespitze, den kultischen Punkt markierend, in den Boden geschlagen wurde; dieses galt in Übereinstimmung mit Griechenland lange auch in anderen Kulturen. Geomantisch ausgedrückt, wurde eine unstet ihren Ort ändernde außergewöhnliche Kraft durch den Pflock gezwungen, ständig am selben Platz zu bleiben. In allen Omphalos-Legenden liegt die wesentliche Bedeutung in der Aufrichtung einer Ordnung über das Chaos, indem die unbändigen und vor allem launischen (luna = Mond) Schlangenkräfte an einem auserwählten Punkt gebunden wurden; von diesen Orten konnten die Energien der Erde dann zum Wohle der Menschheit angezapft werden …

Diese Überlieferungen und Erfahrungen sind weltweit zu beobachten; sie weisen auf ein einstmals einheitliches Wissen von den Bahnen des Erdgeistes und einen sozusagen magnetischen Kraftfluss hin, der Fruchtbarkeit hervorbringt und sich spirituell manifestiert – wobei sich dieser Kraftfluss an ganz bestimmte Routen hält und auch nur an ganz bestimmten Tagen auftritt, die wiederum von den Positionen der Himmelskörper abhängig sind.« (J. M. Möller, Geomantie in Mitteleuropa)

Nach alten Überlieferungen sind diese Pfade an einem ganz bestimmten Tag im Jahr die Kanäle für übernatürliche Aktivitäten, Erscheinungen oder für die Geister von Verstorbenen. Hierin mag so manche Marienerscheinung oder göttliche Vision ihre Ursache haben.

Die irische Landbevölkerung kennt so genannte »Elfenwege«, deren an Jahreszeiten gebundene spirituelle Fließkraft unter keinen Umständen behindert oder bebaut werden darf. Ein auf diesen Bahnen gelegenes Haus würde seinen Bewohnern nur Unglück und Krankheit bringen. (J. Michell, Die vergessene Kraft der Erde)

So manchem europäischen Herrscher mag die (chinesische) Geomantie als Vorbild oder Grundlage gedient haben; Versailles erinnert daran und ganz offensichtlich auch Karlsruhe, das von Markgraf Karl Wilhelm gegründet wurde und einen beeindruckenden Stadtgrundriss hat.

Missbrauch durch Nationalsozialisten

Das dunkelste Beispiel des Missbrauchs dieser Kräfte lieferten die Nationalsozialisten. Hitler selbst gab den Auftrag, alle keltisch-germanischen Kultplätze zu kartografieren, und deklarierte die Externsteine als ein Zentrum der SS. In einem Planungsmodell von Albert Speer, das er 1939 Hitler vorlegte, sind auf der »Großen Achse« in Berlin zwischen Reichstagsgebäude, Ministerien, Triumphbogen und Kuppelhalle deutlich die geomantischen Gesetzmäßigkeiten nach dem Vorbild chinesischer Kaiserpaläste erkennbar. Die Verbindungen des inneren Kreises der Nationalsozialisten zum Geheimorden der Thule-Gesellschaft sind ja mittlerweile bekannt. Jeder, der sich mit Geomantie beschäftigt, sollte darauf achten, dass geomantisches Wissen nicht wieder zu machtpolitischen Zwecken missbraucht wird.

Die Kraft muss fixiert werden

»Im Mythos der Völker wurde die Bewältigung dieser Energien als ein tödlicher Kampf dargestellt, der nicht leichtfertig unternommen wurde und dessen Ausgang ungewiss war; der winzige Mensch stand den gewaltigen Kräften der Erde nahezu hilflos gegenüber. In den christlich-abendländischen Legenden lebt die Begegnung weiter in den Gestalten von Siegfried, St. Martin, St. Georg und St. Michael; symbolisch durchbohrt der Sonnenheld den Drachen mit seinem Pfeil, seinem Speer oder seiner Lanze. Auf diese Weise wurden die Kräfte der Sonne und der Erde an einem bestimmten Ort und zu einer bestimmten Zeit verschmolzen und die heilige Stätte mit dieser Kraft festgelegt. Eine derartige Kult- und Orakelstätte war ein Ort außergewöhnlicher Energien und damit ein Verbindungspunkt zwischen dem irdischen und dem himmlischen, göttlich übergeordneten Prinzip, zwischen Mikrokosmos und Makrokosmos, wie es der große ägyptische Eingeweihte Thoth oder Hermes Trismegistos, wie ihn die Griechen später nannten, lehrte.

Aus diesem Grund wurde der Omphalos, der Stein, der die Kraft fixiert, durch die Bedeckung mit einem Stein, einem heiligen Schrein oder einem anderen Bau geschützt, der den Zugang zu diesen besonderen Orten der Kraft auf jene begrenzte, die das Wissen und die geistige Reife hatten, die ihnen zur Verfügung stehenden machtvollen Kräfte nicht zu missbrauchen.

Kirchen als Orte der Kraft

Das geheime Wissen um die Zusammenhänge und um den Kampf mit dem Drachen kommt an solchen besonderen Orten der Kraft noch heute dadurch zum Ausdruck, dass Kirchen oder Kapellen an diesen Plätzen – oftmals auf herausragenden Bergkuppen – St. Georg oder St. Michael geweiht sind.« (J. M. Möller, Geomantie) In diesen Kirchen finden Sie immer eine Darstellung des heiligen Georg mit dem Drachen, der heute meist als dämonisches Prinzip missdeutet wird.

Unklar ist, inwieweit sich die heutigen Kirchenoberen darüber im Klaren sind, welche Kräfte in ihren Kirchen wirken beziehungsweise welche Kräfte sie in den neueren, nach rein pragmatischen Gesichtspunkten gebauten Kirchen verloren haben. Gerade Wallfahrtsorte gelten bei Geomanten als besonders markant ausstrahlende Plätze, eben »Orte der Kraft« wie etwa Altötting.

Einer der meistuntersuchten Kraftorte ist die Kathedrale von Chartres. Sie ist ein geomantisches Meisterwerk mit vielen okkulten und astronomischen Feinheiten, die Bewunderung verdienen.

Geomantie und Architektur

Allgemein bekannt ist die Nordost-Orientierung, die einem unterirdischen Wasserlauf angepasst ist. Eine geologische Verwerfung an der südwestlichen Seite im Abstand von 15 Metern scheint auch nicht zufällig zu sein. Am faszinierendsten ist die Tatsache, dass zusätzlich zu dem unterirdischen natürlichen Wasserlauf noch 14 weitere Kanäle künstlich angelegt wurden, die sich allesamt in der Mitte unter dem Chor vereinigen. Hinzu kommt, dass die Höhe der Kuppel mit 37 Metern an dieser Stelle den gleichen Abstand hat wie zum unterirdischen Wasserlauf. Blanche Merz beschreibt die Auswirkung dieser architektonischen und geomantischen Strukturen folgendermaßen:

»An diesem Platz fühlt sich der Mensch schwerelos, da besteht eine Vertikale, die wie eine tragende Welle dem Menschen erlaubt, sich als kleines Nichts in höhere Sphären getragen zu fühlen ... Diese Stätte erhebt den Menschen auf einen ätherischen Knotenpunkt gleichsam in einen Zustand der Gnade. Hier muss der Priester seinen ursprünglichen Platz gehabt haben.« (B. Merz, Orte der Kraft) Bedauerlich für die heutigen Priester, dass durch Umbauten in späteren Zeiten der Altar verlegt wurde und er am neuen Ort nunmehr nur noch eine unwesentliche Ausstrahlung hat. So haben nicht nur in Chartres, sondern in aller Welt nichts ahnende Zeitgenossen sinnvolle, bewusst gesetzte Strukturen durch Ignoranz oder Pragmatismus zerstört, indem sie Wasserläufe zuschütteten, alles elektrisch verkabelten und – wie im Falle von Chartres – auch bewusst gesetzte Farbfenster durch klare Fenster ersetzten. Dabei ist heute erwiesen, dass nicht nur Lage und Formen eine Bedeutung haben, sondern auch Farbe und Muster ausgleichend oder stimulierend wirken.

Ein berühmtes Beispiel ist das aus grau- und schwarzweißen Steinplatten in den Boden eingelassene Labyrinth im vorderen Teil der Kathedrale von Chartres.

Das Labyrinth als Symbol

Das Labyrinth stellt in symbolischer Form eine Pilgerreise ins Heilige Land dar und sollte diese auch ersetzen. Blanche Merz hat sehr interessante Messungen mit dem Biometer vorgenommen und ein Energiegefälle von 16 000 Einheiten festgestellt. Ausgehend von durchschnittlich 6500 Einheiten in der Umgebung, tritt man bereits am Beginn der »Reise« in einen harmonisierenden Strom von 8000 Einheiten. Im weiteren Verlauf wird man auf 13 500 Einheiten angehoben, was schon weit über dem Schnitt von 11 000 Einheiten vieler Kapellen und Kirchen liegt und dem Niveau des ätherischen Körpers entspricht. Kurz vor dem Höhepunkt von 18 000 Einheiten im Zentrum wird man allerdings nochmals einer harten Prüfung unterzogen: Das Energieniveau fällt auf den energieabziehenden Wert von 2000 Einheiten und zwingt einen buchstäblich in die Knie. Nur wer wirklich den Willen und die Kraft hat, den letzten Schritt zu tun, wird mit einer Intensität der Kraft, wie sie sonst nur an alten Initiationsplätzen wie den Pyramiden vorherrschte, belohnt.

Ob das allerdings heute noch so erfahrbar ist, wo zahllose Touristen über das Labyrinth hinwegeilen und Stühle dieses komplexe Wunderwerk zum Teil verstellen, ist fraglich. Nach Blanche Merz und einigen anderen Geomanten braucht ein Kraftort mindestens 30 Minuten, um sich zu regenerieren, nachdem das Energiefeld von Menschen gestört wurde.

Doch Labyrinth und Chor sind nicht die einzigen »starken Orte« in der Kathedrale von Chartres, auch das Umfeld um die weltberühmte Schwarze Madonna ist wohlwissend geomantisch komponiert. Der Leser möge selbst seine Erfahrungen sammeln oder sich im Buch »Orte der Kraft« von B. Merz informieren.

Astronomisches Wissen

Die Krönung des globalen Maßstabs des in Chartres eingebauten esoterischen Wissens ist, dass die zentrale quadratische Tafel der Kathedrale nicht nur das mathematische Abbild des Umfangs und des Durchmessers der Erde, sondern auch jenes des Mondes spiegelt und gleichzeitig die entsprechenden Zahlen und Verhältnisse zueinander. Wen wundert es dann noch, dass Chartres in frühgeschichtlicher Zeit ein Einweihungsort der Druiden gewesen sein soll.

Dies bringt uns zu einem weiteren wichtigen Punkt bei der Wiederentdeckung der Geheimnisse alter Kultplätze, Kathedralen und Kirchen: die einerseits astronomische Ausrichtung auf bestimmte Gestirne und bestimmte Termine im Jahreszyklus, wie Tag-und-Nacht-Gleiche und Sonnenwende, und die andererseits oft verblüffend geradlinigen Verbindungen untereinander. Von Stonehenge ist bekannt, dass es nicht nur der Einweihung und anderen Ritualen diente, es war ganz eindeutig auch ein astronomisch exakt ausgerichtetes Kalendarium, nach dem zum Beispiel Aussaat und Ernte bestimmt wurden.

Die Achse von Stonehenge zielt genau auf den Sonnenaufgangspunkt zur Sommersonnenwende, wo er vor 4000 Jahren gelegen hat!

»Der Einfluss der Himmelskörper spielt bei der Erstellung geomantischer Strukturen und damit auch ihrer Wiederauffindbarkeit eine bedeutende Rolle, insbesondere Sonne und Mond, die tagtäglich durch ihre sich rasch ändernden Himmelspositionen korrespondierende Gezeitenläufe und Strömungswechsel innerhalb des Erdmagnetfeldes auslösen. Somit sind die auf der Erde induzierten Energiemuster nur ein Abbild des kosmischen Energiefeldes.« (J. M. Möller, Geomantie)

Geometrische Strukturen verbinden geomantische Orte

Die Ausrichtung von Kultbauten entspringt einer uralten Lichtmesstradition, die bei fast allen megalithischen und frühzeitlichen Bauwerken zu finden ist. Innerhalb der Bauhüttentradition hat sie sich auch bei Kirchen und Domen niedergeschlagen, vor allem in der Romanik. Auch Steinalleen, Steinkreise und einzelne Menhire an markanten Punkten – zum Beispiel Bergspitzen – waren Teil dieses Systems, das wir in Deutschland noch an vielen Stellen wiederfinden können. Bei diesen geomantisch bedeutsamen Orten finden sich oft heilige Quellen, vorgeschichtliche Kultplätze und Heiligtümer oder christliche Kapellen (vor allem Michaels- und Georgskapellen).

Rechts: Geometrische Strukturen wie das sog. Cheops-Dreieck lassen sich auch in Deutschland nachweisen

Alte Steinkreuze als Fixierungspunkte der so genannten »Steinkreuzlinien« ziehen sich als ein noch heute erkennbares Raster über ganz Süddeutschland und gelten als Peillinien von extremen Mond- und Sonnenstellungen. Vielerorts lässt sich dieser astronomische Bezug aus den Orts- und Flurnamen ableiten, wie zum Beispiel Sternenberg, Sterneck, Marsberg, Venushügel und dergleichen.

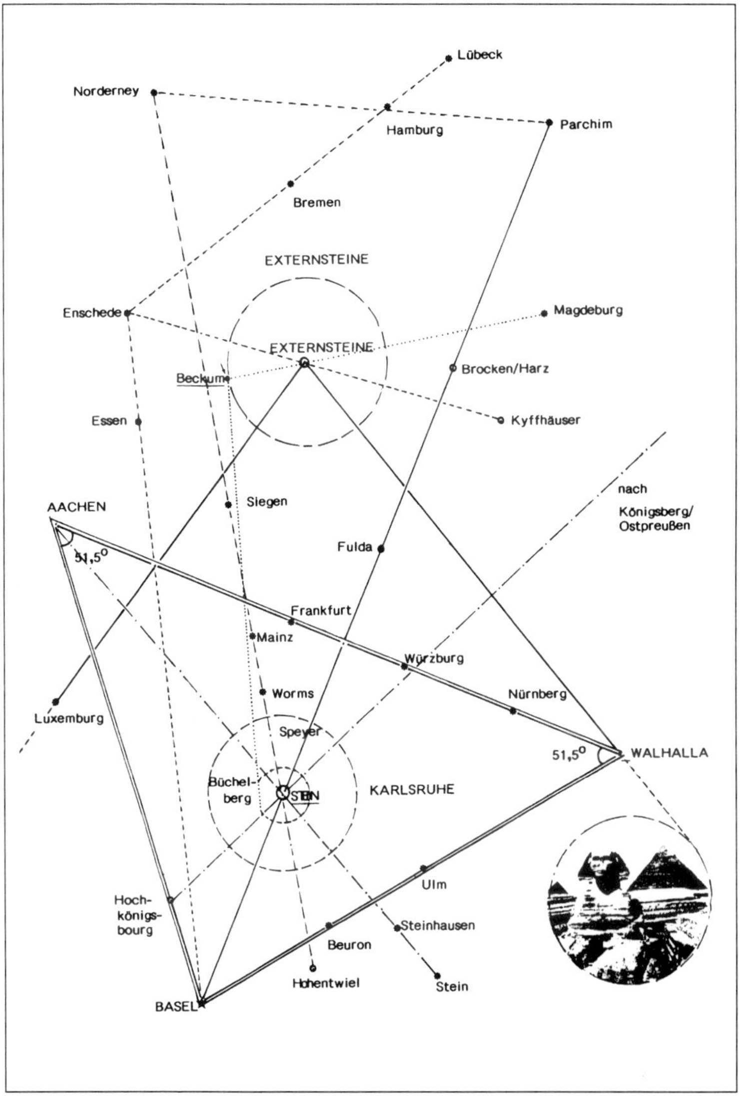
Lübeck
Norderney
Hamburg
Parchim
Bremen
EXTERNSTEINE
Enschede
Magdeburg
EXTERNSTEINE
Beckum
Brocken/Harz
Essen
Kyffhäuser
nach
Königsberg/
Ostpreußen
AACHEN
Siegen
Fulda
51,5°
Frankfurt
Mainz
Würzburg
Worms
Nürnberg
Luxemburg
Speyer
51,5°
WALHALLA
Büchel-
berg
STEIN
KARLSRUHE
Ulm
Hoch-
königs-
bourg
Steinhausen
Beuron
Hohentwiel
Stein
BASEL

Interessant ist die Ansicht von Forschern wie Walter Machalett und Jens Möller, die im überregionalen und europäischen Rahmen exakte Linien, Dreieckskonfigurationen und andere geometrische Strukturen wiederzufinden meinen, die dem Querschnitt oder der Seitenfläche der Cheops-Pyramide entsprechen. So gibt es zum Beispiel eine exakte Linie zwischen Norderney, den drei Kaiserdomen (Mainz, Worms und Speyer), Mailand und Karthago. Eine andere auffällige Gerade, die Jens Möller »Normenlinie« nennt, ergibt sich zwischen Nürnberg, Würzburg, Frankfurt und Aachen. Das oben erwähnte Cheops-Dreieck mit dem klassischen Winkel von 51,5 Grad findet sich zwischen den Linien Externsteine, Cheops-Pyramide und Kanarische Inseln (Rest von Atlantis?!) und zwischen Aachen, Walhalla (bei Regensburg) und Basel.

Frühgeschichtliche Kultstätten und barocke Stadtanlage

In der Mitte dieses Dreiecks liegt Karlsruhe mit seiner weltweit einmaligen Stadtstruktur. Für Jens Möller ist das 1715 von Markgraf Karl Wilhelm gegründete Carolsruhe neben den Externsteinen der geomantisch bedeutsamste Ort Deutschlands, der äußerlich nach barocken, aber sonst nach okkulten und hermetischen Gesichtspunkten an einer uralten Stätte atlantischer und keltischer Sonnenverehrung errichtet wurde. Das unübersehbare Wahrzeichen von Karlsruhe steht auf dem Marktplatz und ist eine Pyramide! Über die vielschichtigen geomantischen Besonderheiten berichte ich ausführlich im entsprechenden Kapitel.

All diese steinernen Zeugen erinnern an uraltes Wissen um kosmische und irdische Gesetzmäßigkeiten, die vielleicht in Atlantis ihren Anfang gehabt haben mögen und die sich uns nun langsam wieder zu entschlüsseln beginnen. Begeben wir uns also auf eine Reise zu den Wurzeln unserer Geschichte, über die Orte, an denen Geschichte gemacht wurde: Orte der Kraft und Orte des Wissens in Deutschland.

Geomantie und Politik

Dass man die subtilen Kräfte der Erde an ihren Austrittspunkten und heiligen Linien benutzen, lenken und fixieren kann, wussten nicht nur die Chinesen, die Kelten, die Maya, Azteken und die Naturvölker, sondern auch die Römer, Karl der Große, die frühen Christen (insbesondere die Zisterzienser, Benediktiner, die Dom- und Kirchenbaumeister), aber auch die Nationalsozialisten.

Heilige Geographie

Nigel Pennick, einer der führenden Geomantievertreter, behauptet, dass die Landschaftsgestaltung Deutschlands nicht das Ergebnis einer ungeplanten, wahllosen Besiedlung im Laufe von Jahrhunderten ist, sondern vielmehr »das Ergebnis einer wohl überlegten Planung durch jene, die die alte Wissenschaft der Geomantie beherrschten«.

Es war Wilhelm Teudt, der ein Buch über germanische Heiligtümer erstellte (1929) und dabei nach englischem Vorbild auf ein weit verzweigtes Netz »heiliger Linien«, wie er sie nannte, stieß. In dieser Zeit gab es bereits eine Schule für »heilige Geografie« mit staatlichen Institutionen und bedeutenden Forschern. Die Ergebnisse dieser Forschung, die Kultplätze wie die Externsteine und das Wissen unserer Vorfahren in ein ganz neues Licht rückten, passten sehr gut in das Weltbild der Nazis. Das führte zu einer Eingliederung der wiederentdeckten Wissenschaft in die SS unter der Leitung von Himmler, dessen persönliches Hobby sie wurde.

Die berühmt-berüchtigte »Ahnenerbe«-Gesellschaft und der damals wie heute umstrittene Hermann Wirth mit seiner Studiengesellschaft für Geistes-Urgeschichte und auch Wilhelm Teudt gerieten somit in den Sog nationalsozialistischer Kultur- und Machtpolitik. Vieles deutet darauf hin, dass dieses Wissen auch angewandt wurde.

Missbrauch der Geomantie in der NS-Zeit

»Eine ganze Reihe von Nazi-Zentren lag an geomantischen Kraftpunkten. Die ›Wolfsschanze‹, Hitlers Führerhauptquartier im Osten, war nicht nur nach geomantischen Gesichtspunkten angelegt, sie war sogar durch eine ›heilige Linie‹ mit Himmlers Hauptquartier Hochwald verbunden. Ebenfalls an einem Kraftort und zudem noch im Teutoburger Wald nahe den Externsteinen lag die dreieckige SS-Ordensburg Schloss Wewelsburg. Es scheint so, als hätten die Nazis ihre Machtzentren an wichtigen Punkten der heiligen Geografie errichtet, um von ihnen aus all jene Gebiete magisch zu beeinflussen, die durch Energielinien des betreffenden geomantischen Systems mit ihnen verbunden waren.

Zumindest Heß und Himmler waren wohl davon überzeugt, dass die Geomantie der zentrale Schlüssel zur Beherrschung der Welt sein konnte. Sie strebten nachgewiesenermaßen die geomantische Kontrolle bestimmter Schlüsselstellen an, und um diese zu kennen, sammelten sie geomantisches Wissen aus ganz Europa. Dabei beriefen sie sich auf die Forschungen Kurt Gerlachs, die in der Ahnenerbe-Zeitschrift ›Germanien‹ veröffentlicht wurden. Darin wies Gerlach nach, dass die Benediktiner die Erdenergie nutzten, um die Ausbreitung des Christentums in Böhmen im 10. Jahrhundert zu unterstützen. Wie Gerlach herausfand, hatte der Benediktinerorden damals befestigte Klöster in festen Abständen entlang der heiligen Linien angelegt. Von diesen Stellungen aus ließ sich die ganze Region geistig und militärisch beherrschen. Auch für andere Teile Europas konnte Gerlach eine christliche ›Besetzung‹ dieser energetischen Knotenpunkte feststellen.

Ein großes Liniennetz von York in England bis nach Fulda, von Aquileia/Italien bis Utrecht/Holland, von Verdun/Frankreich bis Bremen, von Trondheim/Norwegen bis Lund/Schweden, von Tenkitten/Polen nach Niederalteich/Niederbayern und von Århus/Dänemark bis Salzburg verbindet zentrale Klöster miteinander, von denen aus ganze Länder und Regionen geistig kontrolliert wurden.

Himmlers Machthunger ließ ihn diese Spur verfolgen, und es ist bekannt, dass ›Ahnenerbe‹ auch Wünschelrutengänger und Pendler zum Zweck der Aufspürung dieser Kraftzentren und -linien beschäftigte. Vielleicht findet sich hier die Erklärung für einige bisher eher verwirrende Schachzüge […] des Zweiten Weltkrieges.«

Dieser Missbrauch der Geomantie durch die Nazipropaganda ist sicher ein Grund dafür, dass sie bis heute in den wissenschaftlichen Kreisen Deutschlands noch keine Beachtung gefunden hat. (N. Pennick in Magazin 2000, Nr. 70)

Was passiert an einem Ort der Kraft?

Wir sind von vielen teils bekannten, teils unbekannten Kräften umgeben, die unser tägliches Leben, unsere Gesundheit, unsere Gefühle und auch unser Denken beeinflussen. Einige davon sind wissenschaftlich nachgewiesen, aber die wenigsten sind bis jetzt erklärbar. Man weiß zwar, dass der Mond und seine Phasen unsere Stimmung prägen, aber nicht genau, warum und wie. Das Gleiche gilt für Sonnenfleckenaktivitäten und Eruptionen. Über den Einfluss der Planeten informieren Astrologen seit Jahrtausenden. Auch wenn es mit der Anerkennung noch etwas hapert, richten sich Millionen von Menschen danach und nehmen Deutungen bezüglich der planetaren Kräfte, die auf unser tägliches Leben wirken, ernst.

Die Wirkung magnetischer Felder

Ein Gebiet, in dem von Militärs lange im Geheimen geforscht wurde, sind stark niederfrequente magnetische Felder, kurz E. L. F. genannt (extrem low frequency), die laut US Navy Folgendes bewirken können: Sie verändern das Verhalten von Zellen, Geweben, Organen und Organismen, den Hormonspiegel, die Zellchemie, das Knochenwachstum, die Zeitwahrnehmung und anderes. Angeblich werden wir schon seit längerem von riesigen Sendern, die auf der ganzen Welt existieren, mit E. L. F.-Signalen bombardiert. Außerdem ist bekannt, dass Videogeräte, Fernseher, Starkstromleitungen und ähnliche Energiequellen E. L. F.-Signale erzeugen, die zerstörerisch für biologische Systeme sind. E. L. F.-Signale können jedoch auch positive Reaktionen auslösen, den Alterungsprozess verlangsamen, bestimmte Krankheiten heilen und die Immunkräfte verbessern.

Wenn man bedenkt, was diese ultraschwachen Frequenzen alles auslösen sollen, fällt es schon leichter, Orte der Kraft mit anderen Augen zu betrachten.

Auf einer ähnlich subtilen Wellenlänge befinden sich die morphogenetischen Felder, die Rupert Sheldrake entdeckt hat und durch die zur Zeit die Grundpfeiler der rein materiell orientierten Wissenschaft in Frage gestellt

Magnetische Felder und Energieströme

werden. Dasselbe gilt für die Theorie von den Energieströmen in den menschlichen Meridianen, wie sie die chinesische Akupunktur seit Jahrtausenden lehrt. Lange von der westlichen Medizin nicht ernst genommen, ist es jetzt gelungen, sie durch Hautwiderstandsmessungen zu bestätigen.

Zuletzt sei noch die Homöopathie erwähnt die letztendlich auch durch Schwingungsimpulse von Mitteln wirkt, die chemisch nicht mehr nachweisbar sind.

Zurück zu den Orten der Kraft. Seit den Anfängen der Menschheitsgeschichte werden solche Plätze gezielt aufgesucht. Man glaubte, die geistige Entwicklung der Menschen werde an Orten der Kraft beschleunigt und der Kontakt zu den Göttern erleichtert. Für Druiden, Priester und Schamanen waren diese Orte optimal zur Durchführung geistig-spiritueller Rituale geeignet. Sie hatten noch einen Sinn, eine »Antenne« oder eine gute Naturbeobachtungsgabe dafür und konnten so diese Plätze bestimmen.

Außer jenen Menschen, die – mit oder ohne Pendel und Rute – strahlenfühlig sind oder feinstoffliche Energien wahrnehmen können, gibt es auch einige wissenschaftliche Messmethoden, mit denen Steinkreise, Menhire und andere Kraftplätze untersucht wurden. Im so genannten »Dragon-Projekt« in England hat Paul Devereux einige diesbezüglich sehr interessante Phänomene mit physikalischen Messungen nachweisen können. Er entdeckte, dass neolithische Steinkreise auf mysteriöse Weise aufgeladen sind, und zwar mit Geigerzähler und Ultraschalldetektor messbar. Beim Beobachten von Fledermäusen hatten die Geräte beim Passieren eines 4000 Jahre alten Steindenkmals überraschenderweise ausge-

Neolithische Denkmäler und Radioaktivität

schlagen. Die anschließenden systematischen Messungen von Steinkreisen auf Radioaktivität, magnetische Bodenstrahlung und Ultraschalleffekte brachten erstaunliche Ergebnisse, die inzwischen von kompetenter Seite erhärtet wurden:

Steinkreise als Quellen von Ultraschall

»Zur Zeit des Sonnenaufgangs, ganz besonders in der Periode der Tag-und-Nacht-Gleiche, gehen von diesen Steinen auffallend starke Ultraschallwellen aus. Auch die Radioaktivität ist höher. Die Äquinoktien scheinen eine Art Booster-Effekt auszulösen. Im Innern der Steinkreise dagegen herrschte vollständige ultrasonische Ruhe: Wo normalerweise zumindest ›Hintergrundgeräusch‹ zu erwarten gewesen wäre, war absolute Stille.

Die Steinkreise erzeugen einen Ultraschall-Sperr-Ring, und nicht nur das: Auch die magnetische Erdstrahlung innerhalb eines Kreises verringert sich spiralförmig nach innen (es wurden sieben Ringe gemessen); in der Mitte herrscht magnetische Stille. Anders ausgedrückt, die Steinkreise haben die Wirkung eines Faraday'schen Käfigs. Sie schirmen das Innere gegen Strahlenwirkungen ab. Infrarotfotos von einem Hauptstein zeigten einen himmelwärts strebenden ›Lichtstrahl‹.« (P. Andreas, R. L. Davies, Das verheimlichte Wissen)

Ebenfalls wissenschaftlich nachgewiesen ist die aufbauende, gesundheitsfördernde Wirkung negativer Ionen, die oft in hoher Konzentration an Wasserfällen, Quellen und Springbrunnen auftreten.

Auch die Heilwirkung von radioaktiven Strahlen in richtiger Dosierung, wie sie zum Beispiel an bestimmten Schalensteinen und manchen Kraftplätzen gemessen wurden, ist unbestritten. Im Rahmen von Forschungsarbeiten (Prof. König, TU München) und Doktorarbeiten

(Dipl.-Ing. Jörg Purner, Universität Innsbruck) ist die Wissenschaft langsam auf der Spur dessen, was sie seit langem ignoriert hat. Gehen wir den Wissenschaften also mutig und offenen Sinnes voraus und sammeln wir unsere eigenen Erfahrungen. Vielleicht finden Wissenschaftler irgendwann einmal eine plausible wissenschaftliche Erklärung dafür.

Wie erkenne ich einen Kraftplatz?

Wenn Sie herausfinden wollen, ob es an Ihrem Wohnort oder Ihrem Reiseziel Kraftorte gibt, haben Sie mehrere Möglichkeiten. Am besten besorgen Sie sich eine topografische Wanderkarte, die es im Maßstab 1 : 25 000 überall zu kaufen gibt, und schauen, wo Ringwälle, Keltenschanzen, Menhire oder Naturdenkmäler eingetragen sind. Hier finden Sie meist auch ungewöhnliche Bäume mit historischen oder sagenbezogenen Namen. Außerdem sind in diesen Karten alle alten Kirchen, Klöster und Kapellen und auch Ruinen verzeichnet.

Nomen est omen

Weiterhin geben Orte, die mit Legenden und Sagen belegt sind, Hinweise – sie lohnen fast immer eine nähere Betrachtung. Kommen in der Sage Drachen, Feen oder Wichtelmänner vor, so kann das ein Hinweis auf Erdenergie und Naturkräfte sein, ebenso wie auch Schätze in Seen, Höhlen oder Bergen. Beachten Sie jedoch auch die Warnungen, die darin ausgesprochen werden, denn sie gehen ja auf die Erfahrungen unserer Vorfahren zurück. Oft weisen Orts- und Flurnamen auf eine keltische, kultische, früh- oder vorchristliche Benutzung hin, wie etwa Heidenheim, Heiligenberg, Odinshain, Thorsberg, Donnersberg (Donars-Berg), Venusberg etc. Ehemalige Kultplätze, die von den christlichen Missionaren »verteufelt« wurden, sind ebenfalls ein guter Wegweiser: Teufelsstein, Teufelsfels, Teufelsburg, Teufelsmauer, Hexenküche, Hexentreppe, Hexentanzplatz. In den seltensten Fällen verdienen diese Plätze ihre Furcht einflößenden Namen.

Viele Ortsnamen enthalten sogar einen direkten Hinweis: Druidenstein, Heiligenhain, Engelsberg, Elbenberg, Drachenfels, Danzwiesen usw. Fast alles, was das Wort »Licht« enthält, wie etwa Lichtenstein, Lichtenfels, Lichtenau oder Lichtenberg, empfiehlt sich sozusagen selbst. Ich habe bisher mindestens drei lohnende »Lichtenfelsen« kennen gelernt.

Als deutlicher Hinweis vor Ort dienen Naturphänomene, zum Beispiel Pilzkreise und Bäume. Ob Bäume auf einer Wachstumszone, einer Gitterkreuzungszone, einer Leyline, einer Wasserader, einer Verwerfung, einer blinden Quelle oder einer Energiespirale (Aquastat) stehen, kann der Geomant, der Radiästhesist, aber auch der interessierte Laie mit etwas Übung erkennen (lernen). Energiespiralen lassen einen Baum verdreht wachsen, ungünstige Kreuzungszonen und Strahlungsphänomene erzeugen Wucherungen, und Wachstumszonen bewirken starke Triebbildungen im unteren Stammbereich.

Bäume, deren Äste zusammenwachsen, deuten darauf hin, dass sich hier verschiedene Energien vereinigen.

Wachstumsanomalien

Manche Bäume streben von schwierigen Energien – aus Verwerfungen und Wasseraderkreuzungen – weg oder wachsen zu nährenden oder kraftspendenden Energien hin. Manchmal vollführen Bäume mit ihren Ästen unnatürliche »Kapriolen«, um an einer einstrahlenden Energie teilzuhaben, oder sie weichen einer horizontalen

Strahlung in einem Bogen aus. Bäume, die gezwieselt (gespalten) sind, weisen auf eine Wasserader hin. Der Geomant kann aus der Höhe der Zwieselung in etwa die Tiefe der Wasserader ablesen. Bäume, die drei- und vierfach gespalten sind, stehen meist auf einer Wasseraderkreuzung. Das alleine sagt zwar noch nichts über einen Kraftplatz aus, kann aber ein wichtiger Aspekt zur Gesamtbeurteilung sein.

Auch verschiedene Pflanzen und Tiere geben eindeutig Auskunft. So gibt es Strahlensucher und Strahlenflüchter. Holunder, Haselnuss und Brennnessel sind Strahlensucher. Wo sie wachsen, sollten Sie sich nicht zum Meditieren oder Schlafen hinlegen. Tanne, Fichte, Apfel und Gemüse sind Strahlenflüchter. Sie wachsen nicht oder schlecht auf strahlenden Verwerfungen und Wasseradern. Vor allem Apfelbäume reagieren sehr sensibel und weichen deutlich aus beziehungsweise verdrehen und verrenken sich. Wo das geschieht, handelt es sich um Orte, die Sie ebenfalls meiden sollten.

Hinweise der Natur

Misteln, Eiben und Wacholder weisen darauf hin, dass dort, wo sie wachsen, ein Austausch mit der Erde möglich ist. Den Germanen waren Plätze, an denen Wacholderbüsche wuchsen, heilig, und niemand wagte es, dort etwas abzuschneiden. Auch Weißdorn ist eine Pflanze, die an alten Kultplätzen oft zu finden ist. Misteln haben die Fähigkeit, Reizstrahlungen zu neutralisieren, sie helfen also ihrem Wirtsbaum, an einem (auf Dauer) schwierigen Platz zu überleben. Viele Arten von unnatürlichen Wucherungen, wie Krebsgeschwüre an Bäumen, weisen auf Strahlungsphänomene hin. Ob diese jedoch für den Menschen schwierig oder bei kurzfristigem Aufenthalt energetisierend sind, muss von Fall zu Fall überprüft werden.

Auch Plätze, an denen Bienen oder Ameisen leben, sind energetisch markant. Sie sollten solche Plätze nur kurz aufsuchen, um mit der Erde in Austausch zu treten, denn man kann dort gewisse Heilenergien erfahren. Längerer Aufenthalt oder sogar Übernachten an solchen Orten kann sich schädlich auswirken. Deshalb sollten Sie hier nicht länger als eine halbe Stunde bleiben. Achten Sie in jedem Fall auf Ihre Körperreaktionen und hören Sie auf Ihre innere Stimme (nach Scarlet Werner).

Was kann ich an einem Kraftplatz tun?

Kraftplätze sind in ihren Möglichkeiten unterschiedlich einzuordnen. Nicht jeder ist aufladend oder aufbauend. Deswegen beachten Sie die Hinweise im Kapitel »Wie erkenne ich einen Kraftplatz?«. In keinem Fall sollten sie als seelischer Schuttabladeplatz missbraucht werden. Wenn Sie emotionale Probleme haben, gehen Sie lieber in den Wald und legen sich auf den Waldboden. Auch Bäume können ausgleichenden Trost spenden. Wenn Sie einen Rat suchen oder eine Frage haben, wenden Sie sich an einen großen Baum, der Sie anzieht. Versuchen Sie einen Dialog.

Trost und Rat von Bäumen

Es liegt an Ihnen, Ihrer Stimmung und Ihren Bedürfnissen, ob Sie sich mehr zu einem offenen oder geschlossenen, einem natürlichen oder bebauten, einem christlichen oder vorchristlichen Platz hingezogen fühlen, ob Sie einen Berg oder eine Höhle, luftige oder erdige Energien brauchen. Berge haben eher Yang-Qualität, männlich, und sind geeignet, wenn man Klarheit und Überblick sucht. Wasser in Form von Seen, Flüssen oder Quellen ist yin, also weiblich betont und gut, um in

Kontakt mit seinen Gefühlen und der Intuition zu kommen.

Verstehen Sie mich jedoch bitte mit dieser Einführung nicht falsch. Orte der Kraft sind nicht dazu da, um nur etwas zu bekommen, aufzutanken oder Heilung zu erhalten. Orte der Kraft *spenden* Energie, man kann sie *empfangen,* aber nicht verlangen oder erwarten. Wichtig ist der Austausch, und dazu gehören das Geben, das Einfühlen, das Hinhören, das Fragen und das Bitten. In diesem Prozess des Lauschens und der Hingabe entwickeln sich Eingebungen, kommen Ideen oder Gedankenblitze, erwacht die Intuition, strahlt das Herz, wächst die Seele und die Aura.

Um sich mit einem Ort zu verbinden, sind Meditationen und Visualisationen hilfreich. Suchen Sie sich einen Platz, der Sie anzieht, oder besser, lassen Sie sich zu einem »führen«. Setzen Sie sich mit möglichst gerader Wirbelsäule hin und atmen Sie mehrmals tief ein und aus. Dann lassen Sie Ihre Atmung frei fließen und beobachten Sie nur. Um das Netz der Gedanken zu durchbrechen, kann ein Mantra hilfreich sein, das Sie immer wiederholen, zum Beispiel AUM, OM, RAM oder SOHAM.

Stellen Sie sich nun vor, wie sich Ihre Wirbelsäule nach unten in die Erde verlängert und tiefer und tiefer in sie eindringt. Spüren Sie sich durch den Boden und alle Gesteinsschichten hindurch bis zum Mittelpunkt der Erde. Dort verankern Sie sich und verharren eine Weile in diesem Zustand, bis Sie sich wirklich »verbunden« fühlen. Dies dient der Stabilisierung.

Nun stellen Sie sich vor, Sie sitzen in einer weißen Lichtsäule, die aus dem Kosmos kommt. Dieses Licht durchströmt alle Zellen Ihres Körpers, reinigt und har-

Meditation im Baum

monisiert Sie, bis Sie gesättigt sind. Falls Ihnen eine bestimmte Farbe fehlt, lassen Sie diese Farbe einströmen. Wenn Sie nicht wissen, welche Farbe Ihnen fehlt, schreiben Sie das als Frage auf eine imaginäre innere Leinwand und schauen Sie, was bildlich oder schriftlich als Erstes erscheint. Es kommt dabei immer auf den ersten Impuls an.

Jetzt fragen Sie den Ort oder den Baum, an dem Sie sitzen, was Sie tun oder geben können. In jedem Fall können Sie das weiße oder farbige Licht in die Erde leiten und es wie Wurzeln eines Baumes an die Erde verteilen und ausströmen lassen. Geben Sie Ihre Liebe und Hoffnung mit hinein in dieses Licht und schließen Sie Frieden mit der Erde und all ihren Lebewesen.

Verbindung nach »oben«

Orte der Kraft, ob nun in einer Kirche oder in der Natur, verstärken oft die Verbindung nach »oben« oder nach »unten«. Aber machen Sie sich niemals von einem Ort abhängig, denn letztendlich geht es darum, sich selbst als Ort der Kraft zu entdecken, in sich selbst den ruhenden, nicht mehr Wertungen unterworfenen Mittelpunkt zu finden.

Über den Umgang mit Kraftplätzen

Orte der Kraft sind zwar Plätze mit großem Potenzial, aber sie sind auch sehr empfindsam. Sie spielen im Prozess des Lebens auf der Erde sowohl für die Erde selbst als auch für Tier und Mensch eine große Rolle, deren Bedeutung wir gerade erst wiederentdecken. Wenn nun heilige Orte missbraucht oder zum Beispiel wegen ihrer Bodenschätze ausgebeutet werden, so fügen wir damit einer ganzen Region, einem ganzen Land oder auch der gesamten Erde großen Schaden zu. Bestes Beispiel ist der heilige Tafelberg der Hopi, wo Uran gefunden wurde und abgebaut werden soll(te). Auch der Ayers Rock, der heilige Berg der Aborigines in Australien, unter dem größere Uranvorkommen entdeckt wurden, ist bedroht.

In Irland ist es dank heftiger Widerstände noch einmal gelungen, dass auf die kommerzielle Ausbeutung größerer Goldvorkommen unter dem höchsten und heiligen Berg Croagh Patric verzichtet wurde.

Wenn wir uns also für solche Plätze einsetzen und um ihre Erhaltung kämpfen, tun wir etwas, was nicht nur dem betroffenen Volk, sondern unter Umständen der ganzen Erde zugute kommt – ähnlich wie beim Regenwald-Problemkomplex. So lernen wir auch hier, dass alles durch ein Netz von feinen Energiebahnen miteinander verbunden ist, die wie die Nerven in unserem Körper an die Zentrale weiterleiten, was im entferntesten Winkel passiert. Wenn ein Sonnenstrahl unsere Hand erwärmt, ein Kuss unsere Lippen berührt oder ein Dorn uns irgendwo sticht, reagiert unser ganzes Wesen darauf. So ist es auch mit der Erde.

Unsere wissenden Vorfahren lebten mit diesem ganzheitlichen Bewusstsein, und die Geomanten von heute sind bemüht, diese heilige Kunst in ihrem Sinne anzuwenden. Ich würde mich freuen, wenn dieses Buch Sie dazu anregt, ebenso bewusst und behutsam mit der Natur und den Orten der Kraft umzugehen.

Die Wahrnehmung schärfen

Wenn Sie also einen Ort der Kraft aufsuchen, so seien Sie offen für neue Erfahrungen und nicht enttäuscht, wenn Sie nicht gleich etwas spüren oder ein besonderes Erlebnis haben. Ein Ort der Kraft erschließt sich nicht so einfach bei einem einmaligen Durchlaufen oder kurzem Hinfühlen. Schließlich haben wir in den letzten Jahrhunderten unsere natürliche Sensibilität und Wahrnehmungsfähigkeit verloren oder unterdrückt.

Erwarten Sie also nicht, dass Sie gleich Lichtvisionen haben oder das »große Kribbeln« bekommen. Auch bei mir hat es Monate gedauert, und ich bin mir auch jetzt oft nicht ganz sicher, was ich eigentlich genau spüre, ob gewisse Körperreaktionen und Wahrnehmungen Einbildung, Zufall oder authentisch sind. Aber ich lerne langsam dazu, und ich freue mich schon jetzt auf den Tag, an dem ich mir sozusagen mit meinem eigenen Buch in der Hand die Zeit nehmen kann, die Qualität eines Ortes zu erfassen und in einen fruchtbaren Austausch zu treten.

Ein Geomant benötigt etwa ein bis drei Tage, um einen Ort der Kraft zu erforschen, und unter Umständen sogar mehrere Jahre, um ihn wirklich zu erschließen. Lassen Sie also einen Platz mindestens einen oder mehrere Tage von »allen Seiten« auf sich wirken, oder gehen Sie mehrmals beziehungsweise regelmäßig hin. Kleine Rituale, ein stilles Gebet, eine Blumengabe oder eine Meditation sind mehr wert als »Abchecken« jeglicher Art.

Der magische Ort – der magische Moment

Was ist die Magie des Ortes? Es ist zuerst einmal die Magie des Hier und Jetzt, wenn das Denken aufhört und das Gesehene nicht mit der Vergangenheit abgeglichen und in ein Raster von Begriffen und Worthülsen gesteckt wird. Mit jedem Denken, mit jedem inneren und äußeren Sprechen rutschen wir aus der Magie des Ortes und des Momentes in eine virtuelle Realität, in eine andere Räumlichkeit. Der Körper sitzt da, aber das Denken ist ganz woanders. Es turnt in der Vergangenheit oder gar der Zukunft herum.

Der magische Moment ist, wenn Körper und Geist da sind – und alles ist offen und aufnahmebereit, bis die Dinge oder der Ort zu sprechen beginnen. Das Organ, das Aufnahmegerät für den magischen Moment, das sind wir selber. Die Qualität der Wahrnehmung wird bestimmt durch den Grad unserer Präsenz und davon, auf welcher energetischen Ebene wir sind. Manche Orte unterstützen uns dabei, sie machen uns still oder zum staunenden Kind, machen uns wach und offen – wenn *wir* schweigen können.

Der magische Ort hat eine eigene Sprache. Wenn man den magischen Ort spüren will, dann muss man schweigen (können), muss die Sprache des Ortes lernen. Dazu gehört auch die Sprache der Bäume, des Windes und der Steine. Kein Buch kann einem das vermitteln, nur das Schweigen, das Lauschen und die Stille.

Manche Orte haben ihre eigene Zeit oder sind gar zeitlos. Besonders an Steingräbern und -kreisen haben wir dieses Gefühl. Felsen, Bergkuppen und Höhlen zeigen uns unsere Vergänglichkeit. Tausendjährige Bäume sind lebendige Zeitzeugen, haben vielleicht Dutzende von Menschen unter ihren Zweigen sich lieben, leiden und sterben sehen. So wie wir über eine Fliege lächeln, uns über einen Schmetterling freuen, so schmunzelt der Baum vielleicht darüber, wie wichtig wir uns nehmen. Was sind schon 75 Jahre für einen tausendjährigen Baum – ein kleiner Lebensabschnitt. Man kommt also leicht ins Nachdenken an solchen Orten über den Sinn und Unsinn des Lebens, unseres Lebens und seiner Vergänglichkeit. Und wenn man Glück hat und offen ist, dann stellt sich vielleicht Dankbarkeit und Frieden ein, und man nimmt ein bisschen von diesem Gefühl mit zurück in unsere hektische Welt. Und wenn man dann an seinem Schreibtisch sitzt und durch ein äußeres oder inneres Bild die Erinnerung samt dazugehörigem Gefühl wieder aufruft, dann hat der Transfer funktioniert, und es bereichert uns, bis wir wieder einmal die Magie der

Stille eines besonderen Ortes aufsuchen – und uns an unsere Bestimmung erinnern: Sei jetzt hier. (Ich danke meinem Freund Anselm für seine inspirierende Präsenz.)

Natürliche Kraftplätze

Natürliche Orte der Kraft sind Berge, Quellen, manche Höhlen, größere Felsformationen und viele Bäume. Fallen mehrere dieser Aspekte zusammen, also zum Beispiel eine auffallende Baumformation bei einer Quelle in der Nähe eines markanten Felsens, so deutet dies auf besondere energetische Qualitäten. Sagen und Volksglaube haben schon immer solchen Plätzen Elementargeister, Elfen, Gnome und andere Wesenheiten zugeordnet. Dass dies nicht so abwegig ist, hat die Findhorn-Gemeinschaft in Schottland bewiesen (ein übrigens bedeutender Kraftplatz), der es durch den telepathischen Kontakt mit Naturgeistern gelungen ist, in einer unwirtlichen und unfruchtbaren Gegend einen wahren Wundergarten und eine blühende Gemeinschaft zu etablieren, die weltweite Anerkennung erfahren hat.

Elementarwesen an Kraftorten

Dabei muss man sich Elementarwesen nicht unbedingt so vorstellen, wie wir es aus Märchen und Sagen in Form schöner Feen oder schrumpeliger Zwerge kennen. Dies sind menschliche Projektionen oder menschenadäquate Übersetzungen von Phänomenen und Naturenergien, die durchaus eine Eigendynamik oder Eigenpersönlichkeit haben. Diese Eigenpersönlichkeit lässt sich am einfachsten bei einzelnen alten Bäumen nachvollziehen; und ob dies nun Glaube, Fantasie oder eine andere Realität oder Dimension ist, damit sollten wir westliche, der

Natur entfremdete Zivilisationsmenschen erst mal vorsichtig sein.

Das Wissen und die Kultplätze unserer »heidnischen« Vorfahren oder der wenigen übrig gebliebenen Naturvölker beziehungsweise ihrer Schamanen können uns vielleicht helfen, die Stimmen und Zeichen der Natur wieder wahrzunehmen, ob nun personifiziert oder nicht.

Dass es mehr als nur fünf Sinne gibt, dass Intuition dem rationalen Denken oft überlegen ist, dieses Wissen scheint sich langsam Bahn zu brechen. Fangen wir also wieder da an, wo menschliches Macht- und Eigennutzdenken begann, sich die Erde untertan zu machen und gegen sie statt mit ihr zu arbeiten – da, wo der lebendige Kontakt mit der Natur abriss.

Heilige Berge

Vielen Naturvölkern, wie zum Beispiel den nordamerikanischen Indianern, sind Berge heilig. Warum gibt es kaum heilige Täler, aber so viele heilige Berge? Warum liegen alte Kirchen und Kapellen und die Kultplätze der Kelten so oft auf Bergen? Mit Sicherheit war dafür nicht die schöne Aussicht oder allein Sicherheitsdenken ausschlaggebend. In vielen Kulturen und zu allen Zeiten galten die (höchsten) Berge als Sitz der Götter. Man betrachtete und bestieg sie mit Ehrfurcht, man gab ihnen Namen. Moses beispielsweise erhielt die Gesetzestafeln für das Volk Israel auf einem Berg, und Jesus predigte auf Bergen (Bergpredigt).

Objektiv und subjektiv ist der Mensch auf der Spitze eines Berges dem Himmel, den Sternen oder seinem Gott näher. Er ist dem Alltag entrückt, und er verschafft sich einen »Überblick«. Der Geomant sagt dazu: An jeder Bergspitze sammeln sich die Ätherkräfte, und die Wahrscheinlichkeit, dass hier kosmische Energien einstrahlen, ist größer als sonst wo.

Auch unterscheiden sich Kraftplätze danach, ob sie ihre Energie aus der Erde beziehen oder mit »Numen« – also bewusst durch menschliche Energie – aufgeladen sind.

Dies finden wir zum Beispiel bei Schwarzen Madonnen (nach Scarlet Werner).

Unsere Vorfahren haben uns viele Bräuche vererbt, die mit der Natur, ihren Rhythmen und ihren Kostbarkeiten zu tun haben. Vor allem Bäume galten als geheimnisvolle, fast übernatürliche Geschöpfe, in Entwicklung und Wachstum Menschen vergleichbar. Die Germanen sahen zum Beispiel in einem Schutzbaum das Symbol des eigenen Lebens.

Heute noch gehören Bäume oder Zweige zu vielen Festbräuchen und Feiertagen: der Weihnachtsbaum, der Maibaum, der Baum des Richtfestes und dergleichen.

Selten, aber immer noch erhalten ist der Brauch, um alte Linden zu tanzen, wovon so manche Tanzlinde in Thüringen und Bayern zeugt. Auch das öffentliche Leben, wie etwa Gerichtsverhandlungen, vollzog sich unter Bäumen, den so genannten Femelinden. Mächtige einzelne Bäume, ebenfalls meist Linden, waren Mittelpunkt vieler Dörfer. Kein Wunder also, dass sich viele Sagen um besonders auffällige alte Bäume ranken und dass sie in zahlreichen Märchen allerlei seltsamen Wesen und Naturgeistern als Wohnstatt dienten oder als Einstieg ins Erdinnere.

Vom Waldkult zum Richtbaum

Besondere Bäume und Wälder waren für unsere Vorfahren heilige Stätten. Schon Tacitus berichtete vom Waldkult der Germanen und schrieb, dass in heiligen Hainen ihre Götter wohnten, und so mancher Dorf- und Flurname kündet heute noch davon, wie zum Beispiel Götzenhain, Lichtenhain, Heidenau, Heidenfels, Druidenhain. Hier fanden Volksversammlungen, Gerichte und Gottesdienste statt. »Bestimmte Haine oder besondere Bäume waren einzelnen Gottheiten geweiht. Ein heiliger Baum durfte nie seines Laubes oder seiner Zweige beraubt, geschweige denn umgehauen werden. Bei den Vorfahren der Esten galt es für ruchlos, in heiligen Hainen auch nur ein Blatt abzubrechen. Die Eiche stand an vorderster Stelle unter den geheiligten Bäumen. Danach folgten Esche und Buche.

Bräuche und Mythen um Bäume sind eng miteinander verbunden. In Mecklenburg knüpfen sich viele alte Bräuche an so genannte Wunderbäume. Dies sind vor allem ›Krupeichen‹. Es handelt sich um Bäume, deren Stamm etwa in Mannshöhe eine länglich-runde Öffnung aufweist, die einem Menschen mehr oder weniger leicht ein Hindurchkriechen (niederdeutsch: ›Dörchkrupen‹) ermöglicht. Entstanden sind diese Krupbäume meist durch Verwachsungen des Stammes und der Zweige, aber auch durch Zusammenwachsen von zwei getrennten Stämmen oder durch künstliche Einflüsse. Nach altem Volksglauben sollte das Durchkriechen dieser Bäume Heilung von manchen Leiden wie Gliederreißen, Gicht, Rheumatismus und Ischias bringen. Besondere Regeln mussten dabei befolgt werden. Ein stillschweigendes ›Dörchkrupen‹ vor Aufgang oder nach Untergang der Sonne und möglichst am Freitag stellte besonders wirksame Heilung in Aussicht.

Im Volksglauben um die Krupeichen steckt ein Rest alten Baumkults. Diese ›Wunderbäume‹ galten als heilig und unverletzlich.« (DDR-Touristikführer: Naturdenkmale)

Rechts: Den Germanen waren Bäume heilig

In diesem Zusammenhang stehen auch die »Fieberbäume«, in die man über Nacht seine Kleider hängte,

um dann beim Tragen Heilung körperlicher Leiden zu finden.

Ein Dorfbaum markierte den Treff- und Mittelpunkt der Gemeinde. Meist handelte es sich um eine Linde. Der Richtbaum ist das Symbol für Schutz, Glück und Segen für die zukünftigen Bewohner des neuen Hauses.

Bäume in Kult und Mythen

Der Christbaum als Weihnachtssymbol weist auf die Unsterblichkeit und das ewige Leben hin. Der Maibaum ist bereits seit der Antike ein Symbol für das Erwachen der Natur und für Fruchtbarkeit. Die Femelinde erscheint als Gerichtsbaum der Göttin Freya, die die Kraft der Weissagung besaß und damit die Wahrheit ans Licht bringen konnte. Heilige Bäume sind bei den Indern der Bodhi-Baum, unter dem Buddha seine Erleuchtung fand, bei den Germanen die Eiche und später nach der Christianisierung die Linde.

Der Baum der Erkenntnis, meist als Granatapfel- oder Feigenbaum dargestellt, wächst im Paradies neben dem Baum des Lebens und deutet auf die Polarität von Mann und Frau, gut und böse, Leben und Tod hin. Der Weltenbaum verbindet Himmel, Erde und Unterwelt. Er ist Sinnbild des ewigen Lebens und weist auf die Einheit des Kosmos hin. Er kommt in den Mythen aller Völker vor. Das bekannteste Beispiel ist die in der Edda beschriebene Weltesche Yggdrasil.

Viele Bäume kann man als Ort der Kraft ansehen oder als Anzeiger für einen solchen. Die selige Edigna von Puch lebte 30 Jahre in einem Baum, der heute noch als tausendjährige Linde besteht (siehe Seite 191).

Die Religionen der Kelten und Römer

Für die einen sind und waren die Kelten Barbaren, für die anderen ein Volk mit hohem kulturellen und spirituellen Niveau. Die widersprüchlichen Informationen in der Literatur sind wahrscheinlich diesem vielseitigen Volk angemessen, das über einen Zeitraum von über 2500 Jahren die europäische Seele beeinflusste und prägte. Vor allem im angelsächsischen, im französischen und im süddeutschen Raum haben sie bleibende Spuren hinterlassen. Um den Wesenskern der Kelten und ihrer Weltsicht zu erfassen, bedarf es einer Annäherung aus geistiger Sicht. Die Interpretationen der archäologischen Funde sagen in erster Linie etwas über das Weltbild des jeweiligen Archäologen aus und sind selten frei von eigenen kulturellen Wertmaßstäben.

Dies gilt vor allem für das Verständnis rituell-religiöser Gebräuche. Wir sind es gewöhnt, durch unsere christliche Brille jeden abschätzig als Heiden zu betrachten, der nicht getauft ist. Da die Kelten keine Schriftsprache hatten – die runenähnliche Zeichenschrift Ogham wurde nur von Druiden verwendet –, ist es besonders schwierig, ihre Weltsicht nachzuvollziehen. Was überliefert ist, sind Sagen und Namen; viele deutsche Dorf- und Flurnamen sind keltischen Ursprungs. Der Rest stammt aus der Feder von Römern, christlichen Mönchen oder Archäologen.

Geschichte der Kelten

Um etwa 2000 v. Chr. dürfte die kollektive Auswanderung der keltischen Stämme aus ihrer Entwicklungsbasis im Herzen Europas begonnen haben. 1500 v. Chr. hatten sich die Kelten im gesamten süddeutschen Raum ausgebreitet (teilweise bis hoch in den Harz), und 900 v. Chr. hatten sie Frankreich erreicht und mit über fünfzig Stämmen besiedelt. Frankreich wurde zum europäischen Hauptland der damaligen Kelten. In Gallien siedelten sie nahezu tausend Jahre lang, bevor es von den Römern erobert wurde. Nach Frankreich verpflanzten sie einen Teil ihres vierhundertköpfigen Götterpantheons. Die Ausbreitung der Kelten und die Durchdringung vieler Völker mit ihrer Kultur schufen eine einheitliche Geistes- und Gefühlsebene, eine erste gemeinsame europäische Basis, die über alle trennenden Gebirgszüge Europas hinübergriff. Kern dieser Gemeinsamkeit waren Sprache und Religion.

Seit dem 6. Jahrhundert v. Chr. sind sie nachweislich in die Geschichte eingetreten, das heißt, die Geschichtsschreiber nahmen Kenntnis von ihnen und erwähnten die keltische Welt in verstärktem Maße.

Die Kelten besaßen weder eine Schriftsprache noch eine geschriebene Geschichte, aber sie verfügten über viele Fähigkeiten und Talente. Sie waren Meister der Metallverarbeitung, galten als verwegene Reiter und waren ob ihrer Kampfeslust gefürchtet. Sie trieben Handel bis zum Mittelmeer und bauten große, durch Wallanlagen gesicherte, zum Teil städteartige Befestigungen. Es muss angenommen werden, dass es bei den Kelten eine Organisation oder einen Nachrichtendienst gegeben hat, welcher die weit in Europa verstreuten Stammessitze miteinander verband. Dabei spielten sowohl die Barden, die wandernden Druiden, als auch berittene Boten eine Rolle. Was uns hier jedoch primär interessiert, sind das Weltbild und die Religion der Kelten. Denn durch die keltischen Einflüsse hat sich eine bestimmte seelische Einstimmung Europas vollzogen, die wahrscheinlich sogar den Boden für das Christentum in Europa vorbereitet hat. (M. Sills-Fuchs, Die Wiederkehr der Kelten)

Barden und Druiden

Religion der Kelten

Was die Kelten und insbesondere ihre mit vielen Göttern belebte Naturreligion für uns heute interessant macht, ist ihre bis ins Kleinste gehende Einbindung in das Naturgeschehen. »Grundlegend war der Glaube der Kelten an eine fortlaufende Wiedergeburt und damit an die Unsterblichkeit. Die Schöpfung sahen sie als nicht endgültig an, sondern als einen ununterbrochen andauernden, dynamischen Prozess. Alles, auch die Götter, war wandelbar, doch ihre Prinzipien blieben unsterblich.« (a. a. O.)

Ihr Glaube an ein zukünftiges Leben war offenbar unumstößlich und die Angst vor dem Tod dementsprechend gering. Der Körper war für sie ein Gefängnis der Seele, das sie stets bereit waren, freudig zu verlassen. Sie gaben ihr Leben für den geringsten Anlass hin, weil den Mutigen und Würdigen ein glücklicheres Leben nach dem Tode erwartete. Das mag vielleicht die aus unserer Sicht grausamen Menschenopfer erklären, die bereits bei den Römern auf Abscheu und Unverständnis stießen und als oberste Rechtfertigung für die Ausrottung der Druiden hergenommen wurden.

Starke Naturverbundenheit

Der keltische Glaube war anscheinend recht undogmatisch, religiöse Verrichtungen wurden je nach den gegebenen Umständen vollzogen. »Wichtig war der Ort des Vollzuges religiös-ritueller Handlungen. Er musste eng mit der Natur verbunden sein, ein heiliger Hain, eine heilige Quelle, ein besonderer, hervorragender Opferstein. Diese enge Natureingebundenheit gab ihrer Religion die Lebensdauer des Lebendigen. Der weitgespannte sakrale Rahmen gestattete eine Vielfalt religiösen Vollzuges und eine außerordentliche religiöse Beweglichkeit. Jedem Einzelnen war es überlassen, durch einen schöpferischen Akt sich seinen Glauben selbst zu schaffen, im Rahmen der vom Druiden gegebenen Gesetze.« (a. a. O.) Dabei spielten die Mondphasen und die Jahreszyklen eine große Rolle. Vollmond, Sonnenwenden und Tag-und-Nacht-Gleiche (Äquinox) waren heilige Tage, die entsprechend rituell gefeiert wurden. Ein weiterer wichtiger Termin war das Beltane-Fruchtbarkeitsfest in der Nacht zum 1. Mai.

Die Kelten glaubten, dass das Göttliche früher da gewesen sei als der Mensch, und die übersinnliche Existenz war ihnen eine Wirklichkeit.

»Wie andere alte Religionen hatten die Kelten eine Göttertrias: Teutates, Taranis und Esus, Letzterer auch Cernunnos genannt. Die große keltische Erdmuttergöttin findet sich bei den Germanen als Erda und als Freya wieder und spielt verklärt und christianisiert als Maria eine bedeutende Rolle. Es sei darauf hingewiesen, dass zahlreiche keltische Kultplätze heute Marienwallfahrtsorte sind. Alles Leben, so glaubten die Kelten, sei aus dem Wasser gekommen. Dieses Element war ihnen deshalb besonders heilig. Ihre Kultstätten lagen fast immer nah an einer Quelle, die sie von einem Quellgott geschützt glaubten. Die Natur war von guten und bösen Geistern belebt, welche nach keltischem Glauben die Elemente beherrschten.« (a. a. O.)

Sonnen- und Mondkult

Zurzeit des keltischen Vorstoßes rang in Europa der asiatische Mondkult mit dem indoeuropäischen Sonnenkult. Dieses Spannungsfeld war Ursache geistiger und auch kriegerischer Auseinandersetzung. Beide Kulte waren sehr ausgeprägt und kraftvoll. Die Kelten jedoch kannten sowohl Sonnen- als auch Mondkulte, und viele Steinkreise dienten unter anderem auch den Beobachtungen der Gestirne. So waren sie, was in Stonehenge nachgewiesen wurde, in der Lage, exakt Sonnen- und

Mondfinsternisse vorauszusagen und die heiligen Tage im Jahresrhythmus zu bestimmen.

Die Vorherrschaft der Religion im Leben der Kelten besaß gewaltige prägende Kraft. Die daraus resultierende Macht und der Einfluss der Druiden waren wohl mit der Hauptgrund für die brutale Verfolgung der Druiden durch Cäsar und die folgenden römischen Kaiser.

Die Rolle der Druiden

Die Druiden gehörten zur Oberschicht der keltischen Gesellschaft und wurden wegen ihrer Weisheit und der besonderen Rolle als Vermittler zwischen Stamm und Göttern hoch geachtet. Cäsar beschrieb sie sehr ausführlich: »Sie verstehen den Götterdienst, besorgen die öffentlichen und privaten Opfer und legen die Religionssatzungen aus. Bei ihnen finden sich in großer Zahl junge Männer zur Unterweisung ein, und sie genießen hohe Verehrung. Denn bei fast allen öffentlichen und privaten Streitigkeiten urteilen und entscheiden die Druiden.« Das heißt, die Druiden waren sowohl Priester und Magier als auch Gelehrte, Philosophen und Richter. Ihren Anweisungen gebührte unbedingter Gehorsam. Was von Cäsar und den christlichen Geschichtsschreibern jedoch übergangen wurde, ist die Tatsache, dass es auch Druidinnen, die »Druden« gab; davon zeugen unter anderem einige Drudensteine, etwa im Ostharz.

Die Bezeichnung »Druide« ist vermutlich von einem Ausdruck abgeleitet, der so viel wie »Eichenkundiger« oder auch »großes Wissen« bedeutet. Für Cäsar waren die Druiden die einzigen, die er als gebildete Schicht Galliens gelten ließ.

Die Griechen bezeichneten sie als die gerechtesten aller Menschen und sagten von ihnen, sie sprächen die Sprache der Götter. Wir wissen, dass sie eine jahrzehntelange und umfassende Ausbildung durchlaufen mussten.

Den Sitz ihrer zentralen Schulen und Einweihungsorte, deren Namen und die Art ihrer Lehren können wir nur indirekt nachvollziehen. In Irland, Schottland und Wales gibt es jedoch wieder einzelne Druiden, die an die Öffentlichkeit treten, ebenso wie sich neue Gemeinden bilden, die keltische und germanische Rituale nach altem Brauch feiern und sich selbstbewusst die »neuen Heiden« nennen.

Das Wissen der Druiden wurde prinzipiell nur von Mund zu Mund an wohlausgesuchte Schüler oder in Familientradition weitergegeben. Deshalb können sich moderne Druiden nicht auf eine alte Tradition berufen, sondern müssen sie intensiv nachvollziehen oder neu schöpfen. Die lange Ausbildung ließ die keltischen Druiden in den verschiedenen Berufen erst als gereifte, würdige Männer tätig sein, und dies allein verschaffte ihnen Autorität und die ersten und obersten Stellungen im Volk. Nach außen hin wurden die Kelten von den jeweiligen Stammesfürsten oder -häuptlingen geführt, aber stammesintern war der Druide die höchste Instanz.

Die Autorität der Druiden

Rudolf Steiner setzt die eigenständige Druidenkultur wesentlich früher an und meint, dass die uns bekannte Vor- und Frühgeschichte nur noch die Verfallserscheinungen, das Ende eines geheimen Bundes von Eingeweihten miterlebt hat. Einige andere Autoren sehen die Druiden und die Megalithkultur als Relikte der atlantischen Hochkultur, die ihr Wissen vor und nach dem Untergang von Atlantis systematisch über die Kontinente verbreitete und in geheimen Orden das alte Wissen bewahrte und weitergab. Dazu zählen auch die Baumeister aller Pyramiden, die als besondere Orte der Kraft und des astronomischen Wissens die heutige Wissenschaft vor unzählige Rätsel stellen.

Über Orte der Kraft und der Götter, die die Druiden erspürten und um deren energetische Qualität sie wussten, standen sie mit über- und (unter-)irdischen Kräften in Verbindung, über Menhire und Steinkreise vielleicht auch untereinander. In Viereckschanzen, die heute allgemein von der Archäologie als Kultbezirk bestätigt sind, konnte festgestellt werden, dass sich zahlreiche Kreuzungspunkte von Energielinien innerhalb der Umwallung befinden und dass eine »spezifische Bodenausstrahlung« durch ringförmig nach Süden eingebautes »ferromagnetisches Material« unterstrichen wurde. Wissenschaftler analysierten das Wasser heiliger Quellen und wiesen Bor-, Schwefel- und Radiumgehalt nach. Auch bei kultischen Schalensteinen entdeckte man in einer Versuchsreihe eine deutlich höhere Radioaktivität. In England gibt es einen Stein innerhalb eines Steinkreises, an dem man seinen Kompass zum »Rotieren« bringen kann. Danach kann man ihn wegwerfen. Erst seit ein bis zwei Jahrzehnten sind einige sensitive Menschen wieder in der Lage, mit Pendel und Rute, durch hellsichtige Fähigkeiten oder intuitiv, diese subtilen Energien zu registrieren und Sinn und Zweck heiliger Haine, Steine und Steinkreise zu verstehen.

Daher kann es sehr lohnend sein, sich keltischen Kultplätzen mit der entsprechenden feinfühligen, meditativen Haltung zu nähern. Es kann passieren, dass Erinnerungen, Bilder oder Gefühle auftauchen oder dass wir mit feinstofflichen Energien in Verbindung kommen, die unsere Wahrnehmung und unser Weltbild verändern, wenn wir offen dafür sind. So können wir über solche Orte selbst etwas über die Kelten erfahren, indem wir uns auf sie – statt mit dem Kopf – mit unseren Sinnen und dem Herzen einlassen.

Die Römer in Deutschland

Auch die Römer haben in vielen Teilen Deutschlands ihre Spuren hinterlassen und nachhaltig Leben und Kultur unserer Vorfahren beeinflusst. Vorab ein kurzer Geschichtsüberblick: Es war der römische Feldherr Gajus Julius Cäsar, der in der Mitte des 1. Jahrhunderts v. Chr. Gallien eroberte und den Rhein zur römischen Grenze erklärte. Die Völker Galliens bewohnten damals das heutige Frankreich, Belgien, die Westschweiz und den größten Teil des linksrheinischen Deutschland. Unter Kaiser Augustus festigten die Römer ihre Herrschaft in Mitteleuropa, und im Jahre 15 v. Chr. unterwarfen seine beiden Stiefsöhne Tiberius und Drusus die Alpenvölker und dehnten den römischen Machtbereich über das Alpenvorland bis an die Donau aus. Danach versuchten sie, die Grenze des römischen Imperiums vom Rhein an die Elbe vorzuverlegen.

Nach langen Kämpfen scheiterte der Plan am zähen Widerstand der Germanen und den schwierigen Bedingungen, die das Heer in dem für die Römer fremdartigen Lande vorfand. Seit Augustus' Nachfolger Kaiser Tiberius 16 n. Chr. die Germanenfeldzüge abbrechen ließ, blieben daher der Rhein und die obere Donau vorerst Grenze. Der dadurch entstandene Keil germanischen Gebietes in das neue Römische Reich wurde unter Kaiser Vespasian (69 –79 n. Chr.) besetzt und reichte bis über Frankfurt hinaus in die Wetterau.

Zum Schutz des eroberten Gebietes zogen die Römer eine befestigte, militärisch gesicherte Grenze, den Limes. In manchen Gegenden sind die Spuren des Limes heute noch in Wäldern oder auf Äckern und Wiesen zu sehen. Zuerst bestand der Limes nur aus einem Postenweg entlang der Grenze, der durch hölzerne Wachttürme gesichert wurde. Die Wachttürme waren so aufgestellt, dass die Strecke zwischen ihnen gut zu übersehen war und die Signale von einem Turm zum benachbarten weitergegeben werden konnten.

Seit der Regierungszeit Kaiser Mark Aurels gefährdete der Druck der beginnenden Völkerwanderung zunehmend die Grenzgebiete des Römerreiches. Im 3. Jahrhundert n. Chr. geriet das Reich in eine Krise, nicht nur wegen äußerer Feinde, sondern auch wegen innerer Uneinigkeit. Wirtschaftliche Schwierigkeiten verschärften die Lage, und um 260 n. Chr. mussten die Römer den Limes aufgeben. Der Rhein wurde wieder zur Grenze des Römerreiches, bis dessen westliche Hälfte in den Stürmen der Völkerwanderung im 5. Jahrhundert unterging. (D. Baatz, Limeskastell Saalburg)

Römische Religion

An was glaubten nun die Römer? Wer oder was waren ihre Götter? Um Christi Geburt waren es noch die Kaiser, die in offiziellen Kulten verehrt wurden. Dazu kamen die Schutzgottheiten, wie Jupiter, Juno und Minerva und noch einige andere Nebengötter. Die Römer und vor allem jene, die in fremden Ländern stationiert waren, scheinen bezüglich ihrer Gottheiten sehr flexibel gewesen zu sein. Da die Kaiser in Rom und ihre göttlichen Schutzpatrone das Fußvolk im fernen Gallien auf die Dauer nicht begeistern konnten, entwickelten sich Mischkulte mit den einheimischen Religionen, oder es wurden neue Götter aus dem griechischen und persischen Raum importiert. Zu diesen gehörten die Göttermutter Kybele aus Kleinasien, Dionysos und Herakles aus Griechenland und Mithras aus Persien.

Der Mithraskult hat sich schnell und durchgreifend bis nach Köln und Trier hinauf verbreitet, und ausgerechnet unter dem Kölner Dom wurde ein Mithrasheiligtum ausgegraben.

Mithras, der Erzeuger des Lichtes, ward aus einem Felsen geboren und galt als unmittelbarer Herrscher der Welt. Seine Geburt war ein kosmisches Ereignis. Die verbreitetste Darstellung zeigt ihn mit dem Stier, den er entweder gerade bekämpft, tötet oder auf seiner Schulter davonträgt. Nicht jeder hatte zum Mithraskult Zugang. Die Teilnahme an den Gnaden, die daraus entsprangen, war allein den Eingeweihten vorbehalten. Diese durchliefen ein Noviziat, über das nahezu nichts bekannt ist.

Mithrasweihen

Von den Weihezeremonien wissen wir nur, dass sie mit einem Eid (sacramentum) begannen, wobei sich die Bewerber dafür verbürgten, keines der Geheimnisse zu verraten, die ihnen durch den Vorsteher (pater) der Gruppe und seinen Herold anvertraut wurden. Eine Tätowierung (auf den Händen oder auf der Stirn) bestätigte die Aufnahme des Bewerbers »inter fratres«. Um das zu erreichen, musste man sich verschiedenen Prüfungen unterwerfen, die an Stationen aus Mithras' Leben erinnerten. Diejenigen, die sich dazu berufen fühlten, über die Stufe der einfachen Mysterien hinauszugelangen, mussten sieben ergänzende Stufen auf sich nehmen, sieben Stufen der mystagogischen Einweihung, die von der Stufe corax (Rabe) zum Amt des pater sacrorum (Leiter der Gemeinde) führten, wobei man die Stufen nymphus (Verlobter), miles (Soldat), leo (Löwe), Perses (Perser) und heliodromus (Sonnenläufer) zu durchlaufen hatte. Die den Männern vorbehaltenen Mysterien des Mithraskultes gaben den Eingeweihten das starke Gefühl, verdientermaßen in der Nachbarschaft des Gottes zu leben, mit welchem jeder in direkter Verbindung stand. Man betete nicht mehr für das Wohl Roms oder für das der Stadt; ein jeder betete für sein eigenes Heil, welches er im Jenseits erhoffte.

Die Römer waren ein Volk, das seine Eroberungspolitik und seine Bauwerke sehr bewusst in Übereinstimmung mit den feinstofflichen Erdkräften stellte. Das beweisen die radiästhetischen Untersuchungen an vielen Kastellen, Tempeln und einigen Stadtanlagen. Die Bauten sind fast immer nach den vorhandenen Energielinien und Gitternetzen ausgerichtet, was so weit führt, dass mancherorts sogar die übliche rechtwinklige Form verlassen wurde. Das Kastell von Yverdon hat zum Beispiel auf völlig ebenem Gelände die Form eines Parallelogramms (nach M. Mettler, Radiästhesie 2/90).

Heilkraft des Wassers

Die Alten glaubten an die Heilkraft des Wassers durch göttliches Wirken. Die Quelle war die Wohnstatt der Gottheit, der man opferte und Tempel baute. Wie schon die Griechen und Kelten vertrauten auch die Römer der heilenden Kraft des Wassers. In all ihren Provinzen blühte die römische Bäderkultur. Kaum hatten die Legionäre ihren Fuß auf germanischen Boden gesetzt, kurierten sie sich überall, wo Heilquellen sprudelten – in Schlangenbad, Ems, Sooden, Nierstein, Kreuznach, Alzey, Dürkheim, Wiesbaden und vielen anderen Plätzen. Ein besonderes Geschenk der Götter bedeuteten die Thermalquellen. Hier hat sich zum Beispiel Wiesbaden schon in damaliger Zeit einen Namen gemacht.

In der Nähe aller Heilthermen gab es einen von der profanen Umwelt abgegrenzten heiligen Bezirk. In diesem sakralen Hain stand ein der jeweiligen Quellgöttin – Sirona, Venus oder Diana – gewidmeter Tempel. Auch den Göttern Herkules, Merkur und Vulkan wurde an Quellen geopfert, oder sie waren als Schutzgötter eingesetzt. (C.-M. Ternes, Die Römer)

Dass die Römer sehr anspruchsvoll in der Wahl ihres Wassers waren und sehr wohl um die unterschiedliche

Qualität wussten, beweisen die aufwändigen Aquädukte, die manchmal auch Gegenden versorgten, die durchaus eigene Quellen besaßen.

Ein sehr schön rekonstruiertes Mithrasheiligtum finden wir in der Nähe des völlig wiederaufgebauten Limes-Kastells Saalburg, 20 Kilometer nordwestlich von Frankfurt. Ganz unscheinbar unter Bäumen wurden neben der immer noch fließenden heiligen Mithrasquelle das Auffangbecken, ein Becken zur rituellen Waschung und die eigentliche, höhlenartig anmutende Kultstätte, das Mithräum, wiederhergestellt.

Bild der Mithrasquelle siehe Farbtafeln

Kaum ein Mensch scheint sich hierher zu verirren, alles strömt direkt ins eigentliche Kastell mit dem Museum. Leider wird die Atmosphäre des farnumsäumten, magisch-schönen Platzes durch die in unmittelbarer Nähe vorbeiführende Bundesstraße empfindlich gestört.

Die Grundmauerreste eines weiteren Heiligtums, das der Göttermutter Kybele geweiht war, befinden sich nur 20 Meter oberhalb. Trotz des Autolärms ist hier eine starke Kraft zu spüren und zu »sehen« (an den Bäumen). Ein letztes, und zwar ein gallisches Heiligtum wurde 200 Meter nördlich vom »Rad der Zeit« überrollt: die Bundesstraße 456 hat es unter sich begraben. Hier soll es öfter Unfälle geben! Wer weiß, vielleicht sind es die zürnenden Götter, die an dieser Stelle energetisch der Hektik der heutigen Zeit mahnend Einhalt gebieten.

Die Megalithkultur: Steinkreise, Dolmen und Menhire

Noch vor der Zeit, als die Ägypter schwere Steinblöcke zu Pyramiden auftürmten, wälzten die ersten sesshaften Völker in Europa tonnenschwere Findlinge und setzten sie zu Steinkreisen, Dolmen und Hünengräbern zusammen. Von Spanien bis Schweden, von Israel bis Irland, von Polen bis Frankreich entstanden steinerne Monumente, die für die Ewigkeit gebaut zu sein scheinen. Innerhalb von tausend Jahren verbreitete sich der steinerne »Virus« über ganz Europa – und die ganze Welt, denn auch in Indien, Afrika, Australien, Japan, Nord- und Südamerika hatte man die gleiche Bauidee, entstanden Steinkreise und Megalithgräber. Will man nicht, wie von Däniken, Ufos und Außerirdische als Erklärung heranziehen, käme noch Rupert Sheldrakes Theorie vom morphogenetischen Feld in Frage.

Jedenfalls schlummern auch heute noch zahlreiche Steingräber unerkannt unter großen und kleinen Erdhügeln, viele wurden freigelegt und nicht wenige leider auch zerlegt und für den Haus- und Straßenbau benutzt.

Steinkreise erlangten durch Stonehenge und Avebury weltweite Berühmheit, für die Bekanntheit von Menhiren sorgte der »Hinkelsteinlieferant« Obelix in seinen Comicabenteuern mit Asterix. Am wenigsten bekannt sind die Dolmen und Hünengräber, von denen wir auch in Deutschland reichlich vorzuweisen haben. Vor meiner zweiten großen Tour durch Nord- und Ostdeutschland für die Neuauflage dieses Buches wusste ich auch nicht, welch wunderbare Prachtexemplare wir hier haben und dass es so viele sind. Daher dieses neue Kapitel, das sich dieser faszinierenden Variante der Megalithkultur widmet.

Der Name »Dolmen« kommt aus dem Bretonischen und bedeutet so viel wie »Steintisch«, was zwar seine Form beschreibt, aber inhaltlich nicht treffend ist. Man unterscheidet zwischen Dolmen, Ganggrab, Steinkistengrab und Allée couverte (siehe Abbildung auf Seite 69). Oft sind die eigentlichen Gräber noch von einer meist rechteckigen Steineinfassung, dem Hünen- oder Langbett umgeben.

Datierung der Megalithmonumente

Die Datierung dieser steinernen Monumente erfolgte durch die Funde, meist Grabbeigaben wie Krüge, Beile, Schmuck, Keramik, Bernsteinperlen und andere, auf die die Archäologen bei Grabungen in den Kammern stießen. Daher ist man sich unter Fachleuten auch allgemein relativ einig, dass es sich um steinzeitliche Friedhöfe bzw. Grabstätten handelt und dass bei den in Deutschland entdeckten überwiegend die Stämme der so genannten »Trichterbecherkultur« der Jungsteinzeit (3500–2000 v. Chr.) für sie verantwortlich sind. (Allerdings gibt es auch andere Ansichten, wie wir später sehen werden.) Zeitlich gesehen, tauchten die ersten Megalithmonumente etwa 4500 v. Chr. an der Atlantikküste der Bretagne auf, danach im spanischen Raum, in Irland, England, den Niederlanden und zuletzt im Gebiet des heutigen Deutschland. Andere Historiker wähnen den Nahen Osten bzw. Ägypten als Ursprungsland und die Mittelmeerinseln Malta, Korsika, Sardinien und die Balearen als Zwischenstation, bevor die Idee per Schiff und über »Missionare« nach Spanien, Portugal, Frankreich, Irland und England kam. Bei uns findet man sie nur in Nord- und Ostdeutschland, nördlich der Linie

Dortmund–Kassel–Leipzig, besonders gehäuft östlich und südlich von Magdeburg, in Mecklenburg-Vorpommern, im Emsland, in der Lüneburger Heide und in Schleswig-Holstein.

Zahlenmäßig muss es Tausende von ihnen gegeben haben. Man rechnet damit, dass 90 Prozent der Steingräber vernichtet wurden, das heißt, dass es allein in Westdeutschland einmal über 5000 gab. In Schleswig-Holstein werden heute noch 190 gezählt, im Raum Hannover 280 und in Oldenburg 63. Allein im Umkreis von Uelzen gab es 1846 noch 219 Megalithgräber, davon 129 vollständig. 1946 waren es nur noch siebzehn beschädigte. Auch auf Rügen zählte man 1827 noch 229 Dolmen. Heute sind es lediglich 38, und davon sind die meisten zerstört.

Vernichtung der Monumente im 19. Jahrhundert

Den Auftakt zu dieser kulturhistorischen Barbarei machte Napoleon 1812 mit dem Bau der von ihm angeordneten Heerstraße von Wesel nach Hamburg. Durch die Verfügbarkeit von Schießpulver war die Zerkleinerung der Steinkolosse kein großes Problem mehr, und so fanden sie, außer bei Straßen, Verwendung in vielerlei Scheunen, Kirchen und Häusern. Auch das deichbaufreudige, aber steinarme Holland war dankbarer und gut zahlender Großabnehmer. Erst Ende des 19. Jahrhunderts besann man sich langsam und versuchte zu retten, was übrig war. Doch noch im 20. Jahrhundert konnte es geschehen, dass ein Bauer im Kreis Harburg ein Steingrab zerstören ließ, um »die neugierigen Hamburger« von seinem Acker fern zu halten. So weit dazu.

Die Dolmen und Hünengräber wurden zuerst als Einzelgrab (Urdolmen) angelegt und später zu Kollektivgräbern erweitert (Großdolmen oder Ganggräber). Nachbestattungen bzw. Nutzung von späteren Kulturen waren ebenso üblich. Der weit verbreitete volkstümliche Name »Hünengräber« stammt aus dem Mittelalter, wo man sich vorstellte, dass diese Bauten nur von Hünen, das heißt Riesen, sein konnten. Diese These wird auch von Erich von Däniken als eine mögliche Erklärung in Erwägung gezogen.

Die sich jedem automatisch beim Anblick dieser tonnenschweren Felsbrocken stellende Frage »Wie haben die das nur gemacht?« wird von Archäologen mit Kopfschütteln oder so erklärt, wie es schon der Dänenkönig Frederik VII. in der Mitte des 19. Jahrhunderts tat: »Als Hülfsmittel sind nichts anderes erforderlich als hölzerne Keile, Hebebäume, hölzerne Rollen, Tauwerk aus Häuten, lange Balken oder Schienen oder vielleicht Zugtiere …« Bei den Decksteinen geht man davon aus, dass sie über lange Erdrampen an ihren endgültigen Platz gehievt wurden. Auch die Nutzung von Schlitten im Winter ist denkbar. Auf jeden Fall erforderte der Bau hohe organisatorische und technische Fähigkeiten. Französische Archäologen haben in einem Experiment nachgewiesen, dass es 170 Männer benötigte, um einen 32 Tonnen schweren Stein auf Rundhölzern zu schieben. Ein durchschnittliches Grab könnte in 5000 Arbeitsstunden, das heißt von fünfzig Menschen in zehn Tagen à zehn Stunden, errichtet worden sein. Ein größeres Ganggrab benötigte jedoch 100 000 Stunden.

Großsteingräber bestehen aus von der Natur rund geschliffenen Findlingen, die von der Eiszeit angeschwemmt wurden. Man legte sie ebenerdig an, und die eigentliche Grabkammer wurde mit Erde zugeschüttet, sodass ein Hügel entstand. Die Zwischenräume waren

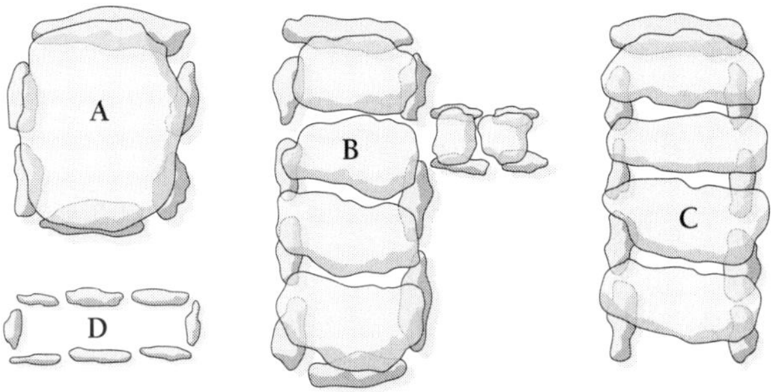

Die verschiedenen Grabformen

A = Dolmen
B = Ganggrab
C = Allée couverte
D = Steinkistengrab

ursprünglich durch eine Trockenmauer ausgefüllt, was man jedoch heute nur noch bei restaurierten Gräbern findet. In den Grabkammern bestand der Fußboden aus Stampflehm, aus gebranntem Feuerstein oder Rollkieseln. Nach außen sichtbar war nur der äußere Steinkranz bzw. bei den Einzeldolmen eventuell die Deckplatte oder der Verschlussstein. Die Umfassung kann je nach Größe rund, oval oder rechteckig sein. Ganz selten findet man auch einen doppelten Steinkranz (Thuine). Ein seitlicher Eingang, der wie die Grabkammer nur maximal 1,50 Meter Höhe hatte, konnte bei Bedarf wieder geöffnet werden. Das längste Megalithgrab, der Visbeker Bräutigam (bei Wildeshausen östlich von Bremen), misst 104 Meter und wird von 130 Steinen umfasst. Der schwerste Deckstein (in Deutschland) wiegt 25 Tonnen (Albersdorf).

Die einzelnen Bauelemente der Kammer, die aus je zwei Tragsteinen und einem Deckstein bestehen, nennt man »Joch«. Man spricht dann von einjochigen oder mehrjochigen Kammern. Die flachere bzw. eine abgeflachte Seite weist nach innen. Manche Decksteine sind bis zu 6 Meter lang und 3 Meter breit und werden von mehreren Tragsteinen gestützt. An den Schmalseiten der

Kammer und am Eingang wurde jeweils ein Abschlussstein gesetzt.

Durch die Erosion, den Wind und Regen der Jahrtausende verloren viele Gräber ihre Erdummantelung und stehen nun völlig bloß in der Landschaft. Die Zerstörung bei Ackerbestellung und die Steinbeschaffungsmaßnahmen für Straßen und Häuser bis Anfang des 20. Jahrhunderts gaben ihnen den Rest. Von ursprünglich sicher Tausenden sind nur noch ein paar Hundert übrig geblieben. Drei Dutzend sind noch relativ gut erhalten und sehenswert, und einige wenige wurden komplett restauriert (Kleinenkneten und Karlsminden).

Häufige Nord-Süd-Ausrichtung

Auffallend ist, dass die Mehrheit der Monumente Nord-Süd-ausgerichtet sind, was sowohl mit dem Himmelsnordpol als auch mit der Sommersonnenwende in Verbindung gebracht werden kann. Danach folgen ost-westliche Ausrichtung (Tag-und-Nacht-Gleiche) und nordöstliche (Sonnenaufgang zur Sommersonnenwende). Viele sehen daher darin auch eine Kalenderfunktion für die Ackerbau treibenden Völker. Bei den Steinkreisen (zum Beispiel Boitin) sollen auch der Lauf des Mondes und wichtige Sterne peilbar sein. Dass die Kreise aber ansonsten primär kultischen Charakter hatten, scheint außer Zweifel. Bei den Steingräbern wehren sich die Archäologen allerdings vehement gegen ein Kultplatzetikett, abgesehen von einem Bestattungskult. Deutbare Hinweise in Form von Zeichen, Symbolen und Einritzungen sind sehr selten. Bei einigen Dolmen (beispielsweise Rerik und Bunsoh) fand man eingekratzte Radkreuze. Bei einigen weiteren kleine Schalen oder Näpfchen (Durchmesser bis zu 5 Zentimeter). Da sprechen selbst die Archäologen von einem kultischen

Zweck. Welchen, vermögen sie jedoch auch nicht zu sagen. Eine eher esoterische Deutung wäre, dass, wie beim Weihwasser in der Kirche, der Stein, unter dem die Seelen der Ahnen beherbergt sind, über eingefülltes Wasser deren Energie für die Hinterbliebenen übertragbar macht. Vielleicht dienten sie aber auch der Wahrsagung. Von herausragender Bedeutung ist diesbezüglich der Schalenstein von Bunsoh bei Albersdorf in Schleswig-Holstein. Hier findet man neben zahlreichen Schälchen noch ein großes und ein kleines Handpaar, einen Fußabdruck und ein vierspeichiges Rad. Da rätseln nicht nur die Archäologen. Vielleicht ist es ja ein steinzeitliches Stargate. Auf einem anderen Steingrab hat man Runenzeichen gefunden, die jedoch aus späterer Zeit stammen dürften (Teufelssteine Bischofsbrück bei Molbergen/Peheim).

Gräber oder Kultanlagen?

Eine ähnlich heftige Kontroverse, ob die Dolmen Grab- oder Kultstätten sind, finden wir auch bei den ägyptischen Pyramiden. Insbesondere bei der Cheops-Pyramide gibt es mehr Beweise, die gegen ein Pharaonengrab sprechen als dafür. Viele Forscher, darunter auch Archäologen, halten sie eher für einen Einweihungstempel mit kosmischem Bezug zu bestimmten Sternen. Das Leben nach dem Tode war genauso wichtig, wenn nicht wichtiger als das Diesseits. Die richtige Startrampe und optimale Voraussetzung für ein gutes Leben im Jenseits würden den enormen Aufwand eher rechtfertigen als allein ein Statusdenken. Es würde auch bei den Megalithgräbern Sinn machen, dass hier ein Ort für die Ewigkeit geschaffen wurde, der so unzerstörbar wie möglich sein sollte, da er ja den Seelen der Ahnen Heimstatt war und mehreren Generationen diente. Ebenso machen der starke Bezug zur Erde, die Geborgenheit in einem Hügel und die für das nördliche Flachland ungewöhnlichen Findlingssteine Megalithmonumente zu heiligen Orten, die nicht nur den Toten, sondern auch den Lebenden Kontakt zum Göttlichen garantierten und somit als kultischer Platz prädestiniert sind. Da die nord- und ostdeutschen Steingräber allesamt im Flachland stehen, wo es weder Berge noch Höhlen gibt, könnten sie genau aus diesem Mangel heraus entstanden sein. Künstliche »Höhlen« als Synonym für die Geborgenheit und den direkten Kontakt im Schoß der Mutter Erde bzw. der weiblichen Gottheit könnten kultischer Grund für diesen bautechnischen Aufwand gewesen sein.

Künstliche Höhlen im flachen Land

Dieser sowohl symbolische als auch praktisch erfahrbare Aspekt der Verbundenheit in Stille und Dunkelheit unter der Erde ist auch heute erlebbar, insbesondere bei den Gräbern, die noch im ursprünglichen Zustand sind oder wieder in diesen versetzt wurden (Karlsmünden, Kleinenkneten, Idstedt). Wenn man weiterhin davon ausgeht, dass auch Steine (wie Wasser) Informationen speichern können, dann bietet sich hier ein weites Forschungsfeld an.

Dass energetische Anomalien an Steingräbern bestehen (können), belegt folgendes Zitat: »Zwischen dem Dorfe Neppermin und dem Hegeberg (Insel Usedom) hat ehemals ein aus der Steinzeit stammendes Grab gelegen, das vor etwa 100 Jahren zerstört worden ist. Nach dem Volksglauben ist es an der Stelle, wo das Grab vorher gelegen hat, nicht geheuer. Kein Vieh berührt beim Weiden diese Stelle, und Schafe, die in der Nähe eingehürdet sind, gebärden sich wie toll und brechen regelmäßig aus. Nachdem der Besitzer die aus dem Grab gehobenen Steine weggeschafft hatte, starb ihm ein Stück Vieh nach dem anderen …« (A. Haas in *Ullsteins Kunstgeschichte* Band IV, S. 15). Da hier wohl kaum menschlicher Aberglaube für das Verhalten und Ableben von Tieren in Frage kommt, muss doch etwas anderes eine Rolle spielen.

Diese energetisch eher düstere Bewertung wird auch von einzelnen Radiästheten geteilt, die mit dem Hinweis auf den hier praktizierten Totenkult vor einem längeren Aufenthalt in Dolmen warnen. Hartmut Lüdeling spricht in diesem Zusammenhang sogar von »Schlafsteinen«, weil er mit seiner Frau Ingeborg an einem Megalithgrab eine ermüdende und Energie abziehende Wirkung bemerkte. Seine Erfahrung ging sogar so weit, dass er feststellte, dass sie negative (»links drehende«) Energie mitnahmen und sich ein ansonsten friedlich Hund plötzlich wie verrückt und sehr aggressiv ihm gegenüber verhielt. Ich halte so etwas in Ausnahmefällen für möglich und bedenkenswert, konnte aber auf meinen Reisen derartige Erfahrungen so nicht machen bzw. nur das Gegenteil feststellen.

Hans-Jörg Müller »sieht« bei vielen dieser Gräber »Einstrahlpunkte« feinstofflicher Energie, die als Brücke oder Leitstrahl für die Seele gedient haben könnten, also eine Art »Jenseitsinstallation«. So könnte man auch die runden, als »Seelensteine« bezeichneten Abschlusssteine mancher Grabanlagen einordnen, die zum Beispiel bei Monumenten wie in New Grange (Irland) eine Rolle spielten. Bei Sonnenwenden bricht hier das Licht praktisch in die Dunkelheit ein und lässt – wie bei den Visionen von Menschen, die Nahtodeserlebnisse hatten – diesen Lichttunneleffekt entstehen. Gleichzeitig bietet sich ein seltenes, nur fünfzehnminütiges Schauspiel, wenn der Sonnenstrahl über den Boden kriecht, um beim Höhepunkt ein bestimmtes Symbol in goldenes Licht zu tauchen.

Dass nicht nur die Steinkreise, sondern auch alle Steingräber bewusst in Bezug zu den energetischen Besonderheiten und Ausstrahlungen eines Ortes gebaut wurden, davon waren schon 1935 die französischen Archäologen L. Merle und C. Diot überzeugt. Sie behaupten, alle prähistorischen Begräbnisstätten lägen im Bereich »unterirdischer Strömungen« bzw. seien nach ihnen ausgerichtet. Auch der Engländer R. Boothby ist der Meinung, dass sich hier terrestrische Strömungen kreuzen und in der Längsrichtung verlaufende Reaktionszonen auftreten. Jörg Purner hat diese und andere Phänomene in seiner Doktorarbeit (und seinem Buch *Radiästhesie – Ein Weg zum Licht?*) anhand von Steinkreisen und -gräbern in Irland nachgewiesen. Vor allem die so genannten *blind springs* seien im Zentrum vieler Steinkreise zu finden, von denen in Irland jedes größere Dorf einen besitzt. Gay Underwood, ein englischer Autor und Rutengänger, sieht in den Steinkreisen die spirituellen Zentren der alten Religion, die nur Befugte betreten durften.

Steinkreise als spirituelle Zentren

Viele Kenner sind überzeugt, dass die terrestrischen Energien an solchen Kultplätzen jahreszeitlich schwanken und auch der Mond und Planetenkonstellationen dabei eine Rolle spielen. Daher rührt vielleicht die oftmals exakte Ausrichtung auf bestimmte Sonnenphasen. Diese Schwankungen können auch so weit führen, dass die Polarität umgekehrt wird und aus aufladenden Punkten vorübergehend abladende werden. Daraus ist die Schlussfolgerung nahe liegend, dass man die Energien an Steinkreisen bewusst aktivieren und steuern kann.

Interessantes hat in diesem Zusammenhang der Physiker und Gehirnwellenforscher Günter Haffelder herausgefunden (*Hagia Chora – Zeitschrift für Geomantie*, Nr. 6, Sommer 2000, S. 48). Bei intensiven Untersuchungen an Steinkreisen in Südfrankreich stellte er fest, dass Menschen mit den Steinen interagieren und sie durch Abschreiten, bestimmte Töne oder Körperdrehungen regelrecht aktivieren können. Es gibt wahrscheinlich eine Art Resonanzfrequenz. Allerdings habe jeder Stein seine eigene Anregungsform. Plötzliche Wetteränderungen, so Haffelders Erfahrung, seien offensichtlich beabsichtigte Funktionen solcher Kreise gewesen. Wenn ein Steinkreis aktiviert sei, ergebe sich bei Menschen, die sich an einen bestimmten Stein lehnen, das gleiche Gehirnwellenmuster. »Der Stein erzählte Geschichten und entführte uns in unbekannte Dimensionen, denn die Frequenzen im Chronospektrogramm deuteten auf außergewöhnliche Zustände, besonders im Deltabereich, hin.« Haffelder ist auch der Ansicht, dass Steinkreise wie Verstärker für Gefühle, Stimmungen und Gedanken wirken. Ein Grund mehr, solche Orte mit positiven Gedanken und Absichten zu betreten und nicht mit negativen Gedanken oder Ängsten.

So konnten (oder können) Steinkreise und andere prähistorische Kultplätze ebenso wie alte Kirchen und Wallfahrtsorte je nach Funktion eine besinnliche, beschauliche oder aber eine euphorische Gefühlslage unterstützen. Auch das Auftreten von bewusstseinsverändernden Zuständen, leichter Trance soll durch eine Fokussierung und Ausrichtung an geophysikalische Strahlungsverhältnisse machbar sein. Die Kelten sollen darüber hinaus elektromagnetisch wirkende Einbauten und terrestrische Energien verwendet haben, um die eigenen Krieger

»aufzuladen«. Ihre Gegner wurden dagegen (vor ihren Wallanlagen) durch abladende Reizzonen geschwächt. Jedenfalls haben dies Radiästheten gemessen und so interpretiert. Für uns ist das heute kaum noch vorstellbar. Wir haben mehr mit den elektromagnetischen Frequenzen von Handys und tausend anderen Strahlungen zu tun, an die wir uns mehr oder weniger angepasst haben, und sind ziemlich unsensibel geworden für feinere irdische Energien. Trotzdem bin ich der Ansicht, dass man sich auch dafür wieder sensibilisieren kann, wenn man es will und weiß. Ich hoffe, Sie hiermit motiviert und neugierig gemacht zu haben.

Menhire Der Menhir (bretonisch *men-hir* = »langer Stein«) ist das einfachste, aber trotzdem am schwersten zu deutende Denkmal der megalithischen Kultur. In Deutschland gibt es leider nicht sehr viele davon, knapp ein Dutzend. Es handelt sich um roh geformte Steinsäulen, die zu einem Fünftel bis Viertel ihrer Länge in der Erde stecken. Der größte in Deutschland, der Gollenstein bei Blieskastel (Saarland), misst 7 Meter, der größte überhaupt heißt Feenstein, war sage und schreibe 23,5 Meter hoch und steht in Locmariaquer, Morbihan (Bretagne). Leider hat ein Blitz oder Erdbeben vor langer Zeit den 310-Tonnen-Koloss in vier Teile zerlegt, und so ist der derzeit größte »nur« 12 Meter hoch (Kerloas bei Plouharnel, Frankreich). Der Durchschnitt der meisten Menhire liegt bei 3 bis 6 Metern. Da man sie meist allein stehend in flacher Landschaft findet, wirken sie immer monumental und sind nicht zu übersehen. Gelegentlich werden sie als phallische Symbole eines Fruchtbarkeitskultes gedeutet, ansonsten als Opferstein oder als »Seelenthrone« für die vogelartig im Raum schwebenden Seelen.

In den volkstümlichen Sagen musste nach der christlichen Missionierung ziemlich häufig der Teufel als Verursacher dieser unliebsamen Heidensteine herhalten, meist – so der stereotype Inhalt – mit dem erfolglosen Versuch, einen Kirchenbau zu verhindern oder Mönche zu vertreiben. Es scheint, als ob bei einem frühchristlichen Konvent von oberster Stelle die Anweisung gegeben wurde, überall diese Geschichte zu verbreiten. Ich habe sie mindestens ein Dutzend Mal in ganz Deutschland gehört.

Ein Werk des Teufels?

Gruppierungen von Menhiren, zum Beispiel zu Kreisen, heißen auch »Cromlechs«, zu Reihen oder Steinalleen »Alignements«. Die bekanntesten sind die mehrere Kilometer langen Reihen von Carnac. Hier wurden zusammen mit drei weiteren Alignements in unmittelbarer Nähe 2800 Steine aufgestellt. Man nimmt an, dass die meisten Steinalleen in Steinkreisen endeten, so wie es heute noch in Avebury erkennbar ist. Damit wäre eine Deutung als kultischer Prozessionsweg nahe liegend, dessen energetische Bahnen markiert und geschützt waren. Manche sagen, dass Menhire und Steinkreise das männliche Prinzip darstellen, das heißt Energiesender sind, und Dolmen das weibliche Prinzip repräsentieren, also empfangend sind. Anders ausgedrückt: Menhire verbinden mit dem Himmel, Dolmen mit der Erde.

Die Räuberhöhle bei Idstedt

Schade, dass es so nahe an der Straße liegt: das als »Räuberhöhle« bezeichnete Hügelganggrab zwischen Schleswig und Idstedt. Der Wald ist ein sehr schöner, und wä-

Die Räuberhöhle bei Idstedt

re der Eingang zur Grabkammer nicht freigelegt und ein Geländer mit Schild davor, man würde es einfach für einen schönen, mit Eichen bewachsenen Hügel wie viele andere drumherum halten. Andererseits: So haben sie ausgesehen – unscheinbar und trotzdem aufwändig. Es könnte eine interessante Erfahrung sein, sich mal in einer Gruppe von Menschen (maximal fünfzehn) in die recht große Kammer hineinzusetzen, sich also mitten unter einen Baum und in einen Erdhügel in Stille zu begeben. Vielleicht war das auch einst seine Funktion.

Wegbeschreibung: An der Straße zwischen Schleswig und Idstedt, 500 Meter nach der Abzweigung Jübeck nach einer Rechtskurve, kommt ein Parkplatz mit Schild. Etwa 300 Meter durch den Wald zurück.

Der Dolmen bei Lehmsiek und die Hünenbetten von Goosefeld und Karlsminde

Schleswig-Holstein ist bekanntermaßen ein ziemlich flaches Land. Umso erstaunter war ich, auf einem der wenigen Erhebungen, einem so genannten Geestrücken, einen der fotogensten Dolmen Deutschlands zu finden. Wie ein Wahrzeichen aus einer anderen Welt thront das Prachtexemplar da am Ortseingang von Lehmsiek (5 Kilometer südlich von Eckernförde) und lässt jeden Vorbeikommenden stutzen – und staunend über die Ästhetik der Steinzeit nachdenken. Einen schönen Blick weit ins Land sollten die Seelen der verstorbenen Ahnen wohl haben und die Lebenden bis in die ferne Zukunft über die Macht dieses Klans der Erbauer in Ehrfurcht verfallen. Lediglich die in 100 Meter vorbeiführende Straße mit achtlos hetzenden Zeitgenossen in Blechkisten auf vier Rädern nimmt dem Urdolmen etwas von seiner Kraft. In der Stille der Nacht oder im Morgengrauen ist die Qualität des Ortes bestimmt genauso magisch wie vor Tausenden von Jahren, als Ehrfurcht vor der Natur und ihren Kräften zum Alltag gehörten. Am helllichten Nachmittag kann man davon nur etwas erahnen.

Das Hünenbett von Goosefeld

Dafür gibt es ganz in der Nähe eine noch fast unberührt aussehende Megalithanlage abseits von Straße und Häusern: das Langbett von Goosefeld. Von der Straße, gegenüber dem Dolmen, führt ein Sträßchen mit dem viel versprechenden Namen »Hexenberg« zu dem stillen Platz nur einen Kilometer weiter. Am Ende dieser Straße links, über eine Kuppe noch hundert Meter bis zu einem roten Metallpfahl. Dort parken und den Feldweg noch

Lehmsiek

einmal 100 Meter bis vor die Überlandleitung. Dort ist hinter einem Drehkreuz rechts das Grab zu sehen. Es ist ein von Steinen eingefasster Hügel von 40 Metern Länge mit ehemals drei Kammern, von denen aber nur noch eine erhalten ist. Bei schönem Wetter kann man hier bis zum Meer schauen und die Ruhe im Schatten der Bäume genießen.

Das Hünenbett von Karlsminde

Ein Prachtexemplar von Hünenbett, das Ende der Siebzigerjahre in seinen ursprünglichen Zustand versetzt wurde, liegt nordöstlich von Eckernförde kurz vor Karlsminde nahe der Ostsee. Die majestätische Megalithanlage ist über 50 Meter lang, von mächtigen Eichen bestanden und weithin als Insel in der Landschaft sichtbar. Sie hat drei Grabkammern, in die man hineinkriechen kann, und ist wegen der Nähe zum Campingplatz gut besucht. Es geht die Mär, dass viele Menschen an heißen Sommernachmittagen eine Fee unter den Bäumen gesehen haben. Sie soll einen hellblauen Umhang tragen und darunter ein schneeweißes Gewand. Ihre Haut sei grün, und um den Kopf habe sie einen goldenen Reif. Unter dem Hügel liegt ihr Schloss, das von Zwergen bewacht wird. In der Hand hält sie einen roten Kelch; und der, dem sie ihn anbietet und der davon trinkt, werde nicht alt, und die Liebe geleite ihn fortan durch das Leben. Ich hoffe, Sie haben das Glück, ihr allein zu begegnen.

Der Steinkreis bei Damp

Es bedarf schon eines guten Gespürs und einer genauen Wegbeschreibung, um diesen kleinen germanischen Steinkreis in der Nähe des Ostseebades Damp zu finden. Ich stand mit einem Einheimischen vor dem kleinen Wäldchen, in dem er sich versteckt, und erhielt nur ein ungläubiges Kopfschütteln. Der Bewohner eines 500 Meter weiter gelegenen Hofes wusste ebenfalls nichts von diesem Kleinod, und auch keine Karte gibt darüber Auskunft. Als ich pfadfindermäßig auf das Versteck der Steine zusteuerte, sprangen drei Hirsche mit gewaltigen Geweihen aus dem Kornfeld, die sich dort verborgen hatten – oder haben sie diesen magischen Platz bewacht? Jedenfalls entdeckte ich zehn Meter weiter nochmals vier Hirsche, die jedoch nicht wegliefen, sondern nur mit ihren Geweihen aus dem Kornfeld herauslugten. Ich entschied mich, einen großen Bogen um sie herum zu machen und sie nicht zu stören – und sie als Zeichen dafür zu nehmen, dass ich die Wegbeschreibung in diesem Buche nicht veröffentliche. Der aus neun Steinen und einem Wächterstein bestehende kleine Steinkreis misst etwa 10 Meter im Durchmesser und ist von Farnen bewachsen. In der Mitte ein kleiner Stein, hinter dem ein Tierschädel lag. Diese als germanische Kultstätte identifizierte und als »rote Maass« benannte Steinsetzung wurde erst 1964 entdeckt und ist noch von mehreren, kaum zu erkennenden viereckigen Steinreihen umgeben, die nach den Himmelsrichtungen ausgerichtet sind. Klein, aber fein. Wer sucht, der findet.

Albersdorf

Die Region um Albersdorf gilt als klassische Quadratmeile der Archäologie Nordwestdeutschlands, da hier eine auffallende Häufung von megalithischen Grabstätten zu finden ist. Es bietet gleich mehrere steinzeitliche Attraktionen, darunter einige herausragende.

Der Brutkampstein

Mit 25 Tonnen und einem Umfang von 10 Metern hat dieses Steingrab den größten Deckstein im ganzen Land. Wie in den Boden gerammt wirken die relativ kleinen Trägersteine dagegen. Das Städtchen Albersdorf hat ihn quasi eingemeindet. Er liegt am Rande des Ortes nahe der Schule und ist gut ausgeschildert. Schöne alte, seltsam geschwungene Bäume umstehen ihn in einem kleinen Park. Als ich ankomme, läuft ein weißer Hase herum und zwei Kinder laufen hinterher. Der eigenartige Name deutet darauf hin, dass sich dort Jungvermählte trafen, um »Freya zu opfern«, so die Infotafel. Anscheinend haben viele dieser Megalithstätten in späterer Zeit als magisch wirksamer Ort der Fruchtbarkeit gegolten. Man half dem durch Reiben der Genitalien am Stein

Albersdorf, Brutkampstein

nach, bzw. Frauen rutschten mit dem blanken Hintern darüber. Dies dürfte jedoch nichts mit der ursprünglichen Funktion als Heimstätte der Ahnen zu tun gehabt haben.

Lohnenswert für alle, die mehr über die Steinzeit und die in der Nähe von Albersdorf befindlichen Gräber und Funde wissen wollen, ist ein Kontakt mit AÖZA, dem Archäologisch-Ökologischen Zentrum Albersdorf. Dieser Verein bemüht sich seit einiger Zeit, eine Fläche von 40 Hektar zu einer Steinzeitlandschaft wie vor 5000 Jahren umzugestalten mit je einem Drittel als Wald, als Ackerland und als Brach- und Weideland. Auf diesem bereits ausgewiesenen Gelände befinden sich noch zehn gut erkennbare prähistorische Denkmäler, darunter mehrere Langbetten und einige bronzezeitliche Grabhügel. Ein Steinzeitdorf wird gerade errichtet. Man kann das Gelände sowohl mit als auch ohne Führung erkunden.

Info und Karte bei AÖZA oder Gemeinde Albersdorf, Bahnhofstraße 23, 25767 Albersdorf, Telefon: 0 48 35 / 97 97-0, Fax: 97 97-97

Schalenstein von Bunsoh

Der so genannte Schalenstein von Bunsoh war nach einiger Zeit mal wieder ein kleines Highlight für mich. Erstens liegt er relativ ruhig (Straße 100 Meter entfernt), zweitens abseits (von daher keine Leute), drittens ist die Form der Ausgrabung ungewöhnlich, viertens hat er auffallend schöne, tiefe Näpfchen (Schalen) und fünftens zwei an Handabdrücke erinnernde Vertiefungen, die den Archäologen Rätsel aufgeben. Es handelt sich um ein Ganggrab aus der Jungsteinzeit (etwa 3000 v. Chr.) und wurde 1874 ausgegraben bzw. 1908 untersucht. Auf acht Trägersteinen liegen drei schwere Decksteine, der Boden war mit kopfgroßen Steinen gepflastert und der Innenraum durch neun senkrechte Steinplatten in vier Bereiche unterteilt. Der Schalenstein ist einer der Decksteine und gehört eindeutig zu den schönsten und interessantesten in ganz Deutschland. Zwei paarweise angebrachte Handbilder (kleine und große), ein Fußabdruck, ein vierspeichiges Rad, flache Rillen und ein Schälchen mit Außenring: die Wissenschaft hat keine Erklärung dafür.

Ich musste ganz profan an die Handabdrücke der Prominenten auf dem Walk of Fame in Hollywood denken: vielleicht eine steinzeitliche Variante unserer Vorfahren … Auch Stargate-Fantasien kamen mir beim Meditieren auf dem Stein. Leider wollte mir partout nicht der passende kosmische Code einfallen, während meine

Hände durch den Kontakt mit den Steinabdrücken den Impuls zum Öffnen des Dimensionstores aktivieren sollten. Eventuell braucht es dazu ja auch Vollmond oder Sonnenwende. Man kann dann vielleicht telepathisch mit druidischen Kollegen bei anderen Steinsetzungen kommunizieren. Jedenfalls ist es ein die Fantasie und Kreativität anregender Stein. Dadurch, dass trichterförmig nach oben und in einer Stelle von der Seite gegraben wurde, liegt das Ganze auch energetisch geschützt. Direkte Energie spürbar war für mich etwas außerhalb vor den ersten Steinen: ein Ziehen bis in den Bauch hoch und ein Summen in der Luft. Letzteres kam allerdings vom Wespennest links im Hügel. Ich stand genau in der Einflugschneise. Das vierte Wespennest an einem Steingrab. Zur Erinnerung: Wespen und Ameisen lieben energetische Reizzonen, insbesondere Kreuzungen von solchen.

Wegbeschreibung: 2 Kilometer nordöstlich von Albersdorf Richtung Fellingstedt. Kurz nach dem Abzweig nach Bunsoh rechts nach Wrohm fahren, nach 200 Metern Schild mit Parkplatz. Von dort 200 Meter zu Fuß.

Die Dolmen von Rerik

In einem Umkreis von nur einem Kilometer um das Ostseebad Rerik befinden sich gleich fünf beachtliche Großsteingräber. Zwei Prachtexemplare stehen auf halber Strecke linker Hand der Straße von Garvsmühlen nach Rerik gegenüber einer Abzweigung als unübersehbare Inseln im Kornfeld. Da stehen sie nun schon seit 5000 Jahren und werden auch sicher nochmal 5000 Jahre der Zeit trotzen, wenn nicht historische Banausen ih-

Rerik

nen Gewalt antun. Das macht sie irgendwie auch so faszinierend: die zeitlose, für die Ewigkeit bestimmte Bauweise. Ein »Denk-Mal« unserer Ahnen. Menschen und Kulturen vergehen, Steine und Natur bleiben bestehen. Allerdings muss man bedenken, dass die meisten dieser Gräber mit Erdhügeln teils oder ganz zugedeckt waren. So schön und monumental standen sie nicht immer in der Landschaft.

Hier in Rerik gibt es zwei Besonderheiten: einmal zwei Urdolmen (Neu-Garz), das sind kleine für je eine Person, sozusagen die Urform, und zwei Dolmen mit Schälchen und Gravierungen (Voßberg). Die Schälchen sollen rituelle Funktion gehabt haben. Eine Theorie, die die Schautafel zitiert, ist, dass an ihnen gerieben wurde, um den Donnergott zu besänftigen. Manche Radiästheten haben an solchen Schalen energetische Anomalien gemessen, teilweise sogar mit Heilfrequenzen (Druidenhain in der Fränkischen Schweiz). Interessant sind am Voßbergdolmen und dem bei Neu-Garz die gerade noch zu erkennenden Radkreuzsymbole, die in zweien der Steine eingeritzt sind und aus der Entstehungszeit stammen sollen. Wenn man mal davon ausgeht, dass es in der Steinzeit noch keine Graffitikünstler gab, dann sollte dies etwas zu bedeuten haben. Aber was? Manche deuten sie als Sonnensymbol. Obwohl das ebenfalls in einem Feld liegende Grab bei Voßberg keine Decksteine mehr besitzt und ziemlich zerstört ist, hat es doch auf Grund seiner Lage, der weiten Sicht und seiner ruhigen Abgeschiedenheit die angenehmste Atmosphäre.

Abbildung hierzu auf den Farbtafeln

Sehr beschaulich, da wenig besucht, ist auch der Urdolmen von Neu-Garz. Man findet ihn, indem man auf der Straße nach Meschendorf nach dem Ortsausgang von Rerik nach zwei Telefonzellen die nächste Straße rechts (Bastorfer Weg) bis zum Ende fährt. Beim verschlossenen Tor einer ehemaligen Genossenschaft geht links ein Weg in und 200 Meter durch ein kleines Wäldchen bis zum Steingrab. Am besten, man besorgt sich den kostenlosen Plan zu den Großsteingräbern bei der Touristeninformation.

Die Megalithanlagen im Everstorfer Forst

Auf diesen Anblick war ich nicht vorbereitet. Das erste der fünfzehn Steingräber der neolithischen Nekropole im Everstorfer Forst zwischen Wismar und Grevesmühlen, das ich zu sehen bekomme, macht sprachlos und erzeugt eine Gänsehaut. Fünfzig gewaltige Steinblöcke umfassen rechteckig ein 40 Meter langes und zehn Meter breites Hünenbett, in dem an einer Seite ein gigantisches Dolmengrab steht. Es ist schwer zu sagen, ob die Gänsehaut vom beeindruckenden Anblick oder vom energetisch ungewöhnlichen Feld kommt. Sowohl auf der Längsachse als auch außerhalb des Rechteckes ist ein feines Strömen zu spüren. An manchen Steinen reagiert mein Körper mit deutlichen Signalen. Ich fühle mich hellwach und zentriert. Der Lärm der leider nur 50 Meter entfernt vorbeiführenden Bundesstraße wird zum unbedeutenden Hintergrundgeräusch. Da kann man gut verstehen, dass die Menschen vor Hunderten von Jahren solche Bauten den Riesen oder dem Teufel zuschrieben. Hier soll der Sage nach auch ein Riese begraben sein, und nur einige hundert Meter weiter steht angeblich sein »Backofen«. Aber so was würde ich wahrscheinlich auch meinen kleinen Kindern erzählen, wenn ich keine Ahnung hätte. Insgesamt vier Varianten von Gräbern kann man hier bestaunen: acht Urdolmen, zwei erweiterte Dolmen, Großdolmen und Ganggräber.

Der »Backofen«

Die idyllische kleine Lichtung des »Backofens« ist Gott sei Dank außerhalb der akustischen Reichweite und lädt zu längerem Verweilen ein. Ein Bilderbuch-Dolmen und ein Hünenbett in einer Weise arrangiert, die nachdenklich machen. Quer in der Mitte des Hünenbettes liegt offen ohne Decksteine das leicht vertiefte Grab und zeigt mit der Achse genau zum etwa 20 Meter entfernten Dolmen, der selbst einen kleinen Steinkreis um sich hat. Es passt genau eine Person hinein, und ich fühlte mich stark versucht, mich hineinzulegen. Leider war es etwas feucht, und ich hatte keine Unterlage. Aber selbst nur am Rande zu sitzen wirkt auf die Stimmung. Irgendwie erinnert es mich an einen Sarkophag oder besser eine Ein-

Everstorfer Forst (Süd), Langbett

weihungskammer (wie bei den Externsteinen). Rational ist dies schwer zu begreifen oder zu erklären. Man müsste einmal eine Gruppe von Menschen hierher bringen, und jeder Einzelne setzt oder legt sich für mindestens fünf Minuten hinein, jeder schreibt seine körperlichen Erfahrungen, geistigen Bilder und die Gefühle auf, die er hat, und dann sollte dies mal verglichen werden.

Das Hünenbett am Backofen, dessen Steine relativ klein sind, ist von Nord nach Süd ausgerichtet, das andere nach Südosten in Richtung des Sonnenaufganges zur Wintersonnenwende. Auffallend viele Ameisenhaufen im Wald, Wespennester in den Gräbern und seltsam verwachsene oder verformt wachsende Bäume weisen auf Erdstrahlungsanomalien hin. Ein »Blocksberg« in unmittelbarer Nähe spricht auch für sich. Diese drei und noch ein viertes Grab einige hundert Meter weiter im

Weitere Bilder hierzu auf den Farbtafeln

Wald gehören zur Südgruppe im Everstorfer Forst. Man findet sie 2,5 Kilometer nach Gressow und 4 Kilometer vor Grevesmühlen an der Straße nach Bärendorf (Parkplatz, Schild und Imbiss).

Die Nordgruppe Nicht minder faszinierend, wenn auch auf andere Weise, sind die Gräber der Nordgruppe, 2,5 Kilometer weiter hinter Bärendorf (beschildert). Hier ist man ganz allein und ungestört, das Sträßchen ist kaum befahren, und es warten acht Urdolmen und zwei erweiterte Dolmen in teilweise überlangen Hünenbetten auf den sensiblen Besucher. Die Grabkammern sind hinsichtlich der Größe einheitlich, in der Bautechnik aber auffallend vielgestaltig. Die Urdolmen sind wenig, weitgehend oder, in einem Fall, völlig unter dem Bodenniveau eingetieft. Zwei der Hünenbetten bzw. die Steinumfassung sind noch gut erhalten, das dritte und vierte gut spürbar, aber auch gerade noch erkennbar. Im ersten rechter Hand (siehe auch Plan an der Straße) liegt das Grab quer, beim zweiten links in Längsrichtung. Beide wirken wie Steinalleen, sind 50 Meter lang und deuten jeweils auf eine Dolmenformation 50 Meter weiter. Es drängt sich das Gefühl einer absichtsvollen planmäßigen Ordnung auf.

Das Hünenbett ganz links ist kleiner und steht in Verbindung mit einem Urdolmen, der eher an ein Babygrab erinnert. Alle bis auf eines zeigen nach Nordosten bzw. Südwesten. Eine wahrlich seltsame Anlage, bei der es kaum vorstellbar ist, dass sie nur als Totenstätte gedient haben soll. Es fließen so feine, fast »süße« Energieströme hier in diesem Wald, dass man einfach nicht mehr wegwill. Die Stille und das Rauschen der Blätter im Wind tun ein Übriges. Der Besuch ist absolut lohnenswert.

Des Weiteren gibt es noch vier Hügelgräber in der Nähe, eines mit Namen »Goldberg« und ein Schälchenstein.

Die Dolmen von Katelbogen

Zwei besonders bezaubernd gelegene Megalithgräber findet man einen Kilometer hinter Katelbogen (braunes Schild am Ortseingang), 6 Kilometer westlich von Bützow. Das größere von beiden steht in einem kleinen Buchenring auf einer Anhöhe mitten in einem Feld und ist vom ausgeschilderten, gut befahrbaren Feldweg aus (rechter Hand) nicht zu übersehen. Wetter und Tageszeit tragen natürlich zur Atmosphäre und auch zur energetischen Ausstrahlung bei. Als ich Anfang August diesen schönen Platz aufsuchte, war das Feld gerade abgeerntet. Ein Bekannter hatte es im blühenden Raps erlebt. Die Sonne schaute hin und wieder neugierig auf mich herunter und tauchte den Platz in wechselndes Licht. Weit und breit kein Mensch. Majestätisch geradezu liegt es auf seinem Hügel in einem rechteckigen Hünenbett von 18 Metern Länge. In der Mitte ein fünfjochiges Ganggrab mit vier noch aufliegenden tonnenschweren Decksteinen.

Wieder taucht die Frage auf, welcher Glaube diese »Bauern« derartig motiviert hat, dass sie solche organisatorischen und körperlichen Kraftakte vollbrachten.

Der Platz strahlt Erhabenheit, Kraft und Ruhe aus und erinnert durch die Bäume etwas an einen heiligen Hain. Auf der Achse zum anderen Grab 100 Meter weiter ist deutlich eine energetische Verbindung spürbar. Am stärksten empfand ich diesen Fluss fast am Rande des

Hügels bei einem flachen Stein. Thor holte mich mit einem Donnergrollen aus meiner entrückten Stimmung und mahnte mich aufzubrechen.

Das Nachbargrab, aus dem sich ein Vogelbeerbaum herausdrückt, ist viel kleiner, ohne Steinkranz und eingestürzt. Dafür wurden auf zwei der Decksteine künstliche, eingelassene »Schälchen« festgestellt (an einem fünf, am anderen 122), die offenbar rituelle Funktion hatten. Bevor ich diese jedoch weiter untersuchen konnte, begann es leise zu tröpfeln, und drei Minuten später brach ein heftiges Gewitter los. Mit Mühe erreichte ich leicht durchnässt meinen Wagen, und als es nach einer halben Stunde immer noch nicht aufhören wollte, fuhr ich in Richtung Norden weiter.

Seltsamerweise hatten mir lokale Gewitter an diesem Tag schon vorher den Zugang zu einem anderen Dolmen und einem Steintanz unmöglich gemacht. Gerade als ich zum Steinkreis bei Bellin wollte, verwandelte ein Gewitter den sandigen Feldweg in einen Bach mit riesigen Tümpeln, sodass ich nur mit Traktor oder Gummistiefeln den 2,5 Kilometer langen Weg geschafft hätte. Vielleicht berichten Sie mir ja, ob ich in Bellin (15 Kilometer südlich von Güstrow) etwas verpasst habe. Sehr geheimnisvoll, aber auch sehr versteckt soll noch der Steintanz von Lenzen sein (5 Kilometer südlich von Boitin). Alle anderen Dolmen in der Umgebung sind mehr oder weniger zerstört oder unscheinbar.

Von Katelbogen fährt man nur eine knappe Stunde zum Ostseebad Rerik mit seinen fünf kleinen Dolmen, ein Teil davon, wie so oft in Mecklenburg-Vorpommern, über zauberhafte Baumalleen.

Der Steintanz von Boitin

Die Megalithkultur hat besonders in Mecklenburg-Vorpommern reichlich Zeugnisse ihres Kultes hinterlassen. Neben Rügen ist es vor allem die Gegend um Güstrow, die mehrere Megalithgräber und sogar einige Steinkreise zu bieten hat, die in Deutschland sehr selten sind. Insgesamt sind es drei als »Steintänze« bezeichnete Steinkreise. Ein kleines Stonehenge gar vermuten einige in den vier Kreisen des Steintanzes von Boitin, 12 Kilometer südwestlich von Güstrow.

Eine versteinerte Hochzeitsgesellschaft soll es der Sage nach sein, der wir diesen magischen Platz verdanken. Mit Brot und Würsten sollen sie im Rausche Kegeln gespielt haben und so seien sie samt einem Schäfer mit seinen Schafen ob dieses Frevels von einem alten Manne in Steine verwandelt worden. Ob die Sage nun hiermit auf einen Opfer- oder Fruchtbarkeitskult anspielt und darin den christlichen Zeigefinger hebt (wer so was tut, wird böse enden), lässt sich nicht genau sagen.

Ein germanischer Kultplatz

Archäologen sehen die 1 bis 1,80 Meter hohen Steine ganz nüchtern als Grabstätteneinfassung, weil bei Grabungen 1929 eine alteisenzeitliche Urne gefunden wurde. Das Schild am Steintanz selbst spricht von einem 3000 Jahre alten germanischen Kultplatz, und so zieht es auch gelegentlich zu entsprechenden Terminen (Walpurgisnacht) zelebrierende Neuzeitgermanen hierher. Eine kleine Schutzhütte mit Grill- und Feuerplatz (und dem absurden Schild: Feuer machen verboten) gibt es schon.

Aber auch die Archäoastronomen sind fündig geworden und haben in diversen Abständen das »Megalithische Yard« wiederentdeckt und Peilungslinien nach

Der Steintanz von Boitin

Norden zum südlichsten Mondaufgang und zum Sonnenaufgang bei der Wintersonnenwende entdeckt.

Wenn Sie den Platz jedoch wirklich erleben wollen, vergessen Sie am besten alles wieder, denn mit dem Verstand ist dieser Ort nicht zu erfassen. Zuallererst muss er erwandert und gefunden werden. Wenn man von Tarnow aus kommend am Waldrand parkt, läuft man noch einmal gut eine halbe Stunde durch schönen Mischwald. Hin und wieder zeigt ein Hinweisschild, dass man auf dem richtigen Weg ist. Dann tauchen sie plötzlich rechts auf. Staunen und Stille. In der Mitte des großen Kreises ist eine riesige Buche. Weit und breit kein Mensch.

Weiteres Bild vom Steintanz auf den Farbtafeln

Lassen Sie sich einfach intuitiv treiben, stellen Sie sich für ein paar Minuten an einzelne Steine oder in die Mitte und beobachten Sie, was passiert. Vielleicht geschieht gar nichts, vielleicht spüren Sie ein leichtes Kribbeln in den Beinen und im Bauch. Ich hatte nach einer Runde im großen Kreis, wobei ich drei Minuten an jedem Stein verbrachte, die ich sehr »anregend« und aufladend fand, das Bedürfnis, mich in die Mitte zu stellen und mich wie die Derwische zu drehen. Etwa zwanzig Umdrehungen, ein abrupter Stopp und Fixierung der wie zum Gebet zum Kopf gefalteten Hände erhöhten meine Präsenz und Wachheit. Ehrfürchtig und für Minuten gedankenfrei ließ ich alles auf mich wirken und Bilder im Inneren aufsteigen.

Die Erlösung der Hochzeitsgesellschaft

Der Sage nach kann ein mutiger Jüngling, der in der Johannisnacht (24. Juni) an dem aus der »Brautlade« (der größte Stein mit den dreizehn Löchern) heraushängenden roten Faden zieht, die Hochzeitsgesellschaft erlösen und einen Schatz finden. Als ich im August 2000 hier war, hat wohl gerade wieder mal jemand an dem Stein sein Glück versucht, wie ein Loch und eine leichte Schräglage des Steins verriet. So wörtlich war das nun bestimmt nicht gemeint mit dem Schatz. Ich denke bei Schatz eher an die Weisheit unserer Vorfahren bzw. das Wissen um die Erdmysterien, die hier verbannt wurden.

Ein Tipp

Noch ein Tipp: Machen Sie nicht wie ich den Fehler, sich von der offenen Schranke am Waldrand zum Hineinfahren verführen zu lassen, es könnte Ihnen wie mir ergehen, dass diese beim Herausfahren verschlossen ist. Erst eine halbstündige Irrfahrt durch den Wald (mit vielen Pfützen und Löchern) hat mich wieder aus dem Bann des Försters befreit.

Wegbeschreibung: Von Güstrow auf der B 104 Richtung Sternberg, nach 11 Kilometern rechts ab Richtung Bützow bis Tarnow. In der Ortsmitte von Tarnow links nach Boitin. 100 Meter nach dem Ortsausgang von Tarnow rechts ab Richtung Schießstand. Entweder dort parken oder die 500 Meter bis zum Waldrand fahren. Ab dort zu Fuß den gewundenen, breiten Waldweg 2,5 Kilometer bis zum Steintanz rechter Hand am Weg bei einer Schutzhütte.

Wildeshauser Geest

Etwa 30 Kilometer südwestlich von Bremen liegt der Naturpark Wildeshauser Geest. Die Gegend um die Stadt Wildeshausen birgt ein paar Highlights der Megalithkultur, die hier nicht fehlen dürfen.

Pestruper Gräberfeld

39 Hektar gelb-violette Heidelandschaft, durchsetzt mit 500 kleinen Grabhügeln, in denen die Asche von Menschen aus der Bronzezeit (900 bis 400 v. Chr.) in Urnen begraben liegt, bilden den größten erhaltenen Friedhof dieser Art im nördlichen Europa. Darunter mehrere so genannte Königsgräber und vierzehn »Hochäcker« für rituelle Zwecke. Ein erbaulicher Spaziergang durch die Vergangenheit erwartet den Besucher. Für den, der empfänglich ist, ein Fahrstuhl in andere Dimensionen.

Wegbeschreibung: An der Straße von Wildeshausen nach Pestrup, nach 1 bis 2 Kilometern rechter Hand gegenüber einem Parkplatz.

Kleinenkneter Steine

Hier hat man gleich zwei sehens- und erlebenswerte Hünengräber in ruhiger Alleinlage, und sie sind trotzdem durch ein Sträßchen gut erreichbar. Das Schöne ist, hier werden einem gleich zwei Varianten geboten: eine offene Anlage mit drei Kammern und eine geschlossene, wieder in den ursprünglichen Zustand versetzte mit einer Kam-

Kleinenkneten, restauriertes Hünengrab

mer. Die Letztere ist 6,8 mal 2,6 Meter groß und etwa 1,4 Meter hoch. Kinder fühlen sich hier gleich richtig wohl, durch eine zweite Öffnung nach oben fällt zusätzlich Licht herein, und so ist es ganz »gemütlich« in ihr (man sollte Pappe oder etwas Ähnliches zum Draufsitzen mitnehmen).

Beide Gräber sind von gigantischen Ausmaßen, sowohl was die Länge als auch die Größe einzelner Steine betrifft. 50 Meter lang ist das geschlossene und 34 Meter lang das offene Grab. Faszinierend sind beide. Es wurden reichlich Grabbeigaben gefunden, da diese Gräber immer wieder benutzt wurden. Aber wer weiß: Vielleicht wurden sie auch von den Bauern der Jungsteinzeit leer und verlassen vorgefunden und als Gräber missbraucht. Tonscherben, Pfeile, Äxte und Bernsteinperlen kann man datieren und zuordnen, aber die Steine der

Megalithanlagen selber meines Wissens nicht. Gerade diese beiden Gräber würden gute Einweihungsplätze abgeben, denn sie laden geradezu dazu ein, sich hier mit der Erde zu verbinden, Rituale durchzuführen und zu meditieren. Ein paar Stunden bei Vollmond dürften eine starke Erfahrung sein. Die Kleinenkneter Steine bieten sich dazu gut an.

Zufahrt von Wildeshausen nach Pestrup: Nach dem Ortsschild rechts kleine Straße mit Hinweisschild. Nach 2 Kilometern rechts in einem Wäldchen (Schild und kleiner Parkplatz).

Visbeker Braut und Bräutigam

Alles andere als still, da direkt bei der Autobahn, sind die Großsteingräber Visbeker Braut und Visbeker Bräutigam sowie die Kellersteine zwischen Bremen und Wildeshausen. Man könnte meinen, hier hat es einen Wettstreit gegeben, wer die größten Gräber baut.

Der Visbeker Bräutigam ist eine Anlage, die aus zwei Langgräbern und drei Dolmen besteht. Beide verbindet eine Sage von einer unwilligen Braut, die den ihr vom Vater zugedachten Bräutigam nicht heiraten wollte. Lieber wollte sie zu Stein werden. Leider hat sich der Fluch auf die ganze Hochzeitsgesellschaft ausgedehnt, obwohl zwischen Braut und Bräutigam 4 Kilometer liegen. Selbst der Brautwagen wurde versteinert. Also wieder eine ziemlich typisch moralische Geschichte für ein unerklärliches Phänomen, das in dem Fall dazu benutzt wurde, um ungehorsame Töchter zu ermahnen. Sinn macht diese Geschichte jedenfalls im Kontext mit dieser schönen Anlage nicht.

Der Bräutigam

Der »Bräutigam« liegt auf oder hinter dem Grundstück des Ausflugslokals »Engelmansbäke«. Kurz vor dem ersten Dolmen, dem »Opfertisch«, steht links eine auffal-

lende Eiche wie ein Wächter mit zwei hochgerissenen Armen. Die Deckplatte dieses gewaltigen Dolmengrabes ist 5 Meter lang und 3 Meter breit. Selbst Obelix hätte seine Mühe gehabt mit diesem gewaltigen »Hinkelstein«.

Die Visbeker Braut

Zehn Minuten weiter in Richtung lauter werdende Autobahn liegt das mit 105 Metern längste Hünengrab überhaupt. 130 Steine umfassen das fünfjochige Ganggrab und lassen einen mal wieder staunen. Der monotone Singsang der Autobahn lässt jedoch keine Atmosphäre aufkommen. An Wochenenden dürfte hier mehr los sein. Trotzdem wirkt die Anlage mehr wie eine Kultstätte als wie ein Grab. Wahrscheinlich war sie beides.

Wegbeschreibung: A 1 Bremen-Osnabrück, Abfahrt 61 Wildeshausen West Richtung Alhorn. In Alhorn links nach Visbek, kurz nach der Autobahn links Hinweisschild.

Die Braut

In einer Umfassungsmauer aus 84 Findlingen und einer Länge von 80 Metern steht die »Braut« dem »Bräutigam« kaum nach. Besonders die vier Brocken am Ende von fast 3 Metern Höhe sind beeindruckend. Decksteine gibt es keine mehr. Leider direkt an der Autobahn und nur 500 Meter von der Abfahrt Wildeshausen West, ist sie also gut für einen schnellen Abstecher zum Staunen, Rasten und Weiterfahren. Von der Abfahrt Richtung Alhorn bis zur Raststätte gegenüber Schild und Weg folgen, etwa 500 Meter.

Das Emsland

Die Hohen Steine von Werlte

Im Emsland, dem nordwestlichsten Zipfel Deutschlands, an der Grenze zu Holland, herrscht die größte Dichte an Hügel- und Großsteingräbern. Daher sind sie auch für die Einheimischen nichts Besonderes. Von 108 Anfang des Jahrhunderts sind immerhin noch 80 mehr oder weniger gut erhalten. Dazu kommen noch 11 Hügelgräber und 2 Wallanlagen. Eine Übersichtskarte erhält man bei der Gemeinde Werlte (25 Kilometer westlich von Cloppenburg), zu der auch das Grab mit der größten Kammer in Deutschland gehört. Aus 15 Jochen, die wie dicke Knollen auf kleineren Steinen lagern, besteht dieses 27 Meter lange Megagrab. Einige sind in das Kammerinnere gesunken, die anderen so in den Boden gestampft, dass man nur auf dem Bauch robbend hineinkommt. Diese Art von Ganggrab scheint eine Spezialität der Gegend zu sein, weswegen man sie auch emsländische Kammern nennt. Die Anlage liegt abseits von Ort und Straße in einem kleinen Wäldchen an einem Anglersee. Gut zu erreichen über asphaltierte Feldwege.

Hünengrab von Werlte

Das zweitlängste Grab findet man bei Thuine, im südlichen Emsland. Es liegt auf einer einsamen Waldlichtung und hat als weitere Besonderheit noch einen doppelten Steinkreis um die Kammer, was dem Ganzen eine noch magischere Atmosphäre verleiht. Des Weiteren gibt es Gräber bei Klein Stavern, Groß Berßen, Sprakel, Lastrup und Lahn.

Wegbeschreibung: Auf der Straße von Werlte nach Lorup weist nach etwa 3 Kilometern kurz vor dem Wald ein Schild rechts auf das Grab hin. Von hier noch etwa 1,5 Kilometer links in einem Hain. Info und Karte: Samtgemeinde Werlte, Marktstraße 1, 49757 Werlte, Telefon: 0 59 51/2 01 20, Fax: 2 01 53.

Zu diesem schönen Grab gibt es eine interessante Sage: Es wird erzählt, dass die Steine unzählbar seien, denn jedes Mal, wenn man es versucht und eine zweite Kon-

Die Teufelssteine bei Bischofsbrück

trollzählung macht, verändern sie ihre Gesamtzahl. Vielleicht ein Hinweis auf die bewusstseinsverändernde Wirkung des Platzes. Leider kann ich keine Runen entziffern, denn hier wurde eine Inschrift mit diesen alten Zeichen eingeritzt. Wer da was wem in alten oder neuen Zeiten mitteilen wollte oder ob es nur ein bronzezeitliches Graffito ist, kann ich leider nicht sagen. Eine christlich angehauchte Sage berichtet, dass der Teufel (wer sonst) hier eine Schatzkammer gebaut haben soll, um seine Reichtümer aufzubewahren. Alle, die versuchten, diese Schätze zu heben, seien durch unheimliche Geräusche und Unwetter daran gehindert worden. Diese Sage könnte man auch so interpretieren, dass die »Heiden« hier ihre geistigen Schätze eingebaut haben, dies also ein Ort der Inspiration und der Rituale war.

Wegbeschreibung: Von Cloppenburg über Molbergen nach Peheim. Dann nördlich Richtung Neumarkhausen, kurz vorher links ab nach Bischofsbrück. Nach 1 bis 2 Kilometern rechts an der Straße.

Großsteingräber im Haldenslebener Forst

An die 83 Megalithgräber sollen sich im Haldenslebener Forst nordwestlich von Magdeburg befinden. Wie in solchen Gegenden üblich, hat auch hier der Zahn der Zeit bzw. die menschliche Zivilisation in den letzten 200 Jahren viel davon zerstört. Trotzdem sind noch einige sehr markante Gräber erhalten, die einen Besuch lohnen. Eines der drei am besten bewahrten ist die so genannte »Teufelsküche« in der Nähe der Gaststätte Alte Ziegelei. Leider liegt es sehr nahe an der Bundesstraße 245, sieht aber sehr beeindruckend aus. Setzt man sich auf die

Haldenslebener Forst, »Teufelsküche«

größte Platte, hat es einen leicht entrückenden Effekt. Der Straßenlärm verschwindet, und man kann sich leicht einfach bekleidete Menschen vorstellen, die sich in ritueller Weise um das steinerne Monument bewegen. Noch beeindruckender wegen seiner Größe und der schönen Lage ist das Grab mit dem Namen »Küchentanne«, das man von Süplingen aus erreicht und zu dem man an dem Gasthaus Alte Schmiede vorbei bis zu einem Forsthaus im Walde fährt. Von da aus sind es noch zehn Minuten zu laufen.

Es handelt sich um ein wunderschönes, gut erhaltenes Ganggrab mit sieben schweren Decksteinen. Meine Begleiterin Ellen stellte sich am Eingang auf und legte Hände und Unterarme auf die zwei großen Felsbrocken aus nordischem Granit. Es dauerte nicht lange, bis sich ein warmes und kribbeliges Gefühl in ihren Handflächen einstellte, das bis zu den Ellbogen hochstieg. Sie fühlte sich hochgezogen und wollte sich zum Himmel strecken. Es war ein Gefühl zum Abheben. Danach stellte sie sich auf den zweiten Stein links. Nach kurzer Zeit überkam sie eine Empfindung von Ergriffenheit, Einssein und dem Gefühl, ein kleiner Teil von allem zu sein, und Tränen kullerten ihr von den Wangen. Dazu stellte sich ein Gefühl von Demut ein und das Bedürfnis, sich der Welt hinzugeben. Sie legte sich mit dem Rücken über den Stein und genoss es, einfach zu sein. Das Ganze dauerte insgesamt nur zehn Minuten, hinterließ aber einen bleibenden Eindruck. 50 Meter weiter liegen noch zwei weitere, etwas zerstörte Gräber am Wegesrand.

Zwischen Haldensleben und Süplingen geht nach ein bis zwei Kilometern links der Gräberweg in den Wald (Infotafel an der Straße). Rechts und links von ihm liegen etwa jeweils 20 bis 50 Meter neben dem Weg verschiedene Gräber, die aber nur noch aus Steinhaufen bestehen. Bei vielen stehen in der Mitte oder daneben eine oder mehrere Birken, was innerhalb des überwiegend aus Kiefern und Lärchen bestehenden Waldes sehr anmutig aussieht. Die Atmosphäre des ersten Steingrabes fanden wir am bezauberndsten. Körperlich spürbar energetisch erlebten wir nur ein Grab in der Nähe der fünffachen Wegkreuzung. Als wir uns auf die Steine stellten, sprangen »bellend« und protestierend zwei Rehe vorbei. Ganz unweigerlich und überraschend überkam mich ein steinzeitlicher Jagdtrieb.

Insgesamt ist es ein lohnender und magischer Ausflug. Ich empfehle jedoch, den Sonntag zu meiden und Sonnenschein mitzubringen.

Der Menhir bei Brachstedt und die Steinerne Jungfrau von Dölau

Ein kleiner Ort, ein kleiner Hügel, ein kleiner Menhir (1,16 Meter) – sehr verschlafen, fernab der Gegenwart. Stille und Frieden umfangen einen hier und geben Raum für Besinnung. Zeit spielt keine Rolle mehr. Man möchte nur sein. Der Platz bietet nichts Spektakuläres, obwohl der Menhir sehr auffällig und wie ein Wahrzeichen auf seinem Hügelchen in der Landschaft steht. Von der kaum befahrenen Straße ist er am Ortseingang von Hohen (bei Brachstedt, 15 Kilometer nördlich von Halle) nicht zu übersehen. Dahinter liegt ein Wäldchen wie ein Hain. Es ist wenig bekannt über diesen Stein, da er aber an höchster Stelle in der relativ flachen Landschaft steht, muss er wohl eine Funktion (gehabt) haben.

Wir genießen einfach diese stille Oase des Friedens. Eine Steinplatte vor dem Menhir fordert einen quasi auf, sich hier aufzustellen. Katrin spürte ein leichtes Pulsieren und Jörg ein Brummen, das vom Stein ausgeht. Es ist wie bei jedem beliebigen natürlichen oder auch künstlichen Objekt (ein Baum, eine Blume, ein Haus), jeder macht eine ganz subjektive Erfahrung, die von der Stimmung, den Umständen, der Einstellung und auch dem Wetter bzw. der Jahreszeit abhängt. Manchmal besteht Einigkeit, manchmal ist die Wahrnehmung vom gleichen Objekt ganz überraschend unterschiedlich. Beim Menhir in Hohen waren wir uns einig, dass er Frieden und Ruhe ausstrahlt, was natürlich objektiv wissenschaftlich nicht zu beweisen oder zu erklären ist. Sollten Sie hier eine andere Erfahrung machen, lassen Sie es mich wissen.

Menhir Dölauer Jungfrau

Am westlichen Stadtrand von Halle, westlich des Saaletales, befindet sich eine »Jungfrau«, die alles andere als jungfräulich aussieht. Kein Wunder, wenn man bei Wind und Wetter Tausende von Jahren in der Landschaft rumsteht, mit ansehen muss, wie die Industrie die Gegend verschandelt – und die Leute Nägel in einen reinschlagen ... Da kann man schon schrullig und runzelig werden. Aber es mag wohl auch an dem Steinkohlequarzit dieses Kolosses liegen, der anfälliger für Erosion ist als die norddeutschen Findlinge, die auch nach 5000 Jahren noch unverändert und jungfräulich aussehen. Immerhin ist er mit 5,5 Metern der zweitgrößte Menhir Deutschlands und hat Respekt verdient, auch wenn er jetzt neben einer Kleingartenanlage sein Dasein fristet.

Sehr viel mehr Beachtung haben dagegen die Siedlungen seiner Erbauer in der nahen Dölauer Heide erhalten. Auf der Hochfläche der Bischofswiese gruben Archäologen eine der bedeutendsten Siedlungen der Jungsteinzeit aus und wurden in 38 Grabhügeln fündig. In sieben Hügeln wurden ausschließlich Steinkisten der schnurkeramischen Kultur gefunden, die mit vielfältigen Grabbeigaben versehen waren. Das Besondere hier waren zur Überraschung der Archäologen die Innenverzierungen der Steine. Diese waren mit flächendeckend aufgemalten und eingepickten Mustern im Wechsel mit symbolischen Zeichen versehen (heute im Museum in Halle zu bewundern).

Zurück zum Menhir. Sie wollen sicher noch wissen, warum Nägel in den Menhir getrieben wurden. Bis ins 20. Jahrhundert schrieb man dem schwarzen Koloss magische Kräfte zu, vielleicht in Anlehnung an den ahnengebundenen Glauben der Megalithiker. Eine Überlieferung besagt, dass ein Paar, wenn es ihm gelingt, einen Nagel vollständig in den Stein der Jungfrau zu treiben, mit baldigem Nachwuchs rechnen kann. Ob man sicherheitshalber gleich eine Vereinigung an Ort und Stelle vornahm, ist nicht überliefert. Aber schaden konnte es wohl nicht, genau wie die an manchen Dolmen verbreitete Praxis, mit bloßem Hinterteil über den Stein zu rutschen. Eine steinzeitlich rituelle Art des Vorspiels vielleicht.

Bleibt noch zu erzählen, warum sie Steinerne Jungfrau heißt. Nicht etwa, weil sie an eine spröde Jungfrau erinnert, sondern weil der Sage nach einst eine junge Frau Brot benutzte, welches sie in eine Pfütze legte, um ihre neuen Schuhe nicht schmutzig zu machen. Für diese schändliche Tat wurde sie prompt zu Stein verwandelt. Eine weitere, bereits in anderer Variation von Boitin bekannte moralische Mär, erfunden, um einen heidnischen Stein umzudeuten.

Weitere interessante Megalithanlagen

Schleswig-Holstein

- Sylt, Denghoog von Wenningstedt, gut erhaltener Dolmen in Hügel
- Waldhusener Forst, Steingrab bei Pöppendorf zwischen Lübeck und Travemünde

Mecklenburg-Vorpommern

- Insel Rügen, Groß-Dolmen von Lancken-Granitz und Dolmen von Nobbin
- Poggendorfer Forst bei Grimmen, insgesamt 43 Megalithgräber

Niedersachsen

- Lüneburger Heide, mehrere Hügel- und Großsteingräber in Raven, Soderstorf und Oldendorf bei Amelinghausen (»Totenstadt«), Wilsede (»Totengrund«) und Altenmedingen/Bad Bevensen
- Vehrte bei Osnabrück, Süntelstein (Menhir)
- Helmstedt, Lübbensteine, zwei besonders schöne Dolmen an der B 1 nach Königslutter an Rande von Helmstedt

Sachsen-Anhalt

- Stöckheim bei Salzwedel, Dolmen
- Seehausen bei Magdeburg, »Götterstein« (Menhir)
- Gerbitz bei Bernburg, Dolmen »Bierberg«, besteht aus quaderförmig behauenen Steinen
- Drosa bei Köthen, Dolmen »Teufelskeller« mit großer Deckplatte
- Wulfen bei Köthen, Dolmen »Hoher Berg«

Baden-Württemberg

- Degernau im Schwarzwald, Menhir und Dolmen mit Seelenloch

Dome, Kirchen und Kapellen

Kirchen sind Kraftplätze

Dass viele Kirchen in Wahrheit echte Kraftplätze sind, an denen subtile terrestrische und kosmische Kräfte wirken, beziehungsweise dass diese bewusst kanalisiert und genutzt wurden, habe ich bereits im Kapitel über Geomantie ausgeführt. Dies gilt nicht nur für Dome, Wallfahrtskirchen und Kapellen, die auf alten Kultplätzen stehen, sondern auch für fast alle romanischen Kirchen bis zum 12. Jahrhundert, für viele gotische Kirchen bis zum 14. Jahrhundert und für einige wenige barocke Kirchen, vorausgesetzt, dass sie keine drastischen Umbauten erfahren haben.

Wie ich auf meinen Reisen feststellen konnte, gibt es davon mehr, als jemals in einem Buch beschrieben werden könnten. Aber ich hoffe, dass dieses Buch einige Leser anregt, sich die Kirchen in ihrer eigenen Umgebung einmal genauer anzuschauen und selbst hineinzuspüren.

Wenn wir offen sind für neue Erfahrungen, gelingt es uns vielleicht, die langsam mehr und mehr verwaisenden heiligen Stätten wieder mit neuem Leben und andachtsvoller Kontemplation und Meditation zu erfüllen. Viele Menschen konnten oder könnten auf diese Weise wieder eine neue Beziehung zu Gott oder zum Göttlichen finden und Religion als eine Rückbindung an das kosmisch-ursprüngliche Ganze erfahren, das frei von Dogmen und überholten Ritualen ist und sie wieder lebendig und nachvollziehbar macht.

Auch heutigen Priestern und Pfarrern wäre es zu wünschen, dass sie wieder sensibel würden für die Energien, die Erde und Kosmos uns laufend schenken. Dass sie wieder in Einklang kämen mit den Gesetzmäßigkeiten der Natur und so frei würden von Dogmen, starren, oft leblosen Ritualen und Vorurteilen, aber offen für den Prozess der Evolution, der ein laufendes Experiment mit uns als Mitwirkenden darstellt. Mitwirkende, die verantwortlich sind für das, was sie gestalten, erschaffen und tun.

Baukunst und esoterisches Wissen

Die Baumeister alter Kirchen waren meistens auch geistige Meister und standen in Verbindung mit esoterischen Geheimorden, die altes Wissen bewahrt hatten. Wenn wir heute alte Kirchen besuchen, spüren wir eine ganz andere Stimmung als in den modernen Gotteshäusern. Sie haben einfach eine andere »Ausstrahlung« im wörtlichen Sinne. »Von den alten Baumeistern wurden nicht nur die geomantisch beste Lokalisierung des aufgeführten Bauobjektes ausgewählt, sondern auch verschiedene zusätzliche, positiv stimulierende Einwirkungen geschaffen. Zu den Letzten gehören entsprechende Formen der Häuser und Kirchen (darunter auch spezielle Fußbodenlabyrinthe) oder günstige Proportionen der ganzen Architektur (nach dem Prinzip des Goldenen Schnittes) und der einzelnen Elemente (heilige Geometrie) sowie bioenergetisch günstige Ornamente (Symbolstrahler). Die angewandten, gepolten Steine (Plus-Seite nach innen) bildeten eine natürliche Abschirmung, die schädliche Komponenten der Erd- und Kosmosstrahlen beseitigt und positive Emissionen der Natur durchlässt.« (M. Leszek, Radiästhesie 2/90)

Wichtiges Merkmal für einen Kraftort ist eine mehrfache Kreuzung verschiedener Kraftlinien und unterirdischer Wasserläufe. Ihre negative Strahlung wird durch entsprechend polarisierte Fußböden und durch andere geomantische Maßnahmen beseitigt. Manchmal finden wir Quellen an oder unter dem Altar, aber häufiger noch so genannte »blinde Quellen«, die den positiven Strahlungseffekt noch verstärken. Blinde Quellen sind Wasserläufe, die in die Höhe streben, aber nicht ganz die Oberfläche erreichen.

Außer in Chartres hat man auch in Santiago de Compostela, einer berühmten Wallfahrtskirche in Nordwestspanien, die bekannt ist für Wunderheilungen, künstliche unterirdische Wasserkanäle entdeckt. Als diese bei Renovierungsarbeiten zugeschüttet wurden, geschahen fortan keine Wunder mehr. Auch viele christliche Missionen und andere – sogar päpstlich anerkannte – Wunder lassen sich oft aus geomantischer Sicht erklären. Sie hängen mit bestimmten einstrahlenden Energien zusammen, die zu besonderen Zeiten an bestimmten Orten auftreten, die die normale Raum-Zeit-Wahrnehmung außer Kraft setzen und Kontakt oder Einblick in eine andere Dimension schaffen. Viele Legenden und Märchen sind in verschlüsselter Form voll von solchen Geschehnissen. Durch schamanistische Praktiken, magische Pilze und halluzinogene Pflanzen sind solche Zustände auch erfahrbar, was jedoch ohne kundige Führung nicht ratsam und vor allem nicht ungefährlich ist. Harmloser und empfehlenswerter und auch von dauerhafter Wirkung sind daher Meditation, Visualisierung von Atemtechniken, Sufi-Tanz und Trance-Tanz.

Einblick in eine andere Dimension

Dabei sollte man zur Unterstützung die richtigen Zeiten und den optimalen Ort wählen, zum Beispiel bei Vollmond oder kurz davor. Nicht umsonst und zufällig lagen die heiligen Feste unserer Vorfahren an Tagundnachtgleichen, an Sonnenwenden und Vollmond.

Die Phase des zunehmenden Mondes gilt allgemein als

die günstigere Zeit, um Energien zu empfangen und sich aufzuladen, der abnehmende Mond, um zu geben und abzuleiten.

Heilsame Kräfte in Kirchen

Viele Kirchen, insbesondere die Wallfahrtsorte, stehen bei Gläubigen in dem Ruf, Heilwirkung zu haben. Bekanntestes Beispiel ist Lourdes in Frankreich, wo immer noch wöchentlich Tausende von Kranken und Hilfe Suchenden hinpilgern und um Heilung beten – und wo auch solche geschieht. In Deutschland gibt es ebenfalls viele Wallfahrtskirchen, in denen zahllose Votivtafeln erhörte Gebete und Heilungen bezeugen. Spitzenreiter bei uns dürfte Altötting sein. Dabei könnte man zu dem Eindruck gelangen, dass die Kirche und der darin praktizierte Glaube dies bewirkt habe. Dies dürfte nur teilweise zutreffen. Ohne den Heilanspruch der Kirchen schmälern zu wollen, sei noch darauf hingewiesen, dass fast immer zuerst an einem bestimmten Ort ein Wunder geschah und erst daraufhin die Kirche den Platz übernahm und zur christlichen Wallfahrtsstätte ausbaute. Dabei hat sie durchaus auch Gutes geleistet, obwohl sie dabei selbst in hohem Maße profitierte. Sie hat dem heilsamen Ort einen Rahmen und einen Raum gegeben und dabei oft kundig die vorhandenen Energien kanalisiert und gebündelt. Das konnte auf vielfache Weise geschehen.

Manfred Dimde geht in seinem Buch *Die Heilkraft der Kirchen* so weit, zu behaupten, dass in (Wallfahrts-)Kirchen ein architektonisch erkennbares und radiästhetisch nachweisbares System zu Grunde liegt, nach dem solche

Orte (auf-)gebaut wurden. Daraus ergeben sich klare Zuordnungen über die Qualität und Ausstrahlungsart von Kirchen und wie man sie nutzen kann. Dies sei auch aus den Beinamen ableitbar. Zum Beispiel sollen Herzeleid und Passionskirchen und Kirchen vom Typ »Schmerzhafte Mutter Gottes« gut für Menschen sein, die nervös, gereizt, überdreht und gehetzt sind und an den daraus resultierenden psychosomatischen Beschwerden leiden. Himmelfahrts- oder Jubelkirchen sind dagegen für lustlose, apathische oder depressive Menschen geeignet. In vielen (Wallfahrts-)Kirchen findet man auch beide Qualitäten, also sowohl abladende als auch aufladende Linien und Stellen, die meist durch entsprechende Bilder und Statuen gekennzeichnet sind. Aus dieser These lässt sich ableiten, und dem stimme ich voll zu, dass der gleiche Ort nicht für jeden gleich gut und hilfreich ist. Ein aufladender Ort kann für einen nervösen Typ regelrecht kontraindiziert sein, er braucht etwas Ableitendes, was wiederum für den erschöpften, labilen Typ »tödlich« ist. Also sollte man immer auf die eigene Stimmung bzw. deren Schwankung achten.

Bestimmte Energien für verschiedene psychische Zustände

Außerdem ist Dimde bzw. der ihn beratende anonyme Radiästhet der Ansicht: Je mehr Türme eine Anlage hat, desto bedeutungs- und kraftvoller ist der Ort. Das muss jedoch nicht für die Heilkraft gelten, da viele Wallfahrtskirchen nur kleine Kapellen sind. Darüber hinaus klassifiziert er fünf Typen:

1. Kirchen auf Berg oder Hügel,
2. Kirchen an Flussufern,
3. Kirchen im Tal,
4. zwei Kirchen gegenüber einem Flussufer und
5. Kirchen in der Ebene.

Dimde hat mit seinem Radiästheten siebzehn mehr oder weniger bekannte Wallfahrtskirchen untersucht und die Ergebnisse mit viel fotografischem Material bildhaft in seinem Buch dokumentiert.

Das heilige Köln

Mit Köln assoziieren die meisten heute Kunst, Kölsch und Karneval. Obwohl sich der Beiname »das heilige Köln« bis in die Gegenwart gehalten hat, werden viele nicht mehr wissen, was Köln so heilig machte. Die Heiligkeit wurde Köln nicht erst vom Papst attestiert, sondern Köln war bereits den Römern ein heiliger Wallfahrtsort, der unter anderem der Göttin Kybele geweiht war, und davor war es das heilige Zentrum der Ubier.

Blicken wir also so weit wie möglich in die Geschichte zurück, um die Heiligkeit dieses Ortes besser zu verstehen und um zu erfahren, ob davon noch etwas übrig geblieben ist.

Schaut man mit der Lupe der Archäologen und Historiker in die Vergangenheit zurück, so entdeckt man rechts und links des Rheins um 100 v. Chr. noch ausgedehnte Urwälder; ein riesiges grünes Meer, das nur von natürlichen Lichtungen unterbrochen wird. Am Ort des heutigen Köln leben Eburonen und Caninefaten, germanische Stämme, deren Glaubenswelt gallisch-keltisch geprägt ist, das heißt, sie verehren Baumgötter und Muttergottheiten. Auf Grund der in den Niederlanden noch erhaltenen Naturheiligtümer der Caninefaten weiß man, dass dieser Stamm seine Anbetungsorte nur an besonderen Kraftplätzen errichtete, und dass Leben und Siedlungsform nach diesen Plätzen ausgerichtet waren.

Um 50 v. Chr. kamen die römerfreundlichen Ubier aus dem Bereich des Neuwieder Beckens und vertrieben die hier ansässigen Stämme. Die Ubier hatten eine andere Religion, in deren Mittelpunkt ein Flussgott verehrt wurde, und dazu war dieser Platz am Rhein geradezu ideal in seiner Topografie. Zur damaligen Zeit hatte die Rundung des Rheinlaufes an dieser Stelle noch eine stärkere Halbmondform als heute, und als Krönung befand sich exakt in der Mitte der Biegung ein vorgelagertes Inselchen. Hier war wahrscheinlich ein Heiligtum der Ubier. Der Sonnen- und Mondaufgang vom Rheinufer aus muss ein grandioses Szenario für religiöse Zeremonien abgegeben haben, wenn man sich die Insel als natürlichen Altar denkt. Dazu kommt, dass über dem Flusslauf eine Wetterscheide existiert, die es manchmal linksrheinisch regnen lässt, während rechtsrheinisch die Sonne scheint: ein Phänomen, das sicherlich auch heute noch manchem wie ein Wunder vorkommen mag.

Ein ubisches Heiligtum

Durch den Expansionsdrang der Römer wurden die Ubier veranlasst, von der linken auf die rechte Rheinseite überzusiedeln. Der Feldherr Agrippa gründete für sie im Schutz eines Legionenlagers das »Oppidum Ubiorum«. Im Jahre 50 n. Chr. wurde Köln zur römischen Kolonie und somit zum kulturellen Mittelpunkt Germaniens, das es von hier aus zu unterwerfen galt.

Da die Römer das erste Volk waren, das seine Eroberungspolitik nach äthergeografischen (= eine Geografie, die sich auf die feinstofflichen Energien bezieht) Aspekten verfolgte, also gezielt zuerst die geomantisch bedeutsamen Zentren der zu erobernden Völker zerstörte oder besetzte, waren es zwei Stellen des Stadtgebietes, die sie mit den größten Tempeln belegten. Es sind die beiden Hügel, auf denen heute der Dom und die Kirche »Maria im Kapitol« stehen. Am Hügel neben dem Dom müssen zahlreiche Quellen gewesen sein. Auf ihm bauten die Römer einen Tempel für Mercurius Augustus, während an der Stelle der heutigen »Maria im Kapitol« ein Tempel für die Göttertrias Jupiter, Juno und Minerva entstand. Dieser Hügel könnte auch der Standpunkt des Heiligtums der Ubier gewesen sein.

In ihrer Blütezeit um 300 n. Chr. zählte die »Colonia Claudia Ara Agrippinensum« etwa 20 000 Einwohner und war sowohl Verwaltungssitz der Provinz Niedergermanien als auch prosperierendes Handels- und Gewerbezentrum. Unter dem ersten christlichen Kaiser Konstantin dem Großen wurde Köln bereits Bischofssitz.

Nach dem Abzug der römischen Grenztruppen zu Beginn des 5. Jahrhunderts gelangte die weitgehend entvölkerte Stadt unter die Herrschaft der Franken. Karl der Große verlieh ihr nach Unterwerfung der Sachsen einen neuen Rang, als er das Kölner Bistum zum Erzbistum erhob. In jener Zeit entwickelte sich Köln bereits zu einem der wichtigen Fernhandelsplätze und einem Kulturzentrum von europäischer Bedeutung. Die zahlreichen Stifte und Klöster entfalteten eine kaum übersehbare Bau- und Kunsttätigkeit, und in den Hochschulen der Dominikaner und Minoriten lehrten Männer wie Albertus Magnus, Thomas von Aquin und Meister Eckhart.

Im 12. Jahrhundert war Köln die größte Stadt Deutschlands mit einer Vielzahl romanischer Kirchenbauten, die in einem Kranz den Dom umschlossen. Man kann sich heute kaum mehr vorstellen, wie einschneidend die täglichen Prozessionen und die Gebetsrhythmen der Psalmen das Leben einer mittelalterlichen Stadt bestimmten. Ihr Brennpunkt waren die vielen Klöster und Stifte und natürlich der Dom. Prozessionen am frühen Morgen, tagsüber und am Abend belebten das Bild des heiligen Köln.

Romanische Kirchen

Dass diese romanischen Kirchen heute noch erhalten sind, macht Köln für uns von herausragender Bedeutung. Romanische Kirchen sind ausnahmslos von eingeweihten Baumeistern nach altem Wissen errichtet und haben als große Besonderheit eine Krypta, die sich immer unter dem Altar befindet, das heißt, man hat in romanischen Kirchen unterirdisch Zugang zu dem Bereich, der oberirdisch sonst nur den Priestern vorbehalten ist. Die Kölner Krypten sind deshalb in vieler Hinsicht ein Kleinod, weil man hier im Schoß der Erde, im Brennpunkt der Energien, in relativer Abgeschlossenheit wunderbar meditieren und kontemplieren kann. Diese Orte sind in der Kölner Alltagshektik eine Oase des Friedens und der Kraft. Jede dieser Krypten und Kirchen hat ihre eigene Qualität.

St. Andreas

In St. Andreas, der dem Dom nächstgelegenen romanischen Kirche, liegt Albertus Magnus in einem römischen Steinsarkophag. Er galt als der größte Gelehrte seiner Zeit und war mit der Theologie, der Philosophie und den Naturwissenschaften genauso vertraut wie mit der Magie und der Alchimie. Die Legende berichtet, dass der Plan zum größten Bau nördlich der Alpen, dem Kölner Dom, seinem Geist entsprungen sei. Über ihn und seine alchimistischen Künste berichtet auch die Sage vom Schneewunder:

Um Weihnachten, bei viel Schnee und heftiger Kälte, kam König Wilhelm nach Köln. Bruder Albertus lud den König zum Mittagsmahl ins Dominikanerkloster, wo er ihn und sein Gefolge bat, im Garten zwischen Eis und Schnee an der großen Tafel Platz zu nehmen. Wie nun alle frierend der Speisen harrten, verschwanden auf einmal Eis und Schnee, und eine milde Sommerwärme breitete sich aus, die Erde trieb Gras und schöne Blumen, und die Bäume hingen im Nu voller Früchte. Bei lieblichem Vogelgezwitscher zogen die erstaunten Gäste die Oberkleider aus, lagerten sich unter Bäumen und genossen das Wunder in fröhlicher Heiterkeit. Kaum war das Mahl beendet, verschwand alles wieder, und man zog sich schnellstens an den Kamin ins Kloster zurück.

Magische Zeiten waren das, und magische Ausstrahlung hat auch der Sarkophag des Albertus Magnus in der Krypta von St. Andreas. Ein Platz zum Beten und Aufladen.

St. Maria im Kapitol

Es ist immer wieder wie ein Schritt in eine andere Welt, wenn man aus der Großstadthektik heraus einen sakralen Raum betritt und die schwere Kirchentür hinter einem zufällt. Alles Grelle und Laute ist plötzlich weg, und Stille und Klarheit umfangen uns. Der Eingang von St. Maria im Kapitol ist unscheinbar und nicht leicht zu finden. Ein kleines schmiedeeisernes Tor mit einem Schild in der »Großen Sandkaule« (so der Straßenname) weist den Weg durch einen Gang an einem klosterartigen Innenhof vorbei in den alten Kirchenbau.

Auf den ersten Blick schlichte quadratische Strukturen, nichts bombastisch Auffallendes. Erst im hinteren Bereich zwischen dem zentralen und dem hinteren Altar wird man von einer zarten Schwingung ergriffen. Diese Kirche ist nicht so frequentiert, aber es herrscht noch eine gewisse Unruhe hier oben. Richtig ruhig und von unirdischer Kraft ist die große Krypta mit den mächtigen Säulen. Hier kann man sich sehr gut zentrieren und vom lauten Alltag abschalten. Man befindet sich sowohl der Erde als auch dem Himmel ein Stück näher. Sehr gut für Meditation jeder Art.

Der Kölner Dom

Bis hinein in die Nebel der Frühzeit war der Domhügel ein heiliger Ort. Wenige Kirchen bauen auf einer so einzigartigen Sammlung vorchristlicher Kulte auf wie der Dom. Wenn dazu die Behauptung stimmt, dass, je größer der Kraftort, umso größer die Kirche sei, dann haben wir es hier wirklich mit einem besonderen Ort der Kraft zu tun.

Die älteste Weihestätte war keltischen Muttergottheiten gewidmet. Danach kamen ein Tempel für römische Götter mit einem Brunnen und ein Mithrasheiligtum. Ein weiterer Brunnen lag in der Mitte eines Atriums. Eine Bischofskirche aus dem 7. Jahrhundert wurde durch den Hildebold-Dom ersetzt und 870 zum ersten Mal geweiht. Er bestand aus einer dreischiffigen Basilika mit zwei Krypten und zwei Querhäusern. Seine kostbare Ausstattung, zu der das Gerokreuz (10. Jh.) und die Reliquien des Petrusstabes und der Petrusketten gehörten, sicherten dem Erzbischof von Köln eine Vorrangstellung in Germanien. Die angeblichen Reliquien der Heiligen Drei Könige, die 1164 als Kriegsbeute von Mailand gebracht wurden, machten Köln endgültig zum Mekka der Christen. Da die Heiligen Drei Könige als Abgesandte der Heidenvölker galten, passte die Reliquie symbolisch genau in diese Umbruchszeit. Der goldene Schrein, der um 1200 von Nikolaus von Verdun geschaffen wurde, übertraf an Größe, Pracht und Kunst alle mittelalterlichen Reliquienschreine.

Der nach 300 Jahren Bauzeit immer noch unvollendete Dom blieb mit dem Baukran auf dem Turmstumpf bis

ins 19. Jahrhundert Wahrzeichen der Stadt. Nach der Ausbaugrundsteinlegung von König Wilhelm IV. 1842 dauerte es nochmals 38 Jahre, bis das Werk vollendet war. Zu dieser Zeit waren die Domtürme mit 157 Metern die höchsten Kirchtürme der Erde. Der Ulmer Münsterturm hat sie dann um vier Meter übertroffen.

Auf dem Domplatz zu stehen ist in der Tat beeindruckend. Man fühlt sich wie eine menschliche Ameise angesichts dieser filigranen Mächtigkeit. Auch innen bleibt man klein, einer von vielen aus aller Herren Länder, die hier hinein- und hinausströmen. Ruhe findet man nur optisch in den beeindruckenden architektonischen Proportionen. Für mich sind solche Bauten unfassbare Beweise himmelstrebender Sehnsüchte, in Stein manifestierte Kraft des Geistes, des Willens und des Glaubens. Als Ort der Kraft ist der Dom aber zu sehr Touristenattraktion und bietet, außer bei Gottesdiensten, kaum einen ruhigen Platz.

Außerdem scheint es, dass die geomantische Struktur durch die archäologischen Grabungsarbeiten zerstört wurde, da der die Energie zentrierende Omphalos, der Nabelstein, offenbar nicht mehr an seinem Platze steht und auch das Wasser der unterirdischen Quellen nicht mehr fließt. Dies lässt sich auch daran erkennen, dass der Dom anfällig für die starken Verwitterungserscheinungen geworden ist, was bei einer funktionierenden Energiestruktur so nicht möglich gewesen wäre.

Im Jahre 1630 brachten sechs holländische Karmeliterinnen eine Statue der Schwarzen Muttergottes mit nach Köln und ließen sich an der Kupfergasse nieder. Sie bauten drei Jahre später hier ein Kloster mit einer kleinen Kapelle, in der bis heute die Schwarze Madonna steht.

Links: Der Kölner Dom

Die Schwarze Madonna in der Kupfergasse (Schnurgasse)

Seit diese Madonna 1675 aufgestellt wurde, ist sie magischer Anziehungspunkt für Gläubige von nah und fern. Es wird behauptet, dass sie aus einem Fieberbaum geschnitzt sei und eine starke Aufladung erfahren hätte. Weiterhin heißt es, dass alle echten Schwarzen Madonnen Orakelfiguren sind. Dieses Wissen ist unter anderem von den Zigeunern bewahrt worden, die ja alljährlich in Südfrankreich in Saintes-Maries-de-la-Mer zu einem großen Fest bei einer solchen Madonna zusammenkommen. Die Kunst des Orakelbefragens besteht darin, der Madonna auf das Dritte Auge zu sehen, während man die Frage aus ganzem Herzen stellt. So beginnt die Kraft des Numens zu wirken, und der Fragende erhält aus der linken oder rechten Gesichtshälfte eine Reaktion, die es orakeltypisch zu interpretieren gilt. Aber auch wenn man das nicht für möglich hält, ist dieser kleine Raum mit der Schwarzen Madonna innerhalb der Marienkirche als Ort der Kraft anzusehen, der keinen Besucher unberührt lässt. Eine ähnlich andachtsvolle Atmosphäre mit Hunderten von brennenden Opferkerzen habe ich bisher nur in Altötting erlebt.

Aachen

Der Dom zu Aachen verdankt seine Entstehung und seine ungewöhnliche Architektur Karl dem Großen. Ursprünglich soll an diesem Ort ein frühzeitliches keltisches Quellheiligtum bestanden haben. Die heißen heilenden Quellen waren – außer der zentralen geografischen Lage innerhalb seines durch viele Kriege vergrößerten und gefestigten Frankenreiches – der Hauptgrund für Karl, sich in Aachen niederzulassen. Karl der

Große verstand sich als der von Gott berufene Herrscher und als solcher auch als Schirmherr des Christentums. Auf sein Wirken geht die Zerstörung vieler keltisch-germanischer Kultplätze zurück, auch die Christianisierung der Externsteine, einer der zentralen und ältesten Kultstätten Europas.

Der Zentralbau des heutigen Domes, die Pfalzkapelle, entstand Ende des 9. Jahrhunderts an der Stelle einer merowingischen Kapelle, die sorgfältig abgetragen wurde. Die Altarstelle wurde beibehalten (!), nur die nordöstliche Ausrichtung verlegte man exakt nach Osten. Diese Altarstelle war der Ausgangspunkt für die gesamte karolingische Planung. Karl orientierte sich dabei zwar an den Vorbildern bedeutender Sakralbauten, schuf aber im Grunde ein einmaliges architektonisches Kunstwerk nach Vorstellungen, die auf der heiligen Geometrie des »himmlischen Jerusalem« basierten. In der Weihe-Inschrift steht zu lesen:

Sind die lebendigen Steine zur Einheit friedlich verbunden, stimmen in jeglichem Teil Zahl und Maß überein, so wird leuchten das Werk des Herrn, der die Halle geschaffen hat.

Dieser Satz deutet auf die Verwirklichung eines bestimmten Maßsystems hin, das aus dem 21. Kapitel der Offenbarung des Johannes stammt. In der siebenten Vision zeigt ein Engel dem Seher das himmlische Jerusalem. Dieses funkelt wie ein Edelstein, wie ein Kristall. »Sie hatte eine große hohe Mauer mit zwölf Toren und über den Toren zwölf Engel … Die Mauer der Stadt hatte zwölf Grundsteine, darauf standen die Namen der zwölf Apostel des Lammes. Und der mit mir sprach, hatte einen goldenen Maßstab, um die Stadt und die Tore und die Mauer abzumessen. Die Stadt ist im Viereck angelegt, und ihre Länge und Breite und Höhe sind gleich.

Er maß die Stadt mit dem *goldenen Maßstab* auf 12 000 Stadien. Ihre Länge, Breite und Höhe sind gleich. Ihre Mauer maß er auf 144 Ellen nach Menschenmaß, das auch ein Engel gebraucht.«

Heilige Geometrie

Dieses rechnerische System mit der Zahl zwölf liegt der gesamten Pfalzkapelle zu Grunde und führt zu ihrem Grundriss, dem berühmten Oktogon (Achteck). Die Zahlen aus der siebenten Vision der Offenbarung sind darin aufgenommen. Die Elle, die der Engel benutzte, wurde in das karolingische Fußmaß übertragen (ein karolingischer Fuß entspricht 0,3 Meter) und in ein Proportionsschema eingebunden, in dem die Zahlen Sieben, Zwölf und 144 – gleich denjenigen aus der Vision vom himmlischen Jerusalem – bestimmend für den ganzen Bau sind.

Das karolingische Fußmaß mal zwölf ergibt die Grundstrecke von vier Metern, das so genannte Modul des Bauwerkes. Ein Planquadrat von sieben mal zwölf karolingischen Fuß bildet die Ausgangsfläche für den Grundriss. Kreise, die dieses Quadrat unterteilen beziehungsweise umschreiben, ergeben das Oktogon und das Sechzehneck. Sie lassen sich auf diese Weise mathematisch genau festlegen. Auch die Gesamtlänge von Ost nach West ergibt 144 Fuß, gleich Modul mal zwölf. Ebenso beträgt die innere Abwicklung des Oktogons 144 Fuß. Die Höhe, also der Aufriss der Kirche, folgt demselben Quadrat von sieben mal zwölf Fuß Seitenlänge. Der Zentralbau hat einen Kubus als Grundform: Seine Länge, Breite und Höhe sind gleich, wie in der Offenbarung vom himmlischen Jerusalem gesagt wird.

Rechts: Himmlische Geometrie des Doms zu Aachen

Dem Dombaumeister Karls, Odo von Metz, gelang es so auf geniale Weise, die ideellen Maße der Himmelsstadt in einen konkret nachmessbaren Kirchenbau um-

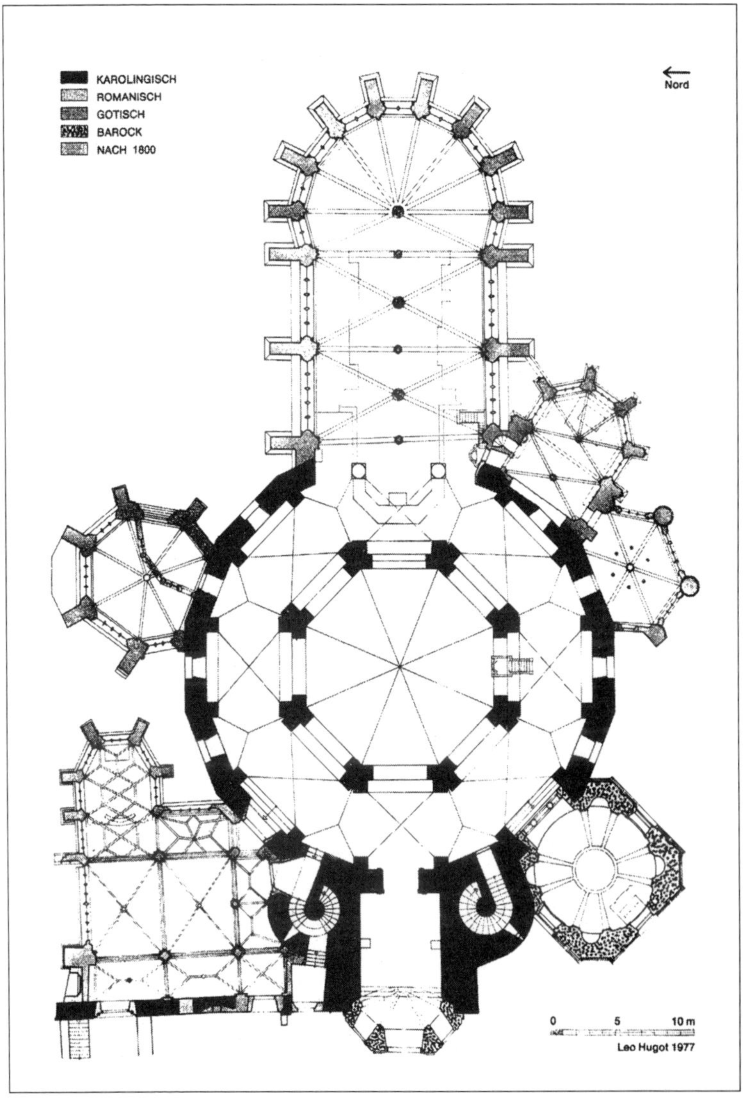
KAROLINGISCH
ROMANISCH
GOTISCH
BAROCK
NACH 1800
Nord
0
5
10 m
Leo Hugot 1977

zusetzen. Die Pfalzkapelle wurde am Dreikönigstag, dem 6. Januar 805, durch Papst Leo III. der Mutter Maria geweiht.

Der Karlsschrein

Karl der Große, der nach einem kriegsreichen Leben im Jahre 814 verstarb, wurde dort begraben und 165 Jahre später auf Betreiben Kaiser Friedrich Barbarossas heilig gesprochen. Für seine Gebeine wurde von Barbarossa der so genannte Karlsschrein geschaffen, der die sechzehn für Aachen wichtigen Könige statt der sonst üblichen Apostel darstellt. Dieser frisch restaurierte kostbare Schrein, der Jahrhunderte lang wie eine Reliquie verehrt wurde, ist heute im Ostchor zu sehen. Der eigentliche, von Karl dem Großen beschaffte Reliquienschatz, bestehend aus dem Kleid Mariens aus der Heiligen Nacht, den Windeln Jesu, dem blutigen Lendentuch des Herrn am Kreuz und dem Enthauptungstuch Johannes des Täufers, machte Aachen zum vielbesuchten Wallfahrtsort.

Von 936 bis 1531 bestiegen dreißig deutsche Könige nach ihrer Weihe und Krönung am Marienaltar den berühmten Karlsthron auf der Empore. Das Platznehmen auf diesem äußerlich schlichten Thron galt als Vollzug des Rechtsaktes, durch den der neue Herrscher vom »Heiligen Römischen Reich deutscher Nation« Besitz ergriff.

Der reliquienartige oder symbolische Wert der schlichten Marmorplatten geht wahrscheinlich auf die Tatsache zurück, dass diese Platten aus Jerusalem importiert wurden. Überhaupt verstand es Karl, seine Kirche dadurch aufzuwerten, dass er unter anderem kostbare antike Säulen aus Italien in den beiden Obergeschossen des Zentralbaues einsetzen ließ.

Der Dom beziehungsweise der Domschatz enthält noch

viele andere Kostbarkeiten, unter anderem den berühmten, von Friedrich Barbarossa gestifteten Radleuchter, der noch einmal im Kleinen widerspiegelt, was der Dom im Großen bietet. Türme und Tore der Lichterkrone mit Darstellungen der Bewohner der himmlischen Stadt symbolisieren das heilige Jerusalem als neue Heimstatt des Kaisers.

So weit die kurz gefasste »offizielle« Geschichtsschreibung.

Aachen, ein »modernes« Stonehenge …

Einer, den diese offiziellen Geschichtsdaten über Karl und sein Meisterwerk nicht befriedigten, war der Aachener Ingenieur und Modefotograf Hermann Weisweiler. Es begann Anfang der Siebzigerjahre, nachdem er bei Fotoarbeiten im Dom auf auffällige Schattenwürfe gestoßen war, als er systematisch mit Fotoapparat, Kompass und Taschencomputer das Oktogon und das Aachener Umfeld zu untersuchen begann. Was dabei herauskam, ist äußerst interessant und füllt ein ganzes Buch mit dem Titel »Das Geheimnis Karls des Großen – Astronomie in Stein: Der Aachener Dom«.

Dieser Titel besagt schon einiges. Außer den bekannten Maßeinheiten des »himmlischen Jerusalem« entdeckte Weisweiler Hinweise, Zahlen und Fakten, die für ihn den Aachener Dom zu einer gigantischen astronomischen Uhr aus Stein machten, also zu einem Kalenderbauwerk, wie es auch die Kultstätten der Maya, die Externsteine und Stonehenge sind. Das Letztere liegt gemeinsam mit Aachen auf dem bedeutsamen 51. Breitengrad, einer Zahl, die nicht nur in der Cheops-Pyramide, sondern auch innerhalb und außerhalb des Domes immer wieder erscheint, zum Beispiel in den Dreiecken des karolingischen Gitters im Norden und Süden der Ober-

Die karolingischen Gitter im Norden und Süden der Oberkirche entsprechen den Werten der Cheops-Pyramide

kirche. Die in diesem Gitter in Bronze gegossenen astronomischen Daten und Winkel lassen sich sowohl auf das Oktogon als auch auf den Stadtplan von Aachen übertragen.

Kreise, Winkel, Entfernungen und Relationen – nichts scheint zufällig entstanden zu sein. Sogar bedeutungsvolle Beziehungen zum berühmten Lothar-Kreuz des Domschatzes sowie darin verborgene mathematisch-astronomische Maßeinheiten konnte Weisweiler nachweisen.

Schauen wir uns seine wichtigsten Entdeckungen genauer an. Nach seinen Messungen und Beobachtungen gleicht das Aachener Oktogon nicht nur in seiner Funktion, sondern auch in seinem Maß denen von Stonehenge. Die beiden inneren Steinkreise entsprechen im Umfang und in ihrer Beziehung zueinander ziemlich genau dem Achteck und dem Sechzehneck. Diese Tatsache hat zwei Effekte zur Folge:

Am Tag der Sommersonnenwende beim Sonnenhöchststand trifft der durch das Südfenster ins Oktogon fallende Strahl genau den Mittelpunkt des Barbarossa-Leuchters, der von den einen als Weltenkugel und von den anderen als symbolische Sonne bezeichnet wird. Das Gleiche geschieht – nur durch ein anderes Fenster – zur Wintersonnenwende!

Ebenso wurde der Königsstuhl am 21. Juni von diesem Strahl »erleuchtet«, und zwar bei Sonnenaufgang, wenn die Sonne ihren exakten Ostpunkt erreichte. Für einige Minuten wurde das Haupt des Herrschers in gleißendes Licht getaucht. Und auch hier wieder derselbe Effekt bei Tag-und-Nacht-Gleiche. Beide Fenster sind heute leider durch den Choranbau verschwunden.

Schaut man sich am Tag der Sommersonnenwende

außerhalb des Domes um, entdeckt man auch einige geomantisch-astronomische Besonderheiten. Auf der Linie des Strahles, den die Sonne bei Sonnenaufgang über Aachen wirft, liegen – fein säuberlich aufgereiht – mehrere markante Orte und Gebäude, als da sind: Hügelgräber, ein keltischer Grabhügel, eine alte Quelle, St. Jakob, der Dom, St. Peter und die Kirche in Haaren, alles auf einer klassischen Leyline. Diese so genannte Stonehenge-Linie ist nur eine von verschiedenen, nicht mehr zufällig zu nennenden Verbindungen.

Karl der Große – ein Astronom?

Aus einer anderen Peillinie zwischen Oktogon und dem »Lavenstein« in der mittelalterlichen Stadtbefestigung einerseits und einem ehemaligen Turm im Kurgartenbereich andererseits sei Karl sogar in der Lage gewesen, ebenso wie die Druiden von Stonehenge, Sonnen- und Mondfinsternisse vorauszubestimmen. Weisweiler sieht und zieht viele andere Linien, Winkel und Dreiecke, die ihn zu fantastischen, aber auch interessanten Spekulationen führen.

Er führt dieses geheime beziehungsweise subtile astronomische Wissen auf Karls Kontakte zu Philosophen und Wissenschaftlern seiner Zeit zurück. Eines seiner Vorbilder soll der römische Architekt und Ingenieur Vitruv Pollio gewesen sein, mit dessen Hilfe schon Kaiser Augustus um Christi Geburt die Zeit und die Jahreszeiten exakt bestimmen konnte. Er baute ihm die größte Sonnenuhr der Welt unter Verwendung eines Original-Obelisken aus Heliopolis in Ägypten(!), der heute sinnentfremdet und deplatziert noch in Rom zu sehen ist. Die aus dieser Uhr und dem Obelisken entnommenen astronomischen Maße, wie zum Beispiel die babylonische Elle und der karolingische Fuß, lassen sich daher nicht nur im Dom, sondern auch in dem Lothar-Kreuz mit dem Siegel und Abbild von Kaiser Augustus wiederfinden.

Wen wundert es da noch, dass sich das Cheops-Dreieck auch hier durch die Verbindung markanter Punkte entdecken lässt, ebenso wie im Oktogon und im Stadtbild.

Was soll das nun alles bedeuten? Handelt es sich hierbei um die mathematischen Spielereien eines Zeitgenossen, die astronomischen Gags eines kopiersüchtigen Anhängers antiker Werte und Strukturen oder um geheimes, kodiertes Wissen unserer Ahnen? Ein weiteres Studium dieser Phänomene, Meditationen und vorurteilsfreie Untersuchungen an diesen Orten und über diese Fakten dürften sich gewiss lohnen.

Paderborn

Paderborn ist die Stadt der Quellen und – wie der Name bereits verrät – die Quelle, der »Born«, des vier Kilometer langen Flusses Pader. Siedlungen gab es hier schon in vorrömischer Zeit, aber erst durch Karl den Großen ging Paderborn in die Geschichte ein. Er ließ hier 776 im Zuge der fränkischen Eroberungen eine Befestigung erbauen, die Karlsburg, die sozusagen den wichtigsten Vorort im neu eroberten Sachsenland bildete. 777 hielt er hier den ersten fränkischen Reichstag ab, und 799 traf er in seiner Paderborner Pfalz mit Papst Leo III. zusammen. Es gelang ihm, das weströmische Kaiserreich wiederherzustellen und sich ein Jahr später in Rom zum Kaiser krönen zu lassen.

Strategischer Platz Karls des Großen

Auf dieses Jahr (799) geht auch die Weihe der an der Stelle des heutigen Doms erbauten Vorgängerkirche zurück. Ausführliche Grabungen rund um den Dom förderten außer der karolingischen Pfalz den aus dem 11. Jahrhundert stammenden Neubau mit der berühmten Bartholomäuskapelle zu Tage. In der Rekonstruktion der wieder aufgebauten Pfalz hat man ein Museum eingerichtet, in dem Sie Einblick in die Geschichte Paderborns nehmen können.

Der Dom

Mich interessierten vor allem der Dom und die Tatsache, dass er auf einer Vielzahl von Quellen stand. Durch eine geologische Besonderheit, die kluftreichen Kalkschichten unterhalb der Paderborner Hochfläche, hat die Natur ein weit verzweigtes unterirdisches Flusssystem entstehen lassen. Das Wasser wird durch eine undurchlässige Schicht – den Emscher Mergel – gestaut und tritt an durchlässigen Stellen oder bei Bohrungen als artesische Quelle an die Oberfläche. Über 200 Quellen entströmen so mitten in der Stadt dem Boden und schütten 3000 bis 9000 Liter in der Sekunde aus. Der Dom steht auf der letzten Stufe des Abhanges oberhalb des Quellhorizontes, was ihm mit Sicherheit eine geomantisch-markante Energiestruktur geben dürfte.

Man betritt den Dom durch das »Paradies« mit dem 1250 entstandenen Paradiesportal und gelangt in den großen, für einen Dom ungewöhnlich hellen Innenraum. Folgt man dem Mittelgang, bleibt man unwillkürlich in Höhe der Kanzel stehen. Eine starke Energie scheint hier zwischen dem Marienbildnis mit den Opferkerzen und der Kanzel zu fließen. Als ich dies erlebte, setzte ich mich erst einmal erstaunt hin. Mein Blick fiel auf den Altarbereich, und ich sah ganz deutlich die hier verlaufenden energetischen Strömungen, aber nicht, weil ich plötzlich hellsichtig geworden war, sondern weil sie als zehn bis zwanzig Zentimeter breites Wellen-

Das Paradiesportal am Dom in Paderborn

muster in den Teppich eingearbeitet sind. Ob der Schöpfer oder Auftraggeber dieses untypischen Teppichs bewusst oder intuitiv etwas deutlich machen wollte? Ich stellte mich in die Verlängerung und konnte unverkennbar spüren, dass hier tatsächlich Energien fließen.

Etwas ruhiger begab ich mich in die riesige Krypta, die zusammen mit der Vorhalle und der Marienkapelle vom romanischen Vorgängerbau übernommen und um das 11. Jahrhundert erbaut wurde. Dieser große, säulenreiche Raum ist an sich schon beeindruckend, aber besonders fasziniert war ich von der ansprechend restaurierten Bischofsgruft mit der gotischen Grabplatte Bischof Meinwerks aus dem 13. Jahrhundert. Am Kopfende der liegenden Bischofsskulptur steht man direkt unter dem Altar, was deutlich zu spüren ist. Unter dem Torbogen vor der Marienstatue mit dem abgenommenen Christus ist man genau im Kreuzungspunkt der Energien. Ich habe selten so deutlich die unterschiedlichen Strahlungsintensitäten gespürt. In der Bischofsgruft steht ein meterhoher Kerzenständer mit vier dicken rohen Bergkristallen, die in die Haupthimmelsrichtungen weisen. Zufall?

Abdinghofkirche

Sowohl durch ihre äußere Erscheinung als auch in ihrer markanten Lage und Nähe zum Dom war mir die Abdinghofkirche aufgefallen, da die Mittelachse dieser Kirche exakt auf der Mittelachse des Doms liegt. Diese flach gedeckte Pfeilerbasilika mit den Zwillingstürmen und der dreischiffigen Krypta ist der Nachfolgebau der von Bischof Meinwerk um 1015 errichteten Benediktiner-Klosterkirche St. Peter und Paul und seit 1867 evangelisch. Dementsprechend schlicht ist das innere Erscheinungsbild, und auch die Krypta hat nicht die Ausstrahlung wie die des Doms, ist aber dafür kaum frequentiert.

Weiterhin sehenswert ist die bereits erwähnte Bartholomäuskapelle neben dem Dom, die als Königskapelle 1017 von griechischen Bauleuten errichtet wurde und als älteste Hallenkirche Deutschlands gilt.

Magdeburg

Magdeburg und seine Umgebung waren schon früh, nämlich seit der Steinzeit, ein beliebtes Siedlungsgebiet, wie die zahlreichen historischen Funde und die vielen Megalithgräber im Osten (Haldenslebener Forst) und Südosten zeigen. Bis zum 6. Jahrhundert waren es überwiegend germanische Stämme wie Sachsen, Sueben und Langobarden. Später kamen die slawischen Völker. Auf Grund seiner exponierten Lage am westlichen Elbknie und am Kreuzungspunkt wichtiger Handelsstraßen war es seit der Karolinger-Zeit ein strategisch wichtiger Grenzstützpunkt. Dies machte es auch bis zum Zweiten Weltkrieg zum Ziel vieler Angriffe und häufiger Zerstörungen.

Als fränkisches Kastell »Magadoburg« begann es 805 seine wechselhafte Geschichte unter der Herrschaft von Karl dem Großen. In dieser Zeit entstand bereits die erste Pfarrkirche. In vieler Hinsicht bestimmend für die Entwicklung wurde jedoch Kaiser Otto I. Seine Gemahlin Editha hatte den Ort als Mitgift erhalten. Schon im zweiten Regierungsjahr 937 gründete er das Mauritiuskloster, das 962 laut päpstlicher Urkunde in ein Domstift und Erzbistum umgewandelt wurde, mit dem Recht, andere Bistümer im Osten zu gründen. Als Schutzpatron wählte er den schwarzen »Streiter Christi« Mauritius, von dem heute noch eine Plastik im Dom zu sehen ist.

Im Jahr 955 hatte Otto an der Grabstätte Edithas eine Klosterkirche zu errichten begonnen, die jedoch alsbald zu einer größeren Kathedrale ausgebaut wurde. »Viele Leiber von Heiligen, aber auch Marmor, Gold und Edelsteine ließ der Kaiser aus Italien nach Magdeburg bringen.« (Helga Möbius; siehe Literaturverzeichnis)

Über zwei Jahrhunderte wuchs die Ausstattung des Domes, und seine Verantwortlichen waren Auftraggeber herausragender, heute noch erhaltener Kunstwerke wie filigraner Marmor, Epiphagen und metallene Grabplatten.

Ausgerechnet am Karfreitag des Jahres 1207 brach ein Feuer in Magdeburg aus, das auch den Dom bis auf die Grundmauern zerstörte. Erzbischof Albrecht II. ordnete einen Neubau nach dem Vorbild gotischer Kathedralen

Magdeburger Dom, Kreuzgang Innenhof

in Frankreich an, der sich unter wechselnden Einflüssen bis zur Domweihe 1363 hinzog. Der Magdeburger Dom ist damit der erste und älteste gotische Bau in Deutschland. Von Ottos Vorgängerbau ist nur noch die wieder ausgegrabene Krypta mit den Grabstätten von Editha und wohl auch ihm selber erhalten geblieben.

Betritt man heute den nur 100 Meter neben der neuen Einkaufsmeile liegenden Domplatz, macht man einen optischen Zeitsprung in die Vergangenheit. Dies wird am deutlichsten erlebbar, wenn man durch die Kirche in den Kreuzgang des alten Klosters geht. Hier umfängt den Besucher eine Ruhe und Beschaulichkeit, die nicht aus dieser Zeit ist. In der Mitte ein »Seelenlicht« auf zartgrünem Rasen, uralte grauschwarze Fensterfronten, Atmosphäre pur. Der Dom selbst lässt einen auf Grund der riesigen Dimensionen zu einem unscheinbaren

Nichts schrumpfen. Die Kanzel links ist zauberhaft schön und gut platziert. Stärker noch wirkt die Energie auf der Längsachse, vor allem vor dem Katharinenaltar und am steinernen Grabmal der Königin Editha am Ende des Chorumgangs. Meine Begleiterin, die diese Energie zum ersten Mal bewusst registrierte, war überrascht und fasziniert und zu 90 Prozent mit mir einer Meinung über die Intensität des energetischen Feldes.

Fünf Kirchen auf einer Achse

Später, als ich auf die Karte schaute, fiel mir auf, dass der Dom mit fünf weiteren Kirchen und dem Lukasturm exakt auf einer Geraden entlang der Elbe liegt (Kloster unserer Lieben Frau, Johanneskirche, Maria-Magdalena-Kapelle, Pfarrkirche St. Peter und Wallonenkirche). Eine merkwürdige, mehr als zufällige Aufreihung, die weitere geomantische Untersuchungen rechtfertigen würde.

Der Petersberg bei Halle

Der Petersberg nordöstlich von Halle ist trotz seiner bescheidenen 250 Meter die höchste Erhebung zwischen Harz und Ural. Kein Wunder also, dass er zu allen Zeiten Menschen anzog. Nachgewiesen ist eine Wallanlage bzw. ein Heiligtum der Westslawen. Wahrscheinlich waren auch die Kelten hier. Die im Mittelalter »Leuchtenberg« *(mons etherus)* genannte, weithin sichtbare Porphyrkuppe steht im Mittelpunkt zahlreicher Sagen.

Als Graf Dedo von Wettin 1124 mit dem Bau einer hochromanischen Stiftskirche begann, stand hier bereits eine kleine Kapelle auf oder neben dem Kultplatz, die heute nur noch eine fotogene Ruine ist. Obwohl als Wallfahrtsort bekannt und gerne besucht, setzte schon im 13. Jahrhundert der Niedergang ein. Im Jahre 1565 brannten Kirche und Klostergebäude völlig ab und blieben für drei Jahrhunderte eine Ruine. Johann Wolfgang von Goethe persönlich setzte sich dafür ein, dass diese wieder aufgebaut wurde, und so finden wir jetzt eine schlichte Hallenkirche vor, die leer und renovierungsbedürftig ist und sehr kühl wirkt.

Goethe förderte den Petersberg

Eine »Bruderschaft Christi« lebt seit kurzer Zeit hier und ist bemüht, den Ort mit neuem Leben zu erfüllen. Wir statteten ihr zur Messe (mit Abendmahlritus) einen Besuch ab und erlebten einen sehr persönlichen Gottesdienst in kleinem Kreise von vielleicht einem Dutzend Besuchern. Danach wurde man zum Mittagessen eingeladen und konnte dabei mit dem Pfarrer über Gott und die Welt reden. Dann zeigte er uns noch persönlich die Stätte des alten Kultplatzes zwischen der Ruine und dem wunderschönen uralten Friedhof, der von einem beachtlichen Baum überschattet ist. Der Petersberg gilt in Halle als markantester Kraftplatz der Umgebung.

Erfurt

Erfurt ist einer der wenigen Orte im heidnischen Gebiet, die der irische Missionar Bonifatius um 700 »alt« nennt: Es sei eine »alte Stadt der Ackerbau treibenden Heiden«, schreibt er in einem seiner Briefe. Erfurt war als »Mittelpunkt Deutschlands« ein Kreuzungspunkt alter Verkehrswege, zum Beispiel der Via Regia von Frankfurt nach Breslau. Wie die ausgedehnten Gräberfelder ringsum beweisen, war diese Gegend schon in vorchristlicher Zeit »dicht besiedelt«. Trotz der dürftigen Christianisierung Anfang des 8. Jahrhunderts erwählte Bonifatius schon 20 Jahre nach seinen ersten missionarischen Vorstößen den Domhügel für eine Bistumsgründung.

Als Hauptstadt von Thüringen war Erfurt Kristallisationspunkt der Kultur und Wirkungsort von Luther, der hier studierte und promovierte. Meister Eckhart (1260 bis 1327), der große deutsche Mystiker, lebte hier im Dominikanerkloster. Seine Lehre von der Einheit Gottes und der Vielfalt der Kreaturen brachte ihn damals vor das Kölner Inquisitionsgericht.

Wir haben zunächst die Gesamtarchitektur untersucht und folgenden Eindruck gewonnen: Zu Füßen des Erfurter Doms erstreckt sich der weitläufige Marktplatz, in dessen Mitte sich ein Obelisk befindet. Hier ließen sich ganz eindeutig geomantische Zonen finden, die sich an diesem klassisch gestalteten städtischen Mittelpunkt kreuzten. Von hier aus gelangt man über eine konisch zulaufende Treppe zum architektonisch sehr auffallenden Eingangsportal des Mariendoms. Auffallend beim Besuch des Mariendoms ist, dass der Kirche eine überzeugende Struktur fehlt. Sie gliedert sich auf in drei Bereiche: einen gotischen Hochbau, ein mittleres Stück, in dem sich der Turm befindet, und einen neuen Bau im gotischen Stil.

Geomantische Zonen

Durch den spitz zulaufenden Anbau mit den imposanten Fluren gelangt man zuerst in den neueren gotisch gestalteten Teil, in dessen Mitte sich ein moderner Altar befindet. Auf der Suche nach geomantisch interessanten Punkten wurden wir zuerst enttäuscht. Der Taufstein stand energetisch nicht an der richtigen Stelle, und der gesamte Ostteil stellte sich als nicht sehr lebendig heraus. Umso größer war die Überraschung im kurzen Zwischenteil.

Die radiästhetischen Messungen ergaben, dass hier in

früheren Zeiten ein kultisches Zentrum mit Erdmutterqualitäten gelegen haben könnte, wofür auch der Name »Unserer lieben Frau« spricht. Wie sich später herausstellte, war das der ehemalige Altarbereich des früheren romanischen Baus. Der »stärkste Platz« befindet sich hier mitten im Gang und rechter Hand bei einem Marienrelief in einem offenen Nebenraum.

Die gesamte Kathedrale steht auf einem heiligen Berg, dem »mons alter«. Die ursprüngliche Basilika wurde von Bonifatius gegründet, der die Standorte für seine Kirchen sehr bewusst auswählte. Mit Vorliebe bezog er dabei alte heidnische Kultplätze mit ein.

Nach Ansicht des mich begleitenden Geomanten ist der Bau trotz seines äußeren imposanten Eindrucks energetisch und architektonisch nicht den besonderen Gegebenheiten des Ortes angemessen gebaut, sondern in den letzten Jahrhunderten regelrecht verbaut worden.

Zum Gesamtkomplex dieser Anlage gehört ganz offensichtlich der Petersberg mit dem Park, der Kirche und dem ehemaligen Kloster. Außerdem der Obelisk und die Mäanderschleife, die der Fluss Gera um dieses Zentrum beschreibt. Bonifatius hat hier also, auf den natürlichen energetischen Gegebenheiten aufbauend, Erfurt zum Bischofssitz ausgewählt, um ein starkes Bollwerk gegen den heidnischen Osten zu errichten.

Der Fritzlarer Dom

Um 700 v. Chr. war die Gegend am Unterlauf der Eder südlich von Kassel vom germanischen Stamm der Chatten besiedelt. Es war die Zeit der aktiven christlichen Missionierung der heidnischen Stämme, die hier besonders resistent waren und an ihren alten Göttern festhielten. Als Stammesgott verehrten sie Donar, dem eine uralte Eiche bei Geismar geweiht war. Sie bildet den kultischen Mittelpunkt. Der Überlieferung nach soll der heilige Bonifatius genau diese Eiche in einer Auseinandersetzung mit einigen Gehilfen oder Soldaten gefällt und damit den Glauben an die Macht Donars ziemlich erschüttert haben. Als Krönung der Niederlage baute er aus dem Holz direkt daneben eine Notkirche, die er dem heiligen Petrus weihte. Um das Bekehrungswerk zu festigen, schuf Bonifatius für Hessen ein eigenes Bistum mit Sitz auf dem Büraberg. 724 gründete er neben seiner Kapelle ein Benediktinerkloster, dem er vor seiner Abreise seinen Gefährten Wigbert als Abt vorsetzte. Als dieser 746 verstarb, wurde ein Teil seiner Gebeine als Reliquie nach Fulda überführt, der Rest blieb in Fritzlar. Wigbert wurde neben seiner damals schon dreischiffigen Basilika begraben.

Die zweite romanische Basilika, die in den Grundformen noch steht, wurde 1085 gebaut. Im Jahre 1180 erhielt sie von der Wormser Bauhütte ihre jetzige Form. Also ein in vieler Hinsicht interessanter Bau mit einer ehrwürdigen Geschichte.

Der Dom ist relativ klein und fügt sich gut in das mittelalterliche Stadtbild von Fritzlar mit seiner noch intakten Befestigungsmauer ein. Auf dem Domplatz eine lebensgroße Statue des axtschwingenden Bonifatius, der auf einem Baumstumpf steht. Ob es sich hier wirklich um den ursprünglichen Platz handelt, ist umstritten. Im Innern findet man auf den ersten Blick nichts Auffallendes. Die Krypta wirkt im Verhältnis zum Dom relativ groß und wirkt sehr erholsam – wenn man alleine ist. Durch die

Rechts: Der Dom in Fritzlar mit Bonifatius

gute Akustik wird jedes Geräusch sehr verstärkt. Leider ist Fritzlar und insbesondere der Dom touristisch sehr frequentiert.

Sehenswert sind der Domschatz und die alte Klosterbibliothek. In ihr gibt es neben uralten Handschriften und verstaubten Werken ein altes Musikzimmer mit einer interessanten Energie. Überraschend stark empfand ich auch den energetischen Fluss im Lapidarium im kleinen rechten Raum, wo der ehemalige Sarg von Wigbert steht. Beschaulich schön dagegen der kleine Innenhof des Kreuzganges.

Tipp: 5 Kilometer nördlich von Fritzlar liegt der Ort Züschen mit dem sehenswerten kleinen Schloss Gravensburg. Hier kann man günstig und mittelalterlich übernachten. Nur ein Kilometer außerhalb des Ortes liegt die bekannte Züschener Steinkammer mit dem Seelenloch. Leider ist das Grab mittlerweile mit einem Gitter geschützt und nicht mehr begehbar – trotzdem sehr interessant.

Frankfurt am Main

Die Gründung Frankfurts verdanken wir der Sage nach keinem Geringeren als Karl dem Großen, der auf der Flucht vor den Sachsen mit dem Rest seines Heeres hier am Main im Nebel ankam und verzweifelt eine Furt suchte. In seiner Not betete Karl zu Gott und bat um Hilfe. Da teilte sich der Nebel, und eine weiße Hirschkuh geleitete ihr Kälbchen durch eine Furt des breiten Stromes und wies so dem Herrscher den rettenden Weg. An der Stelle dieser Franken-Furt baute sich Karl der

Große später eine Pfalz, und es entwickelte sich in relativ kurzer Zeit eine blühende Siedlung, die alsbald politische, kulturelle und wirtschaftliche Bedeutung gewann. Wie die restaurierten Grabungsfunde zeigen, schätzten bereits die Römer diesen Ort, denn sie errichteten sich hier ausgedehnte Badeanlagen und einen kleinen Sakralbereich. Das Gelände der Pfalz und des heutigen Doms war damals eine vom Main und einem Nebenarm umflossene Insel, die nach Osten und Norden kräftig abfiel. Der Dom, der eigentlich gar keiner ist, weil er nie Bischofssitz war, ist aus einer kleinen Stiftskirche entstanden, der bereits eine von Kaiser Ludwig 840 gegründete Salvatorkirche vorausging. Er befindet sich am östlichen Ende der ehemaligen Königspfalz, unter der das oben erwähnte römische Bad lag, und ist St. Bartholomäus geweiht.

Der Dom

Als Schauplatz von Kaiserwahlen und Kaiserkrönungen gilt er als geschichtsträchtiges Bauwerk, was jedoch erst der Blick ins Dommuseum so richtig offenbart. Der Dom selbst ist in seiner Aufmachung relativ schlicht, lediglich der Turm hält dem Vergleich mit ähnlichen Bauten stand.

Obwohl ich schon lange in Deutschland auf der Suche nach Kraftplätzen bin und in Frankfurt lebe, brauchte es doch einen konkreten Anlass, um auch einmal in diesem Zusammenhang bewusst unseren Dom in Frankfurt zu betreten.

Dieser Anlass war ein Seminar mit Peter Caddy und Peter Dawkins zum Thema »Geomantie und Kosmologie« Mitte Mai 1990.

Peter Dawkins vertritt eine bestimmte Richtung der Geomantie, die traditionell als Tempel-Wissenschaft gilt. Schwerpunkt seiner Theorie sind die Chakren, das heißt

Der Frankfurter Dom

Energiezentren, die er ebenso wie im Menschen auch auf der Landkarte wiederfindet. Die Erde als Ganzes, jeder Kontinent, jedes Land und auch Städte haben ihre eigenen Chakren-Systeme. Die europäische Hauptlinie geht leider an Deutschland vorbei von Schottland über England durch Frankreich zum Mittelmeer. Basischakra ist für ihn Saintes-Maries-de-la-Mer, wo die Zigeuner jährlich ihre Schwarze Madonna verehren, Chartres ist das Herzzentrum und Findhorn das Stirnchakra.

Aber zurück zu Frankfurt. Peter Dawkins »sieht« Ley-lines, das heißt, er kann die subtilen Energieströme »wahrnehmen«. Ausgerechnet auf der Großen Eschenheimer Straße entdeckte er dann eine solche Linie. Auf dem Weg zum Hotel, mitten auf der vierspurigen Straße, kurz vor dem Eschenheimer Turm, ein Entzückensschrei: »What a marvellous line.« Welch eine Linie – hier sollten wir parken und meditieren. Man stelle sich das vor: ein meditatives Sit-in auf dieser Hauptverkehrsader. Aber er war sich sicher: Von der Katharinenkirche zum Eschenheimer Tor läuft eine starke Linie.

Energieströme in Frankfurt

Etwas leichter nachvollziehbar waren dagegen die Kräfte am Dom. Peter Dawkins »sah« eine Linie über die römischen Badehausruinen vom Römer kommend direkt in die Längsachse des Domes fließen und dort im Turm hochsteigen. Der stärkste Ausstrahlpunkt liegt im Dom unterhalb des Turmes vor dem Kreuzigungsrelief. Die Energie wird hier durch die Turmkonstruktion über die Stadt verteilt. Daher sind Dome auch immer der Mittelpunkt einer Stadt.

Bevor wir jedoch den geheiligten Ort betreten durften, mussten wir den »Genius Loci«, den Geist des Ortes, innerlich um Eintrittserlaubnis bitten.

Innen erklärte uns Peter Dawkins dann den energetischen Aufbau der Kirche, und wir konnten über den Mittelgang die unteren vier Chakren abschreiten und erspüren. Viele alte Kirchen haben diesen Aufbau: Die vier untersten Energieebenen, symbolisiert durch je vier Fenster rechts und links, sind für das Volk; die drei höheren Ebenen mit Kanzel auf dem Halschakra, Altar im sechsten Chakra und dem Allerheiligsten mit Hochaltar als Sitz des Höchsten auf der siebten Ebene sind für die geistige Elite.

Anscheinend haben nichts ahnende Zeitgenossen den Altar in unserem Dom umgestellt. Der Pfarrer segnet und betet heute also an einem energetisch leeren Platz.

Vielleicht ist das ein Grund, warum die kirchlichen und vor allem die evangelischen Rituale so langweilig und leblos geworden sind und keine Kirche mehr füllen. Es ist kein Wissen und kein Einklang mehr mit der bewusst von Eingeweihten der Bauhütte gesetzten sakralen Architektur vorhanden. Da machen die Prozessionen und Wallfahrten der katholischen Kirche tatsächlich noch mehr Sinn.

Die sakrale Architektur wurde gestört

Abschluss des Seminars war eine Besteigung des Turmes. In einem tranceartigen Zustand kam ich nach unzähligen Spiraldrehungen, in denen ich die Stufen gleichmäßig hinabschwebte, unten aus dem Turm wieder herausgewankt. Einen Schlag mit dem »Zen-Stock« auf das Dritte Auge erhielt ich kurz vorm Ausgang von einer niedrigen Kante, die ich übersehen hatte. Ein unvergessliches Aha-Erlebnis.

Zusammenfassend sei gesagt, dass der Dom trotz aller Schlichtheit (im Vergleich zu anderen Kirchen und Domen) ein interessanter Platz ist, um Meditation zu üben, Energien zu spüren und gute Schwingungen über die Stadt zu verbreiten. Ich habe ihn öfter als kosmischen Trichter visualisiert, der schlechte Schwingungen – den Psycho-Gedanken-Müll der Stadt – nach oben abzieht (bei Neumond) und von einer Quelle im Stadtwald (bei Vollmond) gesunde, frische Energie über die Stadt verteilt.

Trier

Trier ist Deutschlands älteste Stadt. Vor der offiziellen römischen Stadtgründung im Jahre 15 v. Chr. siedelte der gallisch-keltische Stamm der Treverer in der durch eine Moselfurt begünstigten Talweite. Aus dieser Zeit sind noch viele keltische Orts-, Fluss- und Flurnamen erhalten. Kaiser Augustus erkannte die günstige geografische Lage der Treverersiedlung und errichtete eine Stadt mit dem Namen »Augusta Trevorum«.

Sie war nach antiker Art mit rechtwinklig sich kreuzenden Straßen angelegt, mit einer hervorgehobenen Ost-West-Achse, dem »decumanos maximus« (heutige Südallee und Kaiserstraße) und einer Nord-Süd-Achse, dem »cardo maximus«.

An den Kreuzungspunkten dieser beiden Hauptachsen lag vermutlich das Forum, das Zentrum der Stadt mit den wichtigsten Tempeln und öffentlichen Bauten. Wir haben es hier mit einem klassischen, ans Erdgitternetz angepassten Straßennetz zu tun, das sich, obwohl nur partiell erhalten, radiästhetisch noch nachweisen lässt, zum Beispiel am Wahrzeichen der Stadt, der Porta Nigra. Genau in der Mitte haben Radiästheten (M. Mettler) zwei Wasseradern entdeckt, die, der römischen Bautradition entsprechend, die beiden Tore kennzeichnen, weiterhin eine vierfache Kreuzung unter dem einen Turm und zwei Wasseradern entlang der Wege. Der ganze Bau ist aus entstörtem Naturstein gebaut, oben positiv und unten negativ polarisiert (Schweizerische Zeitschrift für Radiästhesie Nr. 2/90).

Die Thermen

Aus dieser Zeit stammen noch das Amphitheater, die Barbarathermen und die Kaiserthermen, zwei Badepaläste von grandiosem Ausmaß. Die unterirdischen Bedienungsgänge der Kaiserthermen bilden das größte aus der Antike bekannte Kellersystem. Beachtlich stabil sind die ebenfalls in jener Zeit gebauten Strompfeiler der Römerbrücke, die der Belastung von Flussströmung und heutigem Verkehr bis jetzt standgehalten haben.

Ende des 3. Jahrhunderts überrannten die Franken den Limes, und Trier sank in Schutt und Asche. Ein halbes Jahrhundert später war die Stadt jedoch unter Konstantin dem Großen wie ein Phönix wieder aus den Trümmern erstanden und erblühte in neuem Glanz. Der Urbau des Doms und der Palast wurden in dieser Zeit errichtet.

»Der Dom, in dem jetzt noch ein großer Teil römischen Mauerwerks aus dem 4. Jahrhundert erhalten ist, war damals bereits in einer gewaltigen, dreiteilig gegliederten Raumkomposition als Großkirche erbaut worden. Diese erhob sich an der Stelle eines zuvor niedergelegten Wohnpalastes aus konstantinischer Zeit.

Nach der trierischen Überlieferung handelte es sich um den Palast der Kaiserin Helena, der Mutter Konstantins des Großen … Die vier Granitsäulen, die einst die ausgeschiedene Vierung des spätantiken Quadratbaus trugen, stammen noch aus dem älteren Gebäude. Sie wurden vom Felsberg im Odenwald nach Trier transportiert. Der obere Teil des monolithen, zwölf Meter langen südwestlichen Säulenschaftes liegt als sagenumwobener ›Domstein‹ an der Südseite der frühromanischen Westapsis.« (Ein Gang durch Trier, Verkehrsamt)

Nach den Stürmen der Völkerwanderung, in denen Trier vier Mal erobert wurde, fiel es 480 endgültig in die Hände der Franken. Dabei brannte der Dom aus, wurde aber unter Bischof Enizetius (526–566) wiederhergestellt. Die nächste Katastrophe kam in Form der Nor-

Rechts: Die Porta Nigra in Trier

mannen 882, die auf einem ihrer Raubzüge den damals noch erhaltenen spätantiken Kern bis auf die monumentalen Großbauten zerstörten. Leider ging bei dem Wiederaufbau das römische Straßennetz weitgehend verloren.

Die Porta Nigra

Dass die Porta Nigra erhalten blieb, verdankt Trier dem Erzbischof Poppo (1016–1047), der zu Ehren eines griechischen Eremiten, der im Ostturm gelebt hatte, die oberen Stockwerke zu einer Doppelkirche umbauen ließ. Im ersten Obergeschoss lag die Laienkirche, im zweiten die Stiftskirche. Das Erdgeschoss wurde zugeschüttet. So entstand das Simeonstift, das heute das städtische Museum, ein Restaurant und die Touristenzentrale beherbergt.

Geht man von der Porta Nigra die Fußgängerzone hoch, kommt man zum idyllisch geschäftigen Hauptmarkt mit dem hochaufragenden Turm der St.-Gangolfskirche (14. Jh.) und seinem bunten, zwischen Häusern eingeklemmten, barocken Portal.

Von hier führt die Sternstraße zum Domfreihof mit der Doppelkirchenanlage Dom und Liebfrauenkirche.

Der Dom

Die wuchtigen Dimensionen im Innern des Doms werden durch viele kleine und größere Kunstwerke, meist Steinplastiken an verschiedenen Seitenaltären, etwas gemäßigt. Auf Anhieb fällt die ungewöhnliche Orgel ins Auge, die wie riesige Stalaktiten an der Nordwand neben der Kanzel hängt. Auch die Deckenplastiken im Westchor sind beeindruckend.

Rechts: Trier, Blick auf den Dom

In einer Kapelle im gegenüberliegenden Chor wird die Hauptreliquie aufbewahrt: der heilige Rock oder die Tunika Jesu Christi, die er vor seinem Tod getragen haben soll. Die Tradition führt die Anwesenheit dieser Reliquie in Trier auf die heilige Helena, die Mutter des römischen

Kaisers Konstantin, zurück, die bei ihrem Aufenthalt in Jerusalem im 4. Jahrhundert die Tunika und das heilige Kreuz gefunden haben soll. Sie wird jetzt als kostbarer Schatz in einem Silberschrein aufbewahrt, der mit acht großen Bergkristallen besetzt ist und von einem neunten obenauf gekrönt wird. Allein diese Anordnung dürfte schon für eine mächtige Aufladung sorgen.

Ich begab mich in die Krypta, die zufälligerweise unbeleuchtet war. Das schuf eine eigenartige Atmosphäre, in die ich für längere Zeit eintauchte. Speziell den hinteren, fensterlosen Teil empfand ich als sehr magisch. Nach einer kurzen Phase der Stille, die nur ab und zu von herumstolpernden Touristen gebrochen wurde, begann ich, mit Tönen zu experimentieren, und war überrascht von den vielfältigen Effekten. Besonders das U der heiligen Silbe AUM erzeugte eine starke Resonanz, sowohl innerlich als auch äußerlich. Hier steht nur eine Betbank, ansonsten ist das flache Gewölbe leer und, wie gesagt, fast dunkel. Die Akustik schafft einen mystischen Klangraum, der gut für sakrale Gesänge geeignet wäre.

Die Liebfrauenbasilika

In der Liebfrauenbasilika begegnet mir eine ganz andere Welt. Grundriss und Aufbau sind von einer seltenen Klarheit: Dies ist das steinerne Beispiel einer Architektur, die auf den Grundsätzen einer heiligen Geometrie aufbaut. Der Grundriss ist »ad quadratum« entwickelt.

»Legt man über das Vierungsquadrat ein um 45 Grad gedrehtes Quadrat mit doppelter Flächengröße und wiederholt diesen Vorgang entsprechend vier Mal, so ergibt sich ein System von Quadraten und rasterartigen Hilfslinien. Durch diesen Vorgang sind die Fixpunkte des Grundrisses gegeben.

Die Lage und Größe der Schiffe, der Nebenräume und Kapellen sowie die Stellung der Säulen und Pfeiler ist auf

diese Weise zwingend festgelegt. – Dieselbe Strenge zeigt sich im Aufriss, der ebenso aus dem Quadrat entwickelt ist wie der Grundriss. Die Gesimshöhen und Pfeilerabstände ergeben sich zwingend aus diesem Schema. Nur Chor und Vierungsturm ragen heraus, übernehmen jedoch die gegebene Maßeinheit. Wichtig ist in diesem Zusammenhang, dass die Gliederungen des Außenbaus denselben Proportionen folgen. Die Fußbodenhöhe der Kirche ist dadurch gewonnen, dass in das größte Quadrat ein gleichseitiges Dreieck einbeschrieben ist. So ist der ganze Raum in seinem Grund- und Aufriss von einem einzigen Maß abgeleitet. Im Grunde handelt es sich um eine zentrale Kreuzbasilika mit je zwei Kapellen und den Kreuzecken und einer Vierung in der Mitte. So entsteht im Untergeschoss oberhalb der Kapellengewölbe eine Kreuzbasilika, darüber im Vierungsturm eine zentrale Kuppel …

Magische Architektur im Dom zu Trier

Die Kirche als Symbol des Kosmos

Die Kirche ist erbaut auf dem Fundament der zwölf Apostel, die als zwölf Säulen das Gebäude tragen. Eingespannt ist die Kirche in das kosmische System der vier Himmelsrichtungen, und durch ihre Entwicklung aus dem Quadrat ist sie selbst ein Symbol des Kosmos. So öffnen sich ihre vier Türen nach den vier Winden; im kosmischen Achsenkreuz ist der Mensch, der Adam, in alle Himmelsrichtungen über die Erde gespannt und in der Kirche zusammengefasst. Im Erdgeschoss ist Liebfrauen grundrissmäßig eine Darstellung der ›Rosa mystica‹, ihrer Patronin.

Das Ganze wird durchschnitten vom ›Kreuz‹ der Schiffe und überhöht in der Vierung von der einen Kuppel als Zeichen des Himmels und der Gegenwart des einen Gottes. Das gleichseitige Dreieck weist hin auf die Dreifaltigkeit dieses Einen. Die Acht-Zahl der Kapellen ist Zeichen der Vollendung, einer Vollendung, die sich in der Deutung des Baus als das quadratische himmlische Jerusalem, die Braut des Lammes, in der Endzeit erweisen wird …

So ist es leicht einzusehen, dass dieses Gotteshaus wie kaum ein anderes schon durch seine architektonische Struktur geradezu eine Theologie des Kirchengebäudes zum Ausdruck bringt. Hier erweist sich nun die metaphysische Tiefe des quadratischen Systems.« (F. Ronig, Die Liebfrauenbasilika zu Trier)

Dem ist kaum noch etwas hinzuzufügen außer der Bemerkung: Allein diese beiden Kirchen lohnen den Besuch in Trier.

Idar-Oberstein

Idar-Oberstein ist als Edelstein-Stadt weltbekannt. Da Edelsteine in esoterischen Kreisen eine große Rolle spielen und Kristalle bei verschiedenen Ritualen und in der Meditation Verwendung finden, beschloss ich, auch diesen Ort aufzusuchen.

Im Spätmittelalter wurden hier die ersten Achatvorkommen entdeckt, und man begann mit dem systematischen Abbau. Drumherum entwickelten sich zwangsläufig die entsprechenden verarbeitenden Betriebe. Und so wuchs Idar-Oberstein, die beiden Orte Idar und Oberstein, zum größten Mineralbearbeitungs- und Umschlagplatz Deutschlands mit Weltruf.

Quarze und Kristalle

Außer dem Achat, der weiterhin aus dem Steinkaulen-Bergwerk (früher Galgenberg) gebrochen wird, holen sich die Edelsteinschleifer ihr Rohmaterial aus der ganzen Welt, vor allem aus Brasilien. Eine Edelstein-Mine im Steinkaulenberg und eine Kupfermine in Fischbach stehen für die Besichtigung offen. Wer sehen möchte, wie Achate, Rauchquarze, Bergkristalle und Amethyste unter der Erde wachsen und wie sie gefunden werden, der kann hier in Mutter Erdes Schoß einsteigen. Wer dagegen die faszinierende Vielfalt und Schönheit von Mineralien aus aller Welt in roher und bearbeiteter Form sehen will, dem kann ich das Museum empfehlen. Mir hat es vor allem der Raum mit den überdimensionalen Riesenquarzen angetan. Dort steht unter anderem ein zwei Tonnen schwerer rauchbrauner Quarzkristall aus Brasilien, dessen Anblick mir fast die Sprache verschlagen hat. Wenn man eines von diesen Wunderwerken der Natur auf Frieden oder Heilung programmieren könnte, wie es einige esoterische Steinkundige angeblich vermögen, dann könnten vielleicht die überall auf und in den Bergen stationierten Truppen bald einer anderen, kreativeren Arbeit nachgehen. Auch was sonst hier geboten oder in der ganzen Stadt bearbeitet und verkauft wird, birgt ein unglaubliches Potenzial an subtilen Energien. Ich fühlte mich jedenfalls energetisch aufgeladen, nachdem ich dieses kleine Museum verlassen hatte.

Interessanterweise befindet sich 50 Meter oberhalb in einer Grotte des mächtigen Felsens die berühmte Felsenkirche, die drei weitere Kleinode birgt:

- ein Kruzifix mit einem Christus aus Bergkristall;
- ein in der Welt einmaliges, natürlich gewachsenes Achatkreuz;
- eine Felsenquelle, die bereits von den Kelten einer Gottheit des heiligen Brunnens geweiht war.

Die Felsenkirche

Der Sage nach wurde die Felsenkirche als Sühne für einen Brudermord errichtet. Die Burgruine auf dem Felsen über der Kirche war einst das Schloss der Herren von Oberstein. Um die Mitte des elften Jahrhunderts wohnten zwei Brüder auf der alten Burg: Wyrich, der ältere, und Emich, der jüngere. Beide liebten, ohne dass dies einer vom anderen wusste, das schöne Ritterfräulein Bertha von der Lichtenburg. Sie war dem jüngeren Emich in herzlicher Liebe zugetan und gab ihm ihr Jawort. Wyrich, der ältere Bruder, weilte zu jener Zeit bei Freunden. Als er zurückkam und Emich ihm seine Verlobung mitteilte, geriet Wyrich so sehr in Wut, dass er seinen Bruder aus dem Fenster in den Abgrund stürzte. Jahrelang irrte der Mörder im Lande umher. Vergeblich suchte er den Tod auf den Schlachtfeldern und kehrte schließlich in die Heimat zurück. Bertha von Lichtenburg war inzwischen gestorben. An ihrem Grab beichtete er einem

Steinerne Sühne für eine Bluttat: die Felsenkirche

Abt seine Schuld. Dieser gebot ihm, an der Stelle, da man den Leichnam seines Bruders gefunden hatte, zur Sühne seiner Untat mit eigenen Händen eine Kapelle zu errichten. Daran arbeitete Wyrich viele Jahre, von dem Wunsche erfüllt, Gott möge ihm seine Schuld vergeben. Als er den Bau vollendet hatte, entsprang dem Felsen ein Quell, der heute noch fließt. Bei der Einweihung der Kapelle sank Wyrich am Altar tot vor dem Abt nieder. In der Gruft, die er für die Gebeine seines Bruders vor dem Altar gemeißelt hatte, fand er zusammen mit Emich seine letzte Ruhestätte. So weit die Sage.

Leider ist die Kirche eine große Touristenattraktion, die man durch einen künstlichen Felsentunnel erreicht. Am Eingang innerhalb der Kirche wird Eintritt erhoben. Fotoapparate klicken, und es herrscht eine ziemlich oberflächliche Atmosphäre. Da kommt keine Andacht auf. Auch die Felsenquelle, aus der es nur noch müde tropft, hat keine Ausstrahlung mehr.

Ähnlich wie bei anderen zu sehr touristisierten Wallfahrtsorten (zum Beispiel Vierzehnheiligen) ist der ursprüngliche Geist des Ortes verschwunden. Hier in der Felsenkirche ist während der normalen Öffnungszeiten nichts mehr zu spüren. Schön fürs Auge, interessant für den Kopf, aber leer für die Seele. Auch die direkt durch das Tal und den Ort selbst führende Stadtautobahn hat Idar-Oberstein nicht unbedingt atmosphärisch aufgewertet, lediglich verkehrstechnisch angeschlossen. Aber Idar-Oberstein liegt in einem klassischen Wandergebiet des Hunsrück, und so ist es nicht mehr weit zu einer der drei Bergspitzen mit zum Teil großen Ringwällen aus keltischer Zeit.

Das Kloster der Hildegard von Bingen

Hildegard von Bingen war in vielerlei Hinsicht eine ungewöhnliche Frau. Sie gilt als die große Heilige des Rheinlandes und als eine der bedeutendsten Frauen des Mittelalters. Den heutigen Menschen ist sie wohl in erster Linie wegen ihrer immer noch gültigen Kräuter- und Naturheilkunde, der »Hildegard-Medizin«, ein Begriff. Ein Teil dieser Medizin basiert auf der angewandten Edelsteinkunde bei körperlichen Beschwerden, die zurzeit in esoterischen Kreisen sehr aktuell ist.

Bei meinem Besuch in der Abtei St. Hildegard fand ich es denn auch nicht verwunderlich, dass die Monstranz im Allerheiligsten rundherum mit Bergkristallen besetzt war.

Geboren wurde Hildegard von Bingen 1098 in Bermersheim bei Alzey, als Tochter des Edelfreien Hildebert von Bermersheim. Schon als kleines Kind ließ sie ihre

Umgebung durch Worte und Zeichen erkennen, dass sie Dinge sah, die andere nicht wahrnehmen konnten. In ihren Worten: »In meinem dritten Lebensjahr sah ich ein so großes Licht, dass meine Seele erbebte, doch wegen meiner Kindheit konnte ich mich nicht darüber äußern. Bis zu meinem fünfzehnten Lebensjahr sah ich vieles, und manches erzählte ich einfach so, dass die, die es hörten, sich wunderten, woher es käme und von wem es sei.«

Ihre Eltern, denen das Außergewöhnliche ihrer Tochter nicht verborgen blieb, gaben das achtjährige Mädchen zur Erziehung in das Benediktinerkloster Disibodenberg bei Odernheim, das am Zusammenfluss von Glan und Nahe lag. Mit 17 entschied sie sich bewusst für ein Leben im Kloster und legte das klösterliche Gelübde ab. Im Alter von 38 Jahren wurde sie die Äbtissin dieses Klosters, das heute nur noch als Ruine existiert (siehe folgendes Kapitel »Der Disibodenberg«, Seite 162ff.).

Die Visionen der Heiligen

Von Jugend an war Hildegards Gesundheitszustand labil, und viele Jahre ihres Lebens verbrachte sie auf dem Krankenbett, körperlich sehr schwach und dem Tode nahe. Diese körperlichen Leiden sah sie als notwendiges Gegengewicht zu ihrer prophetischen Begabung. Im Jahre 1141 erlebte sie dann ihre erste große Vision, in der sie ein »feuriges Licht mit Blitzesleuchten« durchströmte und aufforderte, aufzuschreiben, was sie sah und hörte. So entstand ihr Erstlingswerk »Scivias – Wisse die Wege«.

Über Bernhard von Clairvaux erfuhr Papst Eugen III. vom Werk und Wirken der Hildegard und erkannte öffentlich auf der Synode von Trier ihre Visionen als »approbierte Privatoffenbarung« an.

Dies gab ihr die Kraft, ihr riesiges Visionswerk innerhalb von zehn Jahren aufzuschreiben und zu vollenden. Thema: Schöpfung, Sündenfall und göttliches Erlösungswerk. Außerdem entstanden ihre naturheilkundlichen Schriften »Physica« (Heilmittel) und »Causae et Curae« (Das Buch von dem Grund und Wesen in der Heilung von Krankheiten). (S. Faber, Hildegard von Bingen)

Das Wirken der Hildegard von Bingen

Sowohl ihre Werke als auch ihre bezeugten Heilungen verbreiteten sich in der europäischen Welt, und Kaiser, Päpste und Gelehrte suchten ihren Rat und korrespondierten mit ihr. In diese Zeit fiel auch die Neugründung eines Benediktinerklosters auf dem Rupertsberg gegenüber der Stadt Bingen, wo sie im Jahre 1150 mit 18 Nonnen einzog. Dieses Kloster, in dem sie bis an ihr Lebensende wirkte und noch weitere Werke schrieb, wurde leider 1632 im Dreißigjährigen Krieg zerstört. Heute steht ein Bürohaus an dieser Stelle, und es existiert nur noch ein Kellergewölbe.

Ein zweites, im Jahre 1165 von ihr gegründetes Kloster in einer verlassenen Augustinerabtei in Eibingen, oberhalb von Rüdesheim, wurde 1802 zur Säkularisation aufgehoben und ging später in den Besitz der Pfarrgemeinde Eibingen über. Diese Pfarrkirche, die 1932 abbrannte und neu aufgebaut wurde, birgt den Schrein mit den Gebeinen der heiligen Hildegard, die im Jahre 1179 mit 82 Jahren nach längerer Krankheit starb. Ihr Tod, den sie voraussah, war von einer wundersamen Lichterscheinung und zwei Wunderheilungen begleitet.

Rechts: Das Stift der heiligen Hildegard von Bingen

Heute noch zu besichtigen ist die neu entstandene Abtei St. Hildegard oberhalb von Rüdesheim, ganz in der Nähe des Niederwalddenkmals.

Bei meinem Besuch an einem Sonntagnachmittag wurde ich von engelsgleichem Gesang der Nonnen in der

Vesper-Messe empfangen und fühlte mich in eine völlig andere Welt versetzt. Die Reinheit der Stimmen und die klare optische und akustische Brillanz des Ortes, dazu die Messe mit der kristallbesetzten Monstranz, haben mich tief beeindruckt.

Der Disibodenberg

Der Mensch existiert gleichsam an einer Wegkreuzung. Sucht er im Licht nach Gottes Heil, so empfängt er dies auch. Hildegard von Bingen

Die Klosterruine Disibodenberg bei Staudernheim westlich von Bad Kreuznach ist besonders an Wochenenden ein viel besuchter Ort. Busparkplatz, kleines Museum und ein Hildegard-Laden mit Büchern, Wein und Vollkornkeksen lassen keinen ruhigen Platz erwarten. Bei meinem ersten Besuch während der Woche war ich eine Stunde ganz alleine auf dem Gelände. Beim zweiten Mal an einem Samstag nur die ersten zwanzig Minuten. Die Erfahrung eines (Kraft-)Platzes kann unterschiedlicher nicht ausfallen. Selbst die körperlich spürbaren Energien sind schwächer und scheinen ebenso zerstreut zu werden wie die Atmosphäre. Drei Busladungen mit Menschen, die einem erklärenden Führer hinterherlaufen, verändern das Energiefeld eines Ortes dramatisch. Es regeneriert sich zwar, aber das dauert eine kleine Weile (nach Blanche Merz mindestens dreißig Minuten). Völlig anders ist es dagegen bei einer Gruppe von Menschen, die in Andacht, im Gebet oder Gesang gemeinsam ausgerichtet sind. Auch das schafft ein eigenes Feld.

Vom ersten Besuch, als ich mit meiner Freundin dort war, hatte ich die Hügelgruppe mit der Klosteranlage als äußerst magischen Platz mit vielen besonderen Stellen in Erinnerung. Beim zweiten Mal war es durch die vielen Menschen (und trübes Wetter) sehr viel ernüchternder. Trotzdem konnte ich Neues und Interessantes entdecken, zum Beispiel einen Weg der Stille bzw. einen Meditationsweg, der unterhalb der Ruine rechts abzweigt. In mehr oder weniger kurzen Abständen stehen Tafeln (teils mit Bank) mit jeweils einem Psalm und einem Spruch von Hildegard von Bingen zu Themen wie Vertrauen, Gericht, Weg, Mensch, Gott etc. Dies lässt einen automatisch innehalten und besinnen:

»Alle Geschöpfe haben Sichtbares und Unsichtbares. Das Sichtbare ist schwach, das Unsichtbare stark und lebendig. Dies sucht der Verstand im Menschen zu erkennen, weil er es nicht sieht. Es sind die Kräfte in den Werken des Heiligen Geistes.«

Abbildungen zum Disibodenberg siehe Farbtafeln

Gerade an dieser Tafel zum Thema »Erkenntnis« spüre ich subtil unsichtbare, aber fühlbare Energien aus dem Untergrund hochsteigen bzw. durch mich hindurchfließen. Ich bin gespannt und neugierig, wie es weitergeht, und werde tatsächlich wieder von etwas Neuem überrascht: einem Labyrinth. Kaum haben wir das Klosterplateau erreicht, liegt es vor uns und windet sich um einen Baum, der der Mittelpunkt und auch das Ziel dieses symbolischen Lebensweges ist. Klar, dass wir es gleich beschreiten. Wir machen beide die Erfahrung, dass das Hineingehen zentrierend wirkt und nachdenklich macht und der Weg zurück befreiend und beschwinglich. Wie ich kurz darauf erfahre, wurde dieses Labyrinth erst kürzlich von amerikanischen Labyrinth-Anhängern erschaffen. Eine schöne Idee, meine ich.

Als Nächstes zieht mich eine Gruppe von drei riesigen Bäumen an, die genau am inneren Eingang zur Abteikirche steht, von der, wie von vielem, nur noch die Grundmauern zu sehen sind. Dieser Platz und der im Chor hinter dem (neuen) Steinaltar war mir damals der liebste. Jetzt sind schon zu viele Leute da, was jedoch auch einen Vorteil hat, denn so erfahre ich in einem Gespräch, was der stärkste Kraftplatz sein soll: die Rasenfläche in der Spitze der Frauenklause neben dem Labyrinth. In dieser Klause hat eventuell die heilige Hildegard gewohnt und vielleicht auch ihre Visionen gehabt bzw. auf mediale Weise ihre ersten Bücher geschrieben. Dass dies der stärkste Platz ist, kann ich nicht bestätigen. Drei andere Plätze tun es mir mehr an:

1. Der Abteibau der Zisterzienser. Diese zauberhaft überwachsene Ruine mit dem doppelt gewölbten Keller ist nicht nur fotogen, sondern auch magisch. Meine Begleiterin Eluan Gazal, Buchautorin und Kennerin von Tempelritualen und Priesterinnenwissen, ist ganz aus dem Häuschen.
2. Die ehemalige Friedhofskapelle, die eine sehr friedlich-harmonische Energie hat,
   und
3. die neue Hildegard-Kapelle am südöstlichen Rand. Auf den ersten Blick modern und hässlich, doch von innen eine Überraschung. Zwei Halbkreise ergeben eine ungewöhnliche Form, aber eine tolle Akustik. Zwei große Fensterwände erlauben unterschiedliche Aussichten: eine ins Leben (auf das Dorf) und eine in die Stille (die Natur, den Fluss). Machen Sie einfach Töne, singen Sie und lassen Sie sich von der Wirkung erfassen. Das ist sehr erbaulich.

Jetzt haben Sie sich in jedem Fall eine Weinprobe, einen Kaffee und ein paar Hildegard-Vollkorn-Dinkelkekse verdient – erhältlich im Hofladen des Weingutes am Eingang.

Für alle, die noch etwas intellektuelle Nahrung brauchen, hier noch ein paar historische Fakten: Der Mönch Disibodus lässt sich um 640 an der hier nachgewiesenen keltischen und später römischen Kultstätte nieder. Zwischen 976 und 1011 veranlasst Erzbischof Williges aus Mainz einen Neuaufbau und setzt zwölf Augustinerchorherren ein. Von 1098 bis 1259 leben die Benediktinerinnen hier und mit ihnen Hildegard von Bingen, die 1106 als achtjähriges Mädchen hierher kommt. Mit 38 Jahren wird sie Äbtissin, schreibt hier *Scivias* und verlässt das Kloster 1150. Im Jahr 1259 übernehmen die Zisterzienser das Kloster und erweitern es unter anderem um einen Abteibau. 1559 wird es säkularisiert und im Dreißigjährigen Krieg verwüstet. Seit 1958 ist es im Besitz der Familie Freiherr von Racknitz.

Keltische und römische Kultstätte

Marienthal

Wenn man auf den Spuren der heiligen Hildegard in Rüdesheim oder am Disibodenberg war, dann sollte man sich auch unbedingt diese Wallfahrtskirche anschauen bzw. sie erleben. Sie ist eine Oase des Friedens und der Heilung, auf die ich durch das Buch *Die Heilkraft der Kirchen* von Manfred Dimde und durch eine Freundin aufmerksam wurde, die regelmäßig hierher fährt.

Marienthal zählt zu den ältesten Wallfahrtsorten in Deutschland. Es liegt in einem idyllischen Tal am sonnigen Südhang des Taunus nahe bei Rüdesheim und gehört zur Ortschaft Geisenheim. Im Jahre 1309 hat ein erblindeter Jäger hier an einem bereits existierenden Marienbild eine wundersame Heilung im Gebet erfahren. Dies sprach sich herum, mehr und mehr Pilger kamen, und es geschahen noch weitere Wunderheilungen. 1313 wurde daraufhin eine erste Kapelle gebaut und 1326 mit dem Bau einer Kirche begonnen, die 1330 von Erzbischof Balduin von Trier eingeweiht wurde. Bis Mitte des 15. Jahrhunderts florierte die Wallfahrt, dann kam sie um 1463 zum Erliegen. 1465 wurde eine Priesterbruderschaft aus Köln hierher berufen und wirkte bis 1550 sehr positiv. Dann übernahmen Augustinerchorherren, später Jesuiten den Ort. 1782, neun Jahre nach Aufhebung des Jesuitenordens, sollte sie abgerissen werden, doch der tödliche Unfall eines Maurers durch ein einstürzendes Gewölbe, der als Fingerzeig Gottes verstanden wurde, verhinderte den Abriss. Die Wallfahrt an der Ruine ging weiter, und aus dem Schutthaufen des eingestürzten Gewölbes wuchs eine prächtige Linde und überdachte das geheimnisvolle Marienheiligtum. 1858 wurde es wieder aufgebaut und eingeweiht. Zuerst sorgten Jesuiten für die Wallfahrt, später Franziskaner, die auch heute noch hier wirken.

Energiestrom im Inneren der Kirche

Das Gnadenbild der »Schmerzhaften Mutter Gottes« ist ein »Vesperbild«, das heißt eine relativ kleine Statue, die heute in einer kostbaren Stele aus Onyx-Marmor und Bronze in der Kirche aufbewahrt wird. Genau dort vor der Stele soll laut Manfred Dimde ein »Ort aufladender Kraft« sein. Ich empfand dies ähnlich, war aber auch von der Energie insgesamt in der Kirche und besonders auf der Mittelachse sehr beeindruckt. Eine Wirkung auf Körper und Gemüt ist unbestreitbar. Ich war um 18.00

Uhr an einem Samstag hier, die Glocken läuteten, und es war relativ dunkel in der Kirche. Nur die Stele und das Kreuz wurden beleuchtet, und die Atmosphäre war sehr dicht. Laut Dimde soll Marienthal sehr wirksam sein bei psychosomatischen Beschwerden mit Symptomen wie Unruhe und Ungeduld, außerdem zur Befreiung von Seelenschmerzen und psychischen Belastungen. Die zahllosen Votivtafeln »Maria hat geholfen« bezeugen die rege Heilkraft und Nutzung dieses Ortes.

Eine wunderbar friedliche und harmonisierende Ausstrahlung hat auch der Kreuzweg, der ein Stück ins Tal hinein- und U-förmig um einen Bach herum führt. In der Mitte rechts neben diesem Bach steht eine Bank. Ich empfehle: hinsetzen und entspannen. Hier kommt man zur Ruhe, hier kommt man zu sich. 10 Meter weiter vor der freundlichen Statue von Christus bekommt man Perspektive, Mut und Kraft, eine gut mit den Energien der Natur arbeitende Anlage! Auch Spaziergänge ins Tal und die Umgebung sind empfehlenswert.

Der Dom zu Worms

Auch Worms hat, ebenso wie die anderen älteren Städte Deutschlands, eine beachtliche Geschichte: Mehr als 5000 Jahre reichen die ersten nachweisbaren Siedlungen zurück. Insbesondere der Hügel, auf dem der heutige Dom steht, könnte als geschichtliche Reliquie bezeichnet werden. Beginnend mit verschiedenen keltischen Völkerschaften, die Worms zum Mittelpunkt eines keltischen Gaues machten, folgten der Germanenstamm der Wangionen und im letzten Jahrhundert vor Christi Geburt die Römer, die hier eine Garnison errichteten. Sie bauten auf dem Domhügel ein Verwaltungszentrum und einen Tempelbezirk.

Mit dem Niedergang des Römischen Reiches ab dem 4. Jahrhundert geriet Worms nun regelmäßig in Schwierigkeiten und kann daher auch als eine der meistzerstörten Städte gelten. Außer Kimbern und Teutonen zogen auch Alemannen, Hunnen und schließlich noch Wandalen brandschatzend über Worms hinweg.

Was dann nachfolgte, ist zum Teil als Sage im berühmten Nibelungenlied verewigt. Kriemhilds und Brunhilds Streit, wem von beiden es zustehe, als Erste den Dom zu betreten, hat hier stattgefunden und zeitigte im weiteren eine grausige Rache-Odyssee. Nachdem durch eine Indiskretion den Gegnern Siegfrieds bekannt wurde, wo seine einzig verletzliche Stelle lag, und es jenen gelang, ihn zu töten, war Kriemhild nicht eher zufrieden, bis mit Hilfe des Hunnenkönigs in einem unglaublichen Blutbad alle erschlagen waren, die in das Komplott verwickelt waren. Harte Zeiten, harte Sitten. Der sagenhafte Nibelungenschatz, den Siegfried sich von den Zwergen durch eine List ergaunerte, muss hier noch irgendwo im Rhein versunken liegen.

Stadt der Kaiser und Reichstage

Zurück zur offiziellen Historie: Es war Königin Brunichildis aus dem Geschlecht der Merowinger, die auf einem ehemaligen römischen Tempel eine fränkische Basilika errichten ließ, der später der heutige Dom folgte. Für Karl den Großen war Worms eine der bevorzugten Städte seines Reiches. Hier feierte er auch seine Hochzeit mit Fastrada. In seiner Nachfolge wurde Worms zur Stadt der Kaiser aus den Häusern der Karolinger, der Sachsen, der Salier, der Hohenstaufen und der Habsburger.

Hier haben 42 Könige und Kaiser Hof- und Reichstage gehalten und 72 Bischöfe regiert. Und hier fand die historische Begegnung von Karl V. und Martin Luther statt, am 17./18. April 1521 auf dem Kaiser- und Bischofsplatz neben dem Dom.

Ein Großteil dieser historischen Ereignisse hat Spuren hinterlassen, die man im Museum der Stadt Worms bewundern kann, das einen Katzensprung vom Dom entfernt im Andreasstift untergebracht ist. Das Andreasstift selbst ist eine romanische Kirche mit Kloster und Kreuzgang und ebenfalls sehenswert.

Der Dombau

Aber nun zum Dom, wie wir ihn heute vorfinden. Der Bauauftrag stammt von Bischof Burchard zu Worms, der im 11. Jahrhundert an Stelle der fränkischen eine kreuzförmige Basilika mit zwei halbrunden Chören (auch Apsis genannt) in Ost-West-Richtung errichten ließ. Die erste Weihe erhielt der St.-Petersdom in Anwesenheit des Kaisers im Jahre 1018. Die folgenden, bei Domen üblichen Zerstörungen, Ab-, An- und Umbauten haben jedoch am Grundriss nicht mehr viel verändert. Erwähnenswert ist die Anfang des 20. Jahrhunderts nachträglich gebaute Gruft, die unter dem Altar im südlichen Seitenschiff die Steinsärge von nahen Angehörigen des Kaisers Konrad II. beherbergt.

Die Gruft ist zwar einerseits eng und düster, hat aber auch etwas sehr Beruhigendes. Als entspannend und zentrierend empfand ich den Platz unter der Kanzel in der Mitte des Doms. Im breiten Gang daneben in Richtung Ein-/Ausgang verläuft eine kribbelig energetisierende Linie.

Der gesamte Dom – der zwar wuchtig, aber im Vergleich zu Mainz und Köln eher unscheinbar zu nennen ist – birgt im Detail, zum Beispiel in verschiedenen uralten Reliefs und auch im angrenzenden Park (Heylshofgarten) mit Stadtmauer, noch vielerlei Sehenswertes,

was den Aufenthalt interessant und abwechslungsreich macht.

Im Umkreis von nur einem Kilometer kann man bequem zu Fuß durch zwei Jahrtausende pilgern; hier liegen der älteste jüdische Friedhof Europas, »Heiliger Sand«, der Siegfriedbrunnen, die Synagoge Rashi-Haus (1034), die Stiftskirche St. Paul mit Achteckkuppel (1016) und St. Martin (12. Jahrhundert).

Geomantisch interessant ist die bereits erwähnte exakte Linie, auf der Worms mit den zwei anderen Kaiserdomen Mainz und Speyer liegt.

Innerhalb der Stadt liegen mit dem Dom vier weitere Kirchen auf einer Geraden, und zwar Liebfrauenkirche, Martinskirche, Magnuskirche und Andreasstift.

Speyer

Zweitausend Jahre ist es her, dass römische Soldaten auf keltischem Siedlungsgebiet eine Militäranlage errichteten, aus der im Laufe der Zeit das heutige Speyer geworden ist. Ähnlich wie Worms hat es in seiner wechselhaften Geschichte viele Ehren, aber auch viele Erniedrigungen und Zerstörungen erfahren. Besonders die Stürme der Völkerwanderung setzten Speyer heftig zu, so die Alemanneneinfälle 275 und 352 n. Chr. Der Domhügel diente bereits den Kelten als Kultplatz und den Römern als Standort für einen Tempel, so die Vermutungen von Historikern. Immerhin hat sich das Christentum hier schon frühzeitig 346 n. Chr. mit einem Bischof etablieren können.

Links: Der Wormser Dom

Im 6. und 7. Jahrhundert entstanden die ersten Kirchenbauten und Klöster (St. German). Die älteste Domkirche stand bereits 665, und um 800 liegt der Beginn des karolingischen Dombaus. Im Jahre 838 fand hier der erste von insgesamt fünfzig in Speyer abgehaltenen Reichstagen statt.

Die Wahl des aus dem Speyergau stammenden Saliers Konrad II. zum deutschen Kaiser im Jahre 1024 rückte Stadt und Bistum endgültig in den Mittelpunkt der Reichspolitik. In diese Zeit fällt auch die Grundsteinlegung zum Neubau der Domkirche. Domweihe war 1061, und bei Fertigstellung des Doms 1111 galt er bereits wegen seiner Größe und Bedeutung als einer der wichtigsten unter den romanischen Bauten in Deutschland. Auch heute ist die Domkirche noch die größte Kathedrale Europas. Acht deutsche Kaiser und Könige und vier Königinnen liegen in ihrer Kaisergruft begraben.

Die an die Kaisergruft anschließende Krypta ist die größte in Deutschland. Leider waren während meines Besuches in Speyer gerade Filmaufnahmen, und die Krypta konnte nur von der Tür aus begutachtet werden. Überall liefen Komparsen in Mönchskutten herum und versetzten mich stimmungsmäßig zurück ins Mittelalter.

Die Krypta wurde als reine Hallenkrypta konzipiert und zerfällt in vier Hauptabteilungen mit drei mal drei quadratischen Kreuzgewölben. Die Scheidbögen ruhen auf mächtigen Pfeilern, und die Würfelkapitelle sind von klassischer Form. Sieben Altarnischen besitzt die Krypta, und sechs Meter ist sie hoch.

Eine Besonderheit scheint mir das alte Taufbecken mit dem Schacht zu sein, der acht Meter tief bis zum Grundwasser hinunterreicht. Wie der Domführer mir erklärte, seien damals zu diesem Zwecke extra Rohre dorthin gelegt worden, da für die Taufe frisches und reines Wasser benötigt wurde.

Der Dom zu Speyer

Die heutige Taufkapelle befindet sich rechter Hand in der Doppelkapelle St. Emmeram und Katharina. Hier fühlte ich mich am wohlsten, ohne das genau begründen zu können. Der Dom selbst wirkt durch seine riesigen Dimensionen (134 mal 58 Meter), ist jedoch von seiner Ausstattung her sehr schlicht; nichts, was das Auge ablenkt, außer viele Touristen. Angenehmer ist es im anschließenden englischen Park, der bis zum Rhein hinunterführt.

Das Zentrum der Stadt Speyer liegt auf einer Landzunge, mit der sich die Niederterrasse des linken Rheinufers vorschiebt. Der Dom steht am Ostende der Stadt und ist das am weitesten auf die Spitze der Landzunge vorgeschobene Gebäude. Auf der Nordflanke befindet sich das Kloster St. Magdalena. Alle Straßen der Stadt gehen seit der Errichtung des Domes fächerförmig von seiner Westseite aus.

Zuvor war die große Pfaffengasse die Verbindung vom Stadtkern zum Stift St. German vor den Mauern. Mit dem Dom wurde die Hauptstraße als Via Triumphalis angelegt. Auf ihr fanden die feierlichen Einzüge der deutschen Kaiser und der neu ernannten Bischöfe statt. Die Dom-Immunität wird zur Stadt hin durch den »Domnapf« gekennzeichnet, der seit 1314 vor dem Hauptportal steht. Beim festlichen Empfang eines neu geweihten Bischofs wurde er mit Wein gefüllt, der an die Bevölkerung ausgeschenkt wurde.

Dreifaltigkeitskirche

Wer einen Ort der Kraft sucht, der auch ein Ort der Stille und der Ruhe ist, dem empfehle ich, die nahe gelegene Dreifaltigkeitskirche in der Großen Himmelsgasse zu besuchen. Dieses nach dem Vorbild der Frankfurter Katharinenkirche 1701 bis 1707 erbaute Gotteshaus besitzt noch die Originalausstattung.

Eine wunderbare Stille und der Geruch von Holz empfingen mich beim Betreten der Kirche. Ich hatte sogleich das Gefühl, in einem wirklich sakralen Raum zu sein, und wurde auf Anhieb ganz ruhig. Die überall vorherrschenden Holzschnitzereien, zum Beispiel am Altar und an der Kanzel, vermitteln den Eindruck von antiken, organisch gewachsenen Elementen. Die Deckenkonstruktion und die zwischen den Kreuzrippen über die gesamte Deckenfläche angebrachten riesigen Gemälde laden dazu ein, sich rücklings auf einer Bank auszustrecken, um sich so bequemer den »himmlischen Welten« und christlichen Szenen hingeben zu können. Ich war längere Zeit alleine, und als Touristen kamen, fiel mir auf, dass auch sie schlagartig still wurden und sich nur noch flüsternd äußerten. Nach einer halben Stunde verließ ich die Kirche anders, als ich sie betreten hatte.

Judenbad

Ein historisches Kleinod, das man nicht verpassen sollte, ist das Judenbad mit dem Judenhof, einige hundert Meter südwestlich des Doms. Seit dem Ende des 11. Jahrhunderts waren die Juden in Speyer angesiedelt worden, und so entstand mit einer Synagoge auch die Anlage eines rituellen Kaltbades.

Die Juden sind ein Volk, das aus seiner tiefen Religiosität heraus ein Gefühl für die Beziehung zwischen kosmischen und irdischen Energien entwickelt hatte und dies besonders bei dem Bau seiner rituellen Bäder und der Synagogen berücksichtigte. Da den Juden selbst nicht erlaubt war zu bauen, wird angenommen, dass Werkleute der Dombauhütte nach Fertigstellung der Speyrer Kathedrale von Bischof oder Kaiser mit der Errichtung des Bades beauftragt wurden.

Gemäß den mosaischen Vorschriften mussten sich jüdische Frauen und Männer nach gewissen Zeiten der Unreinheit rituellen Waschungen unterziehen. Zu diesem Zwecke war das Untertauchen in »lebendigem«, zusammengeflossenen (also nicht hinzugetragenen) Wasser vorgeschrieben. Im alten Palästina boten sich für solche Reinigungen die natürlichen Gewässer, Meer und Flüsse an; in den beengten jüdischen Wohnquartieren des Mittelalters jedoch blieb nur, sich zur Erfüllung des kultischen Gebotes des Grundwassers zu bedienen, das allerdings zumeist nur mit aufwändigen Tiefbauten und brunnenähnlichen, senkrechten Schächten zu erschließen war.

Genau das ist hier geschehen und noch erhalten. Betritt man diesen original mittelalterlichen Bereich, muss man sich nur noch die Scheinwerfer gegen Fackeln und Kerzen ausgetauscht denken, um ganz in einer magischen Atmosphäre versinken zu können. Schade, dass ich nicht auch in das Wasser eintauchen konnte, denn es ist glasklar, und ich war vom Anblick wie gebannt. Mir wurde kurz schwindelig, und ich trat einen Schritt von der grünlich leuchtenden Wasserfläche zurück. Ich erinnerte mich, dass ich vor zehn Jahren, als ich als Statist in einem Film in der Tracht eines Rabbi in einer Synagoge beten musste, ohne ersichtlichen Grund in Ohnmacht fiel, das bisher einzige Mal in meinem Leben. Ob ich einmal Jude war in einem anderen Leben?

Ich taumelte ans Tageslicht zurück und setzte mich in den Schatten, an die Wand der alten Synagoge, auf einen Mauervorsprung. Sogleich fühlte ich mich ganz anders: Hier fließt Energie, und ich kam zu mir. Als ich den Aufseher befragte, erfuhr ich, dass ich genau in der Apsis der Männersynagoge gesessen hatte, von der nur noch diese eine Mauer steht.

Zur geomantischen Situation von Speyer sei noch gesagt, dass die Verlängerung der Hauptachse des Doms genau durch das Stadttor führt, im weiteren durch die Kirchen von Dudenhofen und Hahnhofen und über eine alte Kreuzung bis hin zum höchsten Berg in der Region, dem Kalmit.

Die Walterichskirche von Murrhardt

Das kleine Städtchen Murrhardt in der Schwäbischen Alb birgt ein geomantisch und historisch interessantes Kleinod: die Walterichskirche.

Auf einem kleinen Hügel oberhalb der Stadt inmitten des Friedhofs hat hier um 800, zur Zeit Karls des Großen, der Einsiedler Walterich gelebt. Walterich suchte sich diesen Platz sicherlich nicht zufällig aus, stand doch,

Oben: Hünenbett, Everstorfer Forst. ***Unten:*** Hünen-»Backofen«, Everstorfer Forst.
Vorhergehende Seite: Der Alte vom Berg, Kästeklippe im Harz.

Oben: Kellersteine, Visbeck/Wildenhausen. *Unten:* Räuberhöhle Idstedt, im Inneren des Dolmen.

Oben: Der Alatsee, ein geheimnisvolles Juwel. ***Unten:*** Ein Regenbogen über dem Kultplatz am Auerberg. ***Rechts:*** So mancher Baum bezeichnet einen Kraftort.

Battert, Baden-Baden.

Auch die Farbsetzung ist nicht zufällig gewählt: das Freiburger Münster.

Folgende Doppelseite
Links: Seltene Baumverschmelzung (bei Idstedt).
Rechts: Der Treppenstein im Harz.

Ein Ort der Besinnung und Andacht: Simeonsstift, Trier.

Vorhergehende Doppelseite
Steintanz bei Boitin.

Urdolmen bei Rerik.

Oben: Versteckt zwischen Touristenrummel und Verkehrslärm: die Mithrasquelle, Saalburg. *Unten:* Wasser hat reinigende und heilende Kräfte: Rudolf-Steiner-Anlage. *Links:* Die Mariengrotte bei Burg Falkenstein: ein starker kontemplativer Platz.

Oben: Die Rosstrappe bei Thale. ***Unten:*** Megalithanlage Kleinenkneten. ***Rechts:*** Bastei, bizarre Felsformationen.

Oben: Meditation auf einem Hügelgrab. ***Unten:*** Felsskulpturen an den Externsteinen. ***Links:*** Wasser kann Kraft und Frieden spenden. ***Folgende Doppelseite:*** Einst ein beliebter Hexentanzplatz: das Walberla.

Oben: Burg Regenstein – ein vielseitiger Kraftplatz. ***Links:*** Das Barbarossadenkmal am Kyffhäuser.

Folgende Doppelseite
Links: Die Tannhäuserhöhle am Hörselberg.
Rechts: Geheimnisvolle Waldstimmung beim Druidenstein.

Der Stein gewordene Traum eines großen Esoterikers: Neuschwanstein.

Vorhergehende Doppelseite
Links: Urdolmen von Lehmsiek.
Rechts: Liquid Sound Tempel, Bad Sulza.

Neuschwanstein: Blick aus dem Thronsaal.

Oben: Hünengrab, Karlsminden. ***Unten:*** Kultplatz mit Höhle und Opferstein bei der Ruine Wildenberg.

Oben: Labyrinth, Disibodenberg. **Unten:** Die Klosterruine Disibodenberg. **Folgende Seite:** Sarkophag bei den Externsteinen.

Mithras-heiligtum und Ein-siedelei

wie man 1963 bei Ausgrabungen feststellte, just an dieser Stelle, und zwar genau im Bereich des Chors (Turm), ein römischer Tempel, der dem Sonnengott Mithras geweiht war. Wie man bei der Neugestaltung des kleinen Stadtparks jetzt feststellte, entspringt unterhalb des Hügels eine Quelle. Also gab es hier vielleicht sogar ein Quellheiligtum.

Walterich soll oft auf einer alten Steinplatte gesessen und von da aus gelehrt und Kranke geheilt haben. Die Platte, aus römischer Zeit stammend, wurde später zu seiner Grabplatte verarbeitet. Seither zieht sie – besonders am Karfreitag – viele Wallfahrer an, die sich von ihr Heilung und Segnung erwarten.

Diese Wallfahrt zum hiesigen Lokalheiligen war in mancher Hinsicht ungewöhnlich: Sie geschah nachts (von Gründonnerstag auf Karfreitag) und schweigend und endete, nachdem sich die Wallfahrer – auf der Grabplatte liegend – »aufgeladen« hatten, feuchtfröhlich in den Gasthäusern von Murrhardt.

Um die Wunderkräfte des Heiligen, welche die Gläubigen jahrhundertelang aus dem Stein schöpften, den Pilgern zu erhalten und dem Kirchlein den Zulauf und die damit verbundenen Opfergaben, wurde im Jahre 1612 aus Teilen der Grabplatte ein Opferstock gefertigt und neben dem Haupteingang in die Wand eingemauert. So wurde der »Aberglaube« aus der Kirche herausverlegt und in den Opferstock kanalisiert. Damit die »Kräfte« gut in den Körper des Pilgers eindringen können, muss jeder, der sein Scherflein in den Kasten wirft, seinen ganzen Arm tief in die Wandöffnung stecken. Interessanterweise wird diese Stelle von Einheimischen auch als »Wunschstein« bezeichnet, wie mir eine alte Frau geheimnisvoll zuflüsterte.

Die Walterichskirche mit dem »Wunschstein«

Am Fuße des Hügels liegt das ehemalige Kloster mit der Kloster- beziehungsweise Stadtkirche. Es wurde von Kaiser Ludwig dem Frommen für Walterich gestiftet, der ihm hier auf der Flucht vor seinen Söhnen begegnet ist. Walterich wurde der erste Abt. Ihm zu Ehren wurde an der Nordseite der Klosterkirche im Jahre 1220 die Walterichskapelle erbaut, die heute als Kleinod spätromanischer Baukunst gilt. Das symbolträchtige, original erhaltene Eingangsportal wurde von dem engagierten Stadtarchivar und Museumsbesitzer Carl Schweizer bei der vor einigen Jahren durchgeführten Renovierung »gerettet« und ist im privaten Museum nebenan wiederaufgebaut worden. Herr Schweizer versteht es gut und gerne, die subtile romanische Symbolik der Walterichskapelle und der verschiedenen römischen Fundstücke in der Walterichskirche zu erklären. Sein originelles Museum ist von Ostern bis Ende Oktober geöffnet.

Energetische Ströme an Kirche und Friedhof

Die energetische Situation auf dem Friedhof und um die Walterichskirche hat mich einige Stunden beschäftigt. Auf den ersten Blick fallen die ungewöhnlichen, zum Teil bis zur Spitze von Efeu umrankten Bäume auf. Eine Allee von alten Bäumen auf dem oberen Friedhof weist in gerader Linie auf die alte Pforte des unteren Friedhofs, die Kirche und die Stadtkirche (Leyline?!). Eine andere Linie scheint den Bäumen nach durch das südliche Friedhofstor zu kommen. Links von der Kirche stehen drei große Fichten und ein efeuüberwucherter Baumstumpf mit altem Grabstein, in dem Ameisen hausen. Ameisenhügel stehen nach geomantischem Erfahrungswissen immer auf Strahlungskreuzungen; deutlich zu erkennen auch die Ameisenstraßen.

An dieser Stelle ist es sehr kribbelig, auf der Bank zwei Meter daneben unter den Fichten energetisch wieder angenehm ruhig – im Gegensatz zur städtischen Geräuschkulisse.

An der linken Ecke des Turmes, am ehemaligen Kopfende des Mithrasheiligtums, befindet sich die zu Wallfahrten geöffnete Ölberg-Darstellung, eine bunte Holzskulptur aus dem Jahre 1530. Auch hier oder gerade hier ist eine feine Energie spürbar, laut Kraftortmusiker Shanti-Prem der »stärkste Platz«.

Das Freiburger Münster

Für viele ist Freiburg der esoterische Mittelpunkt Süddeutschlands und nach der kürzlich verstorbenen Heilerin Dina Rees ein Kreuzungspunkt vieler Leylines. Im Zentrum Freiburgs steht das Münster, das als wichtigstes Bauwerk am südlichen Oberrhein gilt und als »schönster Turm der Christenheit« im offiziellen Führer zitiert wird. Ob er der schönste ist, kann ich nicht sagen, aber energetisch scheint er tatsächlich einiges zu bündeln und abzustrahlen.

Der um 1200 begonnene romanische Kirchenbau, von dem noch das Querhaus, die Vierung und die Hahnentürme zeugen, wurde ab 1260 im gotischen Stil weitergebaut, 300 Jahre später vollendet und 1513 an Maria Himmelfahrt »Unserer Lieben Frau« geweiht.

Normalerweise befindet sich unter dem 115 Meter hohen Einturm auch der Eingang, der jedoch jetzt durch ein schmiedeeisernes Tor abgeriegelt ist. Man kann aber von innen in diesen wunderbaren Vorraum unter den Turm gelangen, sich dort auf steinernen Stufen niederlassen und über den Skulpturenzyklus um das Tor meditieren, der zusammenfassend das ganze Gedankengut des Christentums darstellt. Auch sonst gehört dieser Ort zu einem der energiereichsten Plätze im Münster.

Betritt man dann entsprechend eingestimmt das relativ dunkle Münster, empfängt den Eintretenden eine sakrale Atmosphäre, deren Stille sich selbst Touristen flüsternd anpassen. Vielen, so auch mir, verschlägt es erst einmal die Sprache, und man setzt sich irgendwo hin, um diese Ruhe bewusst einzuatmen. Das gilt auch für die wunderbaren Glasfensterdarstellungen, die den ganzen Raum in eine mystische Dämmerung tauchen. Besonders intensiv die zwei Rosetten rechts und links vom Turm.

Wenn man wie ich das Glück hat, allein in den sehr viel helleren Chorumgang eingelassen zu werden, kann man zusätzlich die Erfahrung machen, wie sakrale Architektur wirkt. Die beiden Seitengänge ins heilige Zentrum weisen deutlich spürbar eine Energiewand auf, die zu durchschreiten nur den Priestern oder mit Touristen-

Die Severinskapelle, ein stiller Kraftort

führung möglich ist. Es ist wie eine elektromagnetische Wand, die alle Zellen »elektrifiziert«. Interessanterweise befindet sich neben dem rechten Choreingang ein Taufbecken mit fließendem Wasser, das ebenso wie der Springbrunnen mit der Marienstatue hinter dem Altar (im Chorrundgang) ursprünglich aus Quellen gespeist wurde. Es ist also gut denkbar, dass auch hier unter der Kirche mit Wasser Energiefelder aufgebaut und kanalisiert wurden.

Die Severinskapelle bei Denzlingen

Als Geheimtip unter Freiburgern gilt eine kleine Kapellenruine auf einem bewaldeten Hügelchen bei Denzlingen. Obwohl wir an einem Sonntagnachmittag bei schönstem Wetter von einer Gastwirtschaft am Fuße des Mauracher Berges in zehn Minuten aufstiegen, trafen wir dort keinen einzigen Menschen an.

Die 1497 erbaute Kapelle, von der nur noch die Außenmauer und der Altarstein stehen, hatte wahrscheinlich 500 Jahre zuvor ein Vorgängerkirchlein. Radiästheten haben hier durch die beiden Torbögen laufende Kraftlinien entdeckt. Ein Feuerplatz daneben weist darauf hin, dass auch andere Leute genau diesen Platz sehr anziehend fanden. Eine schöne alte Eiche und eine Hainbuche mit markanten Astzusammenwüchsen stehen direkt neben dem Kirchlein. Der Vorplatz wurde von weiteren Hainbuchen und Eichen zu einem Naturtempel gestaltet, dessen Zentrum sozusagen die Kapelle bildet. Ein wirklich schönes Plätzchen.

Nürnberg

Angeregt durch eine sehr ausführliche Beschreibung des Stadtarchivars über die vielen alten Kirchen der Altstadt von Nürnberg, fiel mir beim Betrachten der Karte auf, dass die meisten dieser Bauten sich auf geraden Linien aufreihen. Mit einem Lineal lassen sich spielend die Kaiserburg, St. Sebald, der Hauptmarkt, St. Lorenz und St. Klara miteinander verbinden. Parallel dazu zieht sich eine gerade Linie von der Kaiserburg über das Rathaus und die Frauenkirche zu St. Martha.

Aber das ist noch lange nicht alles: Quer dazu verlaufen zwei weitere Linien, die beide als Mittelpunkt den Hauptmarkt mit der Frauenkirche haben, und zwar von St. Jakob zur Egidienkirche und von St. Sebald zu St. Katharina.

Solchermaßen neugierig geworden, machte ich mich mit einem Radiästhesisten auf den Weg, um zu erkunden, ob sich auch vor Ort eine energetische Verbindung ausmachen ließe. Zuerst gelangten wir zur zweitältesten Stadtkirche, St. Lorenz, die zwischen einem »Tugendbrunnen« und einem »Teufelsbrunnen« steht.

Die Altstadt Nürnbergs barg innerhalb ihrer noch erhaltenen Stadtmauer im Mittelalter mehr als 100 Brunnen, sie beherbergte unter anderem Albrecht Dürer und viele Kaiser und Könige. Dürers Haus und ein nach ihm benannter Brunnen zeugen davon.

Nach dem 1356 zu Nürnberg vom Reichstag angenommenen Grundgesetz des Heiligen Römischen Reiches deutscher Nation hatte jeder Kaiser hier seinen ersten Reichstag abzuhalten. Beginnend mit dem Salier Heinrich III. im Jahre 1050, haben bis 1915 alle Kaiser Nürnberg die Ehre erwiesen und die Kaiserburg auf einem Hügel im Norden der Altstadt mit höfischem Leben erfüllt. Durch seine geografisch günstige Lage im Schnittpunkt wichtiger Fernstraßen hat sich Nürnberg zur Handelsstadt und später auch zur Künstlerstadt entwickelt und zieht heute viele Touristen an.

Die Kirchen

Aber zurück zur Lorenzkirche. Die Innenarchitektur, das auffallende Kreuzrippengewölbe mit den unzähligen, symbolisch sehr aufschlussreichen Schlusssteinen und die Lage im Stadtbild deuten auf einen wohl konzipierten Sakralbau hin. Der mich begleitende Radiästhesist fand auch einiges, war aber insgesamt etwas enttäuscht, weil Umbauten, Renovierungen und vor allem die unterirdische Elektrifizierung das geomantische Gesamtgefüge doch erheblich geschwächt haben.

Der stärkste Platz lag offensichtlich drei bis vier Meter hinter dem Chorschwellenaltar unter dem Schlussstein mit dem Sonnensymbol. Dort kreuzen sich Hartmann- und Currynetzgitter, und dort soll auch eine drei Meter breite Leyline verlaufen. Es ist in der Tat ein guter Platz, und sicherlich hat der Altar früher einmal hier gestanden. Einige Meter davor, auf der dort eingelassenen Bodenplatte, kribbelt es plötzlich, wie wenn man auf Strom stünde. Tatsächlich war es Strom, elektrischer, wie sich später herausstellte, denn darunter liegt ein unterirdischer Verteiler.

Die Frauenkirche

Unser nächstes Ziel war die Frauenkirche mit dem Wochenmarkt, dem zentralen Platz in Nürnberg. Die Mitte des 14. Jahrhunderts als kaiserliche Palastkapelle erbaute Einraumkirche ist nicht sehr groß. Fünf »Reizstreifen« bilden im Vorraum eine kleine Hemmschwelle. Ich setzte mich intuitiv genau in die Mitte des quadratischen Kirchenraumes und fühlte mich da auch sehr wohl. Zur Überraschung meines Radiästhesisten saß ich damit auch genau im energetischen Mittelpunkt der Kirche, der hier, mitten unter den Bänken fürs Volk, sehr unüblich platziert ist. Aber vielleicht war dies ursprünglich der Platz des Kaisers. Auch hier wieder die gleiche Leyline, die außen in Richtung Rathaus weiterläuft.

Hort der Reichskleinodien

Die Frauenkirche war übrigens der Aufbewahrungsort der Heiligtümer und Kleinodien des Heiligen Römischen Reiches, für die das reich geschmückte Michaelschörlein über der Vorhalle geschaffen wurde. Sein Filigrangiebel, ein Werk Adam Kraffts, enthält das berühmte »Männleinlaufen«, bei dem täglich zur Mittagszeit die sieben Kurfürsten Kaiser Karl IV. huldigen. Zur Ausstattung gehören außerdem zwei Epitaphe von Adam Krafft und der berühmte »Tucheraltar«, das Werk eines unbekannten Meisters. Bemerkens- und sehenswert ist noch der »Schöne Brunnen« in der Nordwestecke des Marktes, da er die Statuen der jüdischen, heidnischen und christlichen Helden, der Propheten, Evangelisten und Kirchenväter in einem anmutigen Kunstwerk vereint.

Rechts: Nürnberger Wochenmarkt mit der Frauenkirche

Rechts: Sankt Sebald, Nürnberg

Folgen wir der Leyline nach Norden, so führt sie über das Rathaus genau an Nürnbergs ältester Kirche St. Sebald vorbei, die auf ein um 1050 entstandenes Holzkirchlein zurückgeht. Sie war Mittelpunkt einer ersten Christengemeinde, die der Stadtpatron (Stadtheilige) Sebaldus selbst gegründet hat. Die Herkunft dieses Kirchengründers liegt im Dunkeln: Wahrscheinlich war es ein Bamberger Domkapitular, der im Auftrag seines Bischofs – im Zuge der damaligen großen Reform von Cluny – die recht unwirtlichen und ursprünglichen Gegenden an der unteren Pegnitz zu missionieren hatte. Sein Schaffen muss sehr fruchtbar und seine Beliebtheit in der Gemeinde recht groß gewesen sein. Man hat ihm größere Wunder zugeschrieben, als sie das Neue Testament selbst von Jesus erzählt.

So lag es nahe, die 1256 geweihte staufisch-romanische Pfeilerbasilika dem heiligen Sebald zu widmen. Die offizielle Heiligsprechung erfolgte zwar erst 1425, aber seine Gebeine wurden schon vorher als Reliquie hier aufgebahrt. Der berühmte Schrein des Sebaldus, der von 1508 bis 1519 von Peter Vischer und seinen Söhnen gegossen wurde, ist nicht nur ein sehenswertes Kunstwerk, sondern steht auch an einem zentralen, stark radial ausstrahlenden Platz. Ob diese Kraft aus der Erde oder von der Reliquie kommt, konnte der Radiästhesist nicht eindeutig feststellen. Mir fiel jedoch der starke Strahl oder Sog zwischen der Reliquie und dem Altarkreuz auf, das mit großen, klaren Bergkristallen ausgelegt ist.

Altötting

Die Wallfahrtsstätte des bayerischen Nationalheiligtums Altötting, auf etwa halbem Weg zwischen Rosenheim und Passau nahe am Inn gelegen, ist eine der ältesten Kirchen Deutschlands. Der heilig gesprochene Missionsbischof Rupert von Salzburg soll hier Anfang des 8. Jahrhunderts einen Tempel, der den sieben Planetengöttern geweiht war, in eine christliche Kirche umgewandelt haben. Um 750 hatten die Herzöge aus dem Hause der Agilolfinger hier eine Pfalz. Mit ihrem Sturz durch Karl den Großen fiel Altötting samt Herzogtum Bayern an die Karolinger. König Karlmann, der hier beigesetzt ist, stiftete 877 ein Kloster und übergab ihm einen Reliquienschatz.

Wallfahrtskirche und Kultstätte

Der kleine Zentralbau der Gnadenkapelle aus dem achten Jahrhundert auf der »Grünen Matte« des weiträumigen Kapellenplatzes gehörte zur Pfalz – entweder als Taufkapelle oder als Nachbildung des Heiligen Grabes in Jerusalem. Diese kleine Kapelle ist täglich magnetischer Anziehungspunkt Hunderter von Wallfahrern. Der Umgang der Kapelle ist mit Votivtafeln, die zahllose »Wunder« bestätigen, geradezu gepflastert. Ununterbrochen bringen Pilger Holzkreuze und Kerzenopfer dar, und das Kirchlein ist fast immer voll besetzt.

Die kultische Verehrung der hier stehenden Schwarzen Madonna erzeugt eine nie abreißende andachtsvolle Atmosphäre, in der man regelrecht erhoben und »geschoben« wird.

Die Wallfahrtskirche in Altötting ist von Jörg Purner systematisch auf Erdstrahlungsphänomene untersucht worden, es ergab sich eine signifikante Strahlenkonzentration im kleinen Rundbau (siehe Abbildung).

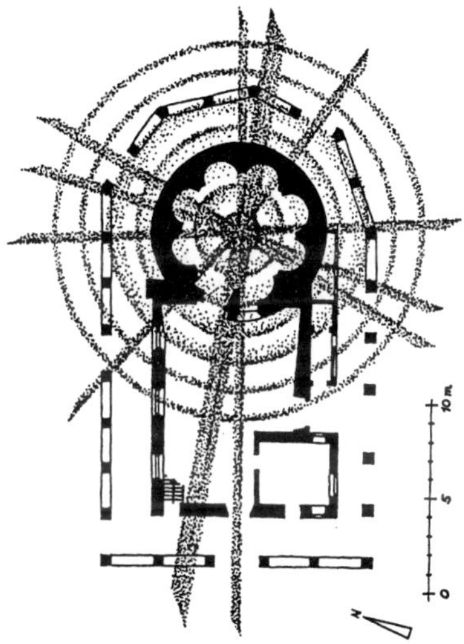

Das Bauwerk ist aus radiästhetischer Sicht durch ringförmige Strukturelemente geprägt, die auf ein als »blinde Quelle« bezeichnetes Phänomen zurückgeführt werden und die vielfach auch das »immaterielle Grundgerüst« prähistorischer Kultplätze darstellen. Im Zentrum dieses »Quellpunktes« kreuzen sich zahlreiche positive Reaktionszonen, wobei eine »primäre Globallinie« durch die Achse verläuft.

(Aus: J. Purner, Radiästhesie – Ein Weg zum Licht? M & T Verlag, Astrotera, Zürich/Chur 1988.)

Auch unsere Vorfahren scheinen das gewusst zu haben, denn Grabfunde aus der Urnenfelderzeit im Norden der Stadt und bajuwarische Reihengräber im Süden begrenzen einen Platz, der als möglicher Kultort prädestiniert ist. Die fast quadratische Form des alten Kapellenplatzes mit seiner hölzernen Umfriedung und der in der Mitte stehenden Linde verweist entweder auf einen altgermanischen Thingplatz oder auf eine Keltenschanze. (W. Brugger/A. Kunzmann, Altötting)

Die Zahl und Häufigkeit der »hohen Besuche« an der Gnadenstätte ist enorm. Päpste und Kardinäle, Bischöfe, Pröpste und Äbte kamen ebenso nach Altötting wie Kaiser, Könige und Kurfürsten. Zehn bayerische Regenten, elf fürstliche Frauen und fünf Bischöfe ließen ihre Herzen hier beisetzen. Der Glaube an die so reichlich be-

Altötting mit der Wallfahrtskirche

zeugte Wundertätigkeit der Muttergottes zog sie alle in das Energiefeld dieser berühmten Wallfahrtsstätte. Damals und heute gibt man sich hier buchstäblich die Klinke in die Hand. Letzter Höhepunkt war wohl die Anwesenheit von Johannes Paul II. im November 1980 mit insgesamt 60 000 Pilgern. Man bedenke, dass stehend höchstens 50 Menschen in dem kleinen Kapellchen Platz haben.

An keinem anderen Wallfahrtsort in Deutschland ist mir bisher eine so gläubige Andacht begegnet wie in dieser kleinen Kirche. Hier wird jeder Tourist still und ehrfürchtig, und auch ich konnte mich dem energetischen Schauer dieses Ortes nicht entziehen. Die stärkste Energiekonzentration befindet sich zwei bis drei Meter vor der Schwarzen Madonna.

Nebenbei fiel mir noch eine interessante Anlage in der Nähe auf: Hinter der großen Stiftskirche wurde ein moderner Kreuzweg angelegt, der um sechs kleine Wassersprudel zum ebenfalls modern gestalteten Christuskreuz führt, das wiederum von sieben kleinen Sprudeln eingerahmt wird. Eine Anlage, die nicht nur künstlich und künstlerisch, sondern anscheinend auch wohlwissend nach geomantischen Gesetzmäßigkeiten gestaltet ist, denn vor jedem der Kreuze, besonders dem letzten, halten die Pilger zum Gebet inne.

Die tausendjährige Linde der seligen Edigna von Puch

Ganz in der Nähe von Fürstenfeldbruck gibt es ein kleines Dorf namens Puch, das aus zweierlei Gründen historische Bedeutung erhalten hat.

Zum einen soll hier angeblich Kaiser Ludwig der Bayer im Jahre 1347 bei der Bärenjagd auf dem nach ihm benannten Kaiseranger in den Armen eines Bauern verstorben sein. Die Kaisersäule neben der B 2 aus dem Jahre 1808 zeugt davon.

Die tausendjährige Linde

Der zweite Grund liegt in der Legende der seligen Edigna von Puch, die der Überlieferung zufolge 35 Jahre in der heute noch stehenden tausendjährigen Linde gelebt und gewirkt haben soll. Sie gilt als Tochter des französischen Königs Heinrich I., der sie gegen ihr Gelöbnis der Ehelosigkeit zur Heirat zwingen wollte. Sie floh dar-

aufhin gen Osten, geriet in Not und wurde von einem Schutzengel in Gestalt eines Bauern mit Ochsengespann, Hahn und Glocke gerettet. Dieses Ochsengespann brachte sie nach Puch, wo der Hahn zu krähen und die Glocke zu läuten begann. Sie nahm dies als göttliches Zeichen und wählte eine hohle Linde neben einer kleinen romanischen Kirche als Behausung und lebte dort als Einsiedlerin und Wundertäterin.

Links: Die tausendjährige Linde, Wohnstätte der seligen Edigna

Die Verehrung der seligen Edigna, die noch heute zur Wiederauffindung verlorener und gestohlener Gegenstände oder gegen Viehseuchen angerufen wird, ist an den vielen erhaltenen Votivtafeln der kleinen St.-Sebastianskirche sichtbar. Auch Wallfahrten zu dieser bayerischen Ortsheiligen sind heute noch üblich.

Es kann angenommen werden, dass an einem solchen Ort, an dem eine Heilige unter so extremen Bedingungen gelebt hat, besondere energetische Verhältnisse herrschen. Kelten und Römer haben übrigens auch schon in Puch gesiedelt, und es gibt eine auffällige Häufung von Keltenschanzen und einen Opferstein in unmittelbarer Nähe.

Frauenchiemsee

Im nordwestlichen Chiemsee liegen drei Inseln: Herrenwörth, Frauenwörth und die Krautinsel. Auf der größten Insel haben stets, wie der Name schon verrät, die Männer den Ton angegeben, allen voran die Augustinerchorherren mit ihrem repräsentativen Stift und Märchenkönig Ludwig II. mit seinem prunkvollen Traumschloss. Für ihn war Herrenchiemsee seine Insel Avalon.

Mich interessierte jedoch mehr die »Fraueninsel«.

Nachweislich haben sich schon seit der jüngeren Steinzeit die Menschen hier wohl gefühlt, unter anderem haben auch Kelten und Römer ihre Spuren auf der Insel hinterlassen.

Erstes christliches Wirken ist ab dem neunten Jahrhundert sichtbar. Vermutlich hat König Ludwig der Deutsche für seine Tochter Irmengard hier das erste Kloster errichtet. Von diesem blieb nur der Torbau mit der ehemaligen Michaelskapelle nördlich vom Münster erhalten.

Frauenchiemsee verkörpert das mühsame Werk der Nonnen, die sich selbst durch die Säkularisation nicht verdrängen ließen. Sie waren immer Arbeitgeber für viele Menschen aus der Umgebung und unterhalten heute noch eine Klosterschule.

Zu den berühmtesten Friedhöfen Bayerns zählt jener im Schatten des Münsterturmes. Er ist nicht groß und glänzt weder durch gärtnerische noch künstlerische Besonderheiten, dennoch übt er auf den Besucher einen starken, zur Besinnung und Betrachtung anregenden Reiz aus.

Auf dem höchsten Platz dieser kleinen Insel, die man leicht in einem einstündigen Spaziergang erfassen kann, wächst inmitten eines Lindenhaines eine besonders starke alte Linde. Sie hat den beträchtlichen Umfang von acht Metern, eine Höhe von 35 Metern und soll über 1000 Jahre alt sein.

Früher stand hier auf der Wiese eine dem heiligen Martin geweihte Kirche (ab dem 14. Jahrhundert). Heute dient der Platz als Versammlungsort vor der Fronleichnams- und der Palmsonntagsprozession und gibt auch den Rahmen für Freilichtaufführungen ab.

Auf mich übte der Lindenhain einen beruhigenden,

Blick auf die Fraueninsel im Chiemsee

friedlichen und harmonisierenden Einfluss aus, dessen Zauber ich mich nicht entziehen konnte und wollte. Schweigend saß ich eine halbstündige Ewigkeit im Schatten der riesigen Linde und verpasste beinahe mein Boot.

Kultplätze unserer Vorfahren

Die Externsteine

Der wohl bekannteste, beliebteste, aber auch umstrittenste Kult- und Kraftplatz in Deutschland sind zweifelsohne die Externsteine im Teutoburger Wald bei Horn in der Nähe von Detmold. 600 Veröffentlichungen soll es über sie geben. Für Rudolf Steiner waren sie der »Sitz der deutschen Volksseele«, für Walther Machalett der geografische Mittelpunkt Europas, das Zentrum der weißen Rasse, für John Michell und andere das geomantische Zentrum Deutschlands und für einige indianische Besucher ein ausgesprochen »starker Platz«.

Auch ich bin mit vielen anderen der starken Ausstrahlung dieses Ortes erlegen und habe ihn und seine Umgebung selbst nach fünf Tagen immer noch nicht ganz erschlossen und begriffen.

Faszinierende Sandsteinformationen

Zwischen zwei Bergrücken ragen in einer Reihe sieben große, bis zu 30 Meter hohe, und drei kleinere Sandsteinfelsen empor, die zum Teil ausgehöhlt, bearbeitet und über Treppen und eine kleine Brücke besteigbar gemacht wurden. Daneben ein hübscher kleiner See, ein Kassenhäuschen und ein Andenkenkiosk (Gott sei Dank keine Gaststätte). Der 1000 Meter entfernte Großparkplatz demonstriert dem Neuankömmling bereits, was ihn erwartet: eine Touristenattraktion, die täglich von Tausenden besucht wird.

Bevor ich nun auf einige wesentliche Theorien und

Spekulationen und meine eigenen Erfahrungen an diesem klassischen Kraftort eingehe, zuerst einmal die Fakten: Die Externsteine liegen auf altem, heiligem Boden. Der Teutoburger Wald hieß noch im 18. Jahrhundert »Osninghain«, der Hain der Götter oder »Asen«. In einer Kaufurkunde des Klosters Abdinghof aus dem Jahre 1093 wird das Gebiet um die Steine »Idafeld« genannt. In der Edda, dem heiligen Buch unserer germanischen Vorfahren, heißt die Landschaft um die Götterburg Asgard ebenfalls Idafeld.

Ein germanisches Heiligtum

Für die Bedeutung der Externsteine als Zentralheiligtum spricht ihre Mittellage im Grenzgebiet jener neun Germanenstämme, die Arminius in die entscheidende Varusschlacht geführt hat. Leider weiß man sehr wenig über deren Leben und die Kulte, die hier zelebriert wurden. Aber es gibt Forscher, für die die Externsteine der einzig in Frage kommende Standort der Weltensäule Irminsul sind. Ausgrabungen in den Jahren 1934 und 1935 unter der Leitung von Prof. Andree haben vorgeschichtliche Scherben aus dem 4. bis 8. Jahrhundert zu Tage gebracht und eine Erdschicht mit Abraumschutt, das heißt Spuren einer Ausarbeitung der Felsen. Darüber lag eine von Menschenhand aufgetragene Lehmschicht, über der die erwähnten Scherben gefunden wurden. Diese Tatsache und die große Anzahl germanischer Wallanlagen und Hochburgen im Umkreis bestätigen die Annahme, dass wir hier wahrscheinlich das zentrale germanische Heiligtum vor uns haben.

Trotz aller Versuche, die Externsteine als rein christliches Kultzentrum aus dem 11. Jahrhundert darzustellen, gilt mittlerweile als unbestritten, dass es sich hier, ähnlich wie in Stonehenge, um eine Sternwarte beziehungsweise einen Mondbeobachtungsplatz handelt. In der Höhenkapelle, dem so genannten Sacellum, lassen sich durch ein kreisrundes Loch und eine Peilvorrichtung exakt die Sommersonnenwende und der nördlichste Stand des Mondes bestimmen. Außerdem ist hier die übliche Christianisierungsmethodik an dem großen Felsenrelief, das die Kreuzesabnahme Christi darstellt, ganz offensichtlich, da diese über die ursprüngliche, viel stärker verwitterte Darstellung eines Fruchtbarkeitskultes gelegt wurde. Von dieser ist nur noch das Bild eines von einem Drachen umschlungenen Paares übrig.

Daneben wurde eine eingehauene Felsenhöhle mit drei Eingängen zur Kapelle umfunktioniert, in der im Laufe der Jahrhunderte auch Einsiedler, ein Förster und eine Räuberbande Unterschlupf fanden.

Ein verteufelter Platz

Der Sage nach hat dem Teufel (den zum Teufel abgestempelten heidnischen Göttern) die christliche Eroberung dieses Platzes nicht gepasst, und er hat deswegen einen Riesenstein nach den Mönchen geworfen. Dieser blieb jedoch durch die Wunderkraft des Kreuzes auf dem dritten Felsen oben hängen und ist als – mittlerweile angeschmiedeter – Wackelstein prägnanter Teil des Gesamtbildes.

Für Walther Machalett und seinen »Forschungskreis für Vor- und Frühgeschichte der Externsteine« ist hier im Sacellum das Urmaß unserer Vorfahren eingebaut, das sich innerhalb und außerhalb vieler kultischer Anlagen wiederfinden lässt. Verbindet man auf einer Karte Externsteine, Cheops-Pyramide und Salvage auf den Kanarischen Inseln (für viele der Rest von Atlantis) miteinander, erhält man ein gleichschenkliges Dreieck mit dem klassischen 52-Grad-Winkel der Cheops-Pyramide (exakt 51°51'14,3"). Dieses »Urmaß« ist im Sacellum, im Steinsarg und in der Verbindung bestimmter Bezugspunkte wie Steinsetzungen und Kultanlagen in der Umgebung »eingebaut« und nachweisbar. Auch im Stadtplan Karlsruhes und im Dom zu Aachen (siehe dort) ist dieses Dreieck wiederzufinden. Hinzu kommt, dass die Externsteine exakt auf dem 52. Grad liegen.

Machalett und einige andere Forscher schließen daraus, dass unsere Vorfahren ein mathematisches, astronomisches und kosmisches Wissen besaßen, dessen symbolische Sprache und praktische Auswirkungen in allen frühgeschichtlichen Anlagen wir erst langsam verstehen lernen. Walther Machalett hat diesen Forschungen sein ganzes Leben gewidmet, und sein Werk über die Externsteine enthält viele interessante Hinweise auf Kultplätze entlang dieser »heiligen Linie«.

Abbildungen zur den Externsteinen siehe auch Farbtafeln

Wenn man sich den Externsteinen von der Jugendherberge her nähert, die als Ausgangspunkt für diese Exkursion optimal gelegen ist, gibt es zwei mögliche Wege: entweder den geraden, der in zehn Minuten durch den Wald direkt zu den Hauptfelsen führt, oder einen anderen, der hoch über den Bergrücken über die etwas versteckten Felsen geht. Wer Zeit hat, sollte den zweiten Weg wählen: Über viele starke Plätze – an uralten, ungewöhnlich verwachsenen Eichen vorbei – wird der Besucher langsam an das Mysterium der Externsteine herangeführt. Viele dieser alten Eichen, vor allem am unteren Weg, sind zur Hälfte abgestorben. Wenn dann die ersten Felsen auftauchen, wird man automatisch ganz ruhig und hellwach. Jeder Felsen und fast jeder Baum hat hier eine eigene Persönlichkeit und Ausstrahlung. Menschen sind hier nur selten anzutreffen. Auch diese Felsen weisen verschiedene Bearbeitungsspuren, wie Höhlungen, Plattformen und punktierte Linien, auf. Als heilkräftige

Magische Landschaft der Externsteine

Stelle gilt die flache Wanne neben den zwei Lochreihen auf einem der kleineren Felsen. In einem anderen Felsen ist ein großes Loch von oben eingehauen, in dem bequem ein Mensch hockend Platz findet und ungesehen ins weite Land schauen kann. Darunter befindet sich eine Höhlung außen im Felsen, wo man gut mit Erdgeistern in telepathischen Kontakt treten kann. Dazu eignen sich auch einige der uralten Eichen. Es würde viele Seiten füllen, alle Erfahrungen und Einsichten aufzuschreiben, die ich allein in diesem Abschnitt gemacht habe.

Ich habe festgestellt, dass es eine Frage der Einstellung und Stimmung ist, was man bei solch einer magischen Reise nach innen erlebt und erfährt. Aber ich hoffe, dass diese Zeilen genügen, Sie selbst zu einer »Expedition« zu ermutigen.

Auch rund um den See und im Wald auf der anderen Seite gibt es sehr schöne und starke Plätze. Auf dem Bergrücken zu beiden Seiten der Externsteine stehen

Das Steingrab

ganz bezaubernde Birkenalleen. Höhepunkt für viele ist das Steingrab oder der Sargstein unterhalb des ersten Felsens am See. Besucher, die sich hier hineinlegen, berichten von Visionen, außerkörperlichen Erfahrungen, sphärischen Tönen oder zumindest von einem Kribbeln. Kein Wunder, denn Radiästhesisten haben zwei Wasseradern entdeckt, die sich hier auf der Höhe des Solarplexus des Liegenden kreuzen. Zehn Minuten sollten genügen, um sich energetisch aufzuladen.

Vergleiche mit dem leeren Sarkophag in der Cheops-Pyramide gaben dieser Stelle den Namen Einweihungsstein. Auch die Azteken, mit denen ich 1988 das erste Mal hier war, waren sehr beeindruckt, obwohl sie sich nur auf den Felsen gestellt hatten, aus dem dieser Sarg herausgearbeitet wurde. Für christliche Deuter ist dies eine Nachbildung des Heiligen Grabes in Jerusalem.

Zu den Azteken sei noch zu bemerken, dass es ihnen ein Bedürfnis war, ein reinigendes Tanzritual für die Externsteine abzuhalten. Ähnlich empfinden es einige andere ungenannte Personen, die regelmäßig diesen Platz »reinigen«.

Als weiterer Ausstrahlungspunkt gilt der kleine Sockel auf dem Plateau des ersten Felsens. Hier trifft man abends häufiger Meditierende an, wogegen sich unten auf den Treppen zu den Höhleneingängen und im Sacellum öfter Trommler und Flötenspieler niederlassen. Die Atmosphäre nachts ist ausgesprochen magisch, wenn nicht gerade bierselige Jugendliche oder Neonazis herumgrölen.

Ein Schamane sagte mir einmal, dass solche Plätze die »Ohren« oder Antennen der Erde sind, an denen sie das Bewusstsein der Menschheit registriert. Ein Grund mehr, diesen Orten bewusster und meditativer zu begegnen.

Die Iburg bei Bad Driburg

Die Irminsul – Kultobjekt der Sachsen

Einen wirklich schönen Platz haben sich die Sachsen im 7. Jahrhundert n. Chr. ausgesucht, um eine Volks- und Fluchtburg mit beachtlichen Wallanlagen zu bauen. Verschiedene Historiker und Forscher vermuten daher auch hier den Standpunkt des Kultsymboles Irminsul. Karl der Große war sehr interessiert, genau dieses zentrale Nationalheiligtum der Sachsen zu finden und zu zerstören, was ihm im Jahre 772 auch gelang. Demonstrativ entstand dann an dieser Stelle ein Petruskirchlein (seit 1231 Archidiakonatskirche), von dem die Grundmauern mit Altarstein und einem neuen Kreuz zu sehen sind. Auf Bitten oder Drängen des Papstes Leo III. schenkte Karl die Iburg der Paderborner Kirche.

Im Jahre 900 n. Chr. lebte hier die selige Helmtrud als Einsiedlerin, und 1134 entstand an dieser Stelle für kurze Zeit ein Benediktinerkloster.

Die vielen schönen großen Buchen, eine Turm- und Kirchenruine sowie andere Gebäudereste geben dem ganzen Platz eine altertümliche, parkähnliche Atmosphäre, die an Wochenenden wahrscheinlich auf viele Besucher eine unwiderstehliche Anziehungskraft ausübt. Unter der Woche oder abends ein wirklich schöner Ort der Besinnung, insbesondere innerhalb der Kirchenruine.

Neben den Überresten der Kirche standen einmal Opfersteine, von denen jetzt nur noch eine Tafel mit folgendem Text zeugt:

Lieblich sind die Juninächte,
Wenn des Abendrots Verglimmen
Und des Morgens frühe Lichter
Dämmernd ineinanderschwimmen

Rings der Wälder tiefes Schweigen!
Aus des Tales Nebelhülle
Hob die Iburg ihren Scheitel.

Alter Hain aus dessen Wipfeln
Sonst die Irminsäule ragte
die zum Schmerz und Schreck der Sachsen
König-Karl zu brennen wagte.

Lieblich war die Nacht, die kurze,
Vor dem Tag der Sonnenwende,
Auf der Iburg stumpfem Kegel
Flackerten die Opferbrände

Auf der Iburg stumpfem Kegel
Hatten sich zum Balderfeste
Fromm geschart die Heidenleute
Gaugenossen, fremde Gäste

Unter Eichen auf dem Rasen
Stand der Opferstein, der graue …

Friedrich Wilhelm

Kultorte im Harz

Die Steinkirche bei Scharzfeld

»In der Zeit, als das Land noch weithin mit Wild bedeckt war und als die Bewohner noch den Göttern Opfer darbrachten, wohnte in der Steingrotte bei Scharzfeld eine weise Frau, weißhaarig und betagt. Schon vielen Ratsuchenden hatte sie den rechten Weg gewiesen, und so war sie hoch geachtet. Als nun christliche Missionare ins Land kamen und den alten Götterglauben ins Wanken brachten, hatten sie am Südharz zuerst wenig Er-

folg, denn die Leute hörten lieber auf die Worte der weisen Frau als auf die Reden der fremden Männer.

Eines Tages erschienen bewaffnete Krieger des Frankenkönigs, die den Auftrag hatten, die Hexe, wie sie sagten, zu fangen und fortzuführen. Schon standen sie an dem Fuße des Hügels, auf dem die Grotte liegt, und sahen die Alte oben, auf ihren Stock gestützt, stehen. Da kam aus dem Harzwald ein seltsames Tier, groß wie ein Hirsch, aber nur mit einem Horn mitten auf der Stirn. Das kniete vor der Alten nieder, ließ sie aufsitzen und lief mit ihr davon.

Die Krieger nahmen sofort die Verfolgung auf, und der Anführer, ein Mönch in schwarzer Kutte, trieb sie zu größter Eile an. Trotzdem kamen die Gepanzerten in dem wilden Unterholze nur langsam vorwärts. Der Mönch war ihnen weit voraus, sodass er die Flüchtenden immer in Sicht behielt. Die Alte murmelte dunkle Zaubersprüche, während das Einhorn mit großen Schritten fast feierlich einherschritt. Schon war der Mönch ihr näher gekommen, da tat sich unter ihm die Erde auf, und er stürzte tief hinab.

Als die Krieger nach der Stelle kamen, gähnte ein großes breites Loch in dem Erdboden, aber kein Laut drang heraus. Sie ließen sich an Stricken hinunter und entdeckten eine große Höhle, die jetzt die ›Einhornhöhle‹ heißt. Den toten Mönch haben sie gleich da unten begraben. Später ist das Gerippe gefunden worden, aber da hat man nicht mehr gewusst, wer es war.

Andere Mönche kamen und wandelten die heidnische Grotte in eine christliche Kirche um, in der lange Zeit für das Dorf Scharzfeld Gottesdienst gehalten wurde.« (Sagenwelt des Harzes)

Links: Die Iburg – einst Standort der Weltensäule Irminsul?

Meines Erachtens sagt diese Sage alles. Eine andere Le-

Früher eine heidnische Kultstätte: die Steinkirche

gende behauptet, Bonifatius sei hier gewesen und habe mit einem Beil den Felsen gespalten, der den Eingang zu einer Höhle versperrt hatte. Damit hat er die den heidnischen Göttern zugetanen Bauern so beeindruckt, dass sie sich bekehren ließen.

Damals, als noch keine Autobahn vorbeiführte, war dies sicherlich ein magisch-lauschiges Örtchen, auch mit der darüberliegenden Bergkuppe und den Felsklippen. Schön anzuschauen und interessant ist es immer noch. Quer durch die Höhle geht eine tektonische Spalte, die rechts unter dem (Opfer-)Schacht verläuft. Rechts davor befindet sich der angebliche Altar. Durch einen Spalt in der Decke fällt an einem bestimmten Tag im August ein Sonnenstrahl für wenige Minuten auf eine Stelle an der Wand und kündigt das Julfest an (so erfahre ich von einem Druiden aus der Umgebung). Rechts vor dem Eingang befindet sich eine in den Stein gehauene Kanzel und gegenüber ein Weihwasserbecken. Zwei Felskammern mit engen Durchgängen animieren zum Klettern. Es soll angeblich eine unterirdische Verbindung zur zwei Kilometer entfernten Einhornhöhle geben.

Die Einhornhöhle

Die Einhornhöhle ist eine 550 Meter lange Höhle, die von einigen Archäologen auch als Kulthöhle angesehen wird. Sie hieß früher einmal Zwergenloch und ist heute als Schauhöhle von April bis Oktober mit Führung zu besichtigen. Beeindruckend ist nicht nur die Größe der 400 000 Jahre alten Hallen, sondern auch der Ausstieg durch einen Deckeneinbruch, der bereits als Filmkulisse gedient hat.

Im Mittelalter wurde hier gern nach Einhornknochen gegraben, und das, was gefunden wurde – die Knochen vorzeitlicher Höhlentiere (Bären, Wölfe u. a.) –, wurde als heilbringend verkauft. Die Führung ist originell und witzig, aber als Kraftplatz ist nur die Steinkirche zu empfehlen, am besten nach Mitternacht, wenn nicht mehr so viele Autos die Schnellstraße entlangdonnern.

Weitere viel versprechende Plätze in der Umgebung sind die Nixenhöhle (Weingartenloch) bei Osterhagen, die Jettenhöhle in Hainholz bei Düna und der Lichtenstein bei Osterode.

Wurmberg

Touristisch voll erschlossen und zusätzlich durch eine Skischanze und einen Sessellift zerstört ist die alte kultische Anlage auf dem Wurmberg bei Braunlage. Eine 80 Meter lange Heiden- oder Hexentreppe führt zu einem leicht ovalen Ringwall, in dessen Mitte man eine Tempelanlage vermutet. Es ist zwar viel gegraben und geforscht worden, aber die Archäologen konnten sich nicht auf eindeutige Aussagen einigen.

Kästeklippe, Mausefalle, und Hexenküche

Südlich von Goslar lockt ein interessantes, wildzerklüftetes Gebiet mit einer Reihe markanter, teilweise stark energiegeladener Felsklippen, Wanderwege führen zu den zum Teil schon weithin sichtbaren Felsen: zur Kästeklippe, der Hexenküche, der Mausefalle, dem Großen Kurfürst, der Feigenbaumklippe und dem Treppenstein. Etwas unterhalb der Feigenbaumklippe zweigt links ein Pfad ab zu einem kraftvollen Felsklotz (vom Weg aus zu sehen) mit künstlich eingehauenen Stufen. Wirklich interessant wird es dahinter. Etwas versteckt, aber deutlich aus dem Wald herausragend, findet man dort nur knapp 100 Meter weiter zwei markante Felsen mit einer schönen Ausstrahlung (der vordere fällt durch seinen wackelsteinartigen Turm auf). Hier kann man abseits vom Wanderweg gut in Kontakt mit Himmel und Erde treten, man hat hier gute Aussicht und Innensicht.

Auf der Kästeklippe können Sie den »Alten vom Berg« bewundern, wenn Sie sich am Geländer, etwa in der Mitte links, etwas vornüber beugen und nach unten schau-

Die Hexenküche im Harz

Der Alte vom Berg (Kästeklippe)

en. Dort befindet sich ein bis zwei Meter unterhalb ein auffallender Felsenkopf.

Am beeindruckendsten fand ich den »Treppenstein« mit seinen zeitlich schwer datierbaren Stufen. Heute größtenteils durch Geländer gesichert, gelangt man zu einem Plateau mit vielen Rinnen und einer großen Schale. Am oberen Ende links gibt es eine starke Einstrahlung.

Der Wald ist voller Findlinge und großer Steinbrocken. Viele sind offensichtlich durch quellende Keilhölzer zersprengt worden, als ob jemand systematisch alle zu kultischen Zwecken geeignete oder verwendete Steinformationen zerstören wollte.

Der Regenstein bei Blankenburg

Studiert man die archäologischen Funde aus der näheren Umgebung des Regensteins, so lässt sich eindeutig zeigen, dass dieses Gebiet durch die Jahrtausende intensiv besiedelt war und dass dieser auffallende Sandsteinfelsen immer eine Art Mittelpunkt bildete. So mag der »Götterfels« als weithin sichtbarer Orientierungspunkt seit jeher den Menschen als verehrungswürdiger magischer Platz erschienen sein. Noch heute kündet eine Konzentration überlieferter »heidnischer« Flurnamen aus der Umgebung, die an germanische Gottheiten erinnern, möglicherweise von einstigen kultischen Aktivitäten. So zum Beispiel Osterholz und Osterstein für die Frühlingsgöttin Ostara, der Wedenberg für den Götterkönig Wotan und der Thyrstein für Toisto, den erdentsprossenen Gott, dessen Sohn Mannus als Vater des Menschengeschlechtes verehrt wurde. Am Westrand des Derenburger Forstes fließt der Hellbach, der »heilige Bach«.

Mit der Durchsetzung des Christentums im 9./10. Jahrhundert wurden dann alte Siedlungs- und Kultplätze »verteufelt«, sodass wiederum markante Namen wie Höllengrund, Bocksberg oder Teufelsbach entstanden. Aber Siedlungsspuren lassen sich noch viel weiter zurückverfolgen.

Das Gebiet ist für Archäologen sehr ergiebig. Man hat hier sowohl Funde von Urmenschen vom Neandertal-Typus aus der Zeit vor etwa 50 000 Jahren gemacht als auch reichlich Werkzeuge von Jägern und Sammlern entdeckt, die vor etwa 11 000 Jahren die Gegend durchstreiften.

Archäologische Funde

Erste kultische Zeugnisse stammen aus den vielen Grabfunden der Urnenfelderkultur und den Grabhügeln der Trichterbecher-Menschen. Der Glockenbecherkultur, die in den letzten Jahrhunderten des dritten Jahrtausends v. Chr. im Harz auftauchte, verdanken wir vermutlich die vielen Menhire, die in der Nähe von Benzingerrode, Heimburg und Derenburg gefunden wurden. Von den ehemals vier nachweisbaren Menhiren aus Braunkohlenquarzit existieren noch zwei, die mit ihrer Größe von 3,75 und 3 Metern über der Erdoberfläche imposante Steinmale darstellen. Eine Gruppe von kleineren Menhiren ist erst in neuester Zeit (1988) im Derenburger Stadtforst entdeckt worden. Auch der »Prinzenstein« in Börnecke ist diesen künstlich aufgerichteten Steinen zugehörig.

Die Sitte, solche großen Steine über relativ weite Entfernungen zu transportieren, um sie dann zum Beispiel an Gräbern als »Seelenthrone« aufzurichten, scheint die Glockenbecherkultur aus ihrem Ursprungsgebiet Spanien und Frankreich mitgebracht zu haben (H. A. Behrens, Regenstein).

Aus den Hinweisen römischer Historiker wissen wir, dass es sich um den germanischen Stamm der Hermanduren handelte, die bis etwa ins 4. Jahrhundert n. Chr. das Gebiet um den Regenstein eigenständig besiedelten, um dann bis etwa zum 6. Jahrhundert im großen Stammesverband der Thüringer aufzugehen. 1982

In der Burg Regenstein

entdeckte man entlang des Goldbaches eine ca. 500 Meter lange und durchschnittlich 100 Meter breite Germanensiedlung. Sicher haben die markanten Sandsteinhöhen des Regensteins und der Königsstein von Westerhausen magische Anziehungskraft für die Germanen gehabt.

So konnte immer noch nicht das Geheimnis der merkwürdigen »Sonnenscheiben« vom Königsstein gelöst werden. Drei dieser Steinscheiben neben Dutzenden leerer Mulden können dort noch besichtigt werden. Man nimmt an, dass es sich dabei um Relikte eines Sonnenkultes handelt.

Bei den offensichtlich kultischen Anlagen auf dem Regenstein fällt die zeitliche und kulturelle Zuordnung schwer. Dies gilt zum Beispiel für den Felsraum unterhalb des ehemaligen Burgzugangs mit der Bezeichnung »Teufelsloch«. Der Name lässt auf einen vom Christentum verteufelten heidnischen Kultplatz schließen. In diesem Raum befinden sich mehrere wannenartige und eine grabenförmige Eintiefung, deren Verwendungszweck zurzeit nicht erklärbar ist.

Geheimnisvolle Symbole

Noch geheimnisvoller ist eine künstlich erweiterte Felsnische an der Nordwand des Regensteins, unmittelbar unter dem so genannten »Verlorenen Posten«. Diese Felsnische hat eine fensterartige Öffnung nach Nordost, durch die am 21. Juni zur Sommersonnenwende das Licht eine mit verschiedenen Symbolen ausgestattete Felswand erhellt. Die Symbole bestehen aus vier Kreisen, in denen Punkte geometrische Zeichen wie Kreuz, Quadrat und Fünfeck ergeben, sowie einem Kreis mit drei figürlichen Darstellungen und einem Runenzeichen.

Unmittelbar vor der Wand ist unten gesondert ein Sandsteinblock als »Podium« herausgearbeitet. Auch die große, seit jeher als »Thingstätte« bekannte Höhlenanlage nördlich des Regensteins im so genannten »Sande« mit dem »Dedingstein« in der Mitte ist in ihrer Art einmalig und bleibt vielleicht gerade deswegen schwer deutbar. Bislang fehlen datierbare Funde, lediglich ein jetzt aufgeforsteter, etwa zwei Meter hoher, stumpfwinklig abgeknickter Wall kann von seiner Bauart her in prähistorischer Zeit zur Einhegung dieser Anlage errichtet worden sein (H. A. Behrens, Regenstein).

Was heute sonst sichtbar ist, stammt aus dem Mittelalter bzw. späterer Zeit und ist den Grafen von Regenstein zuzuordnen, die den Regenstein zur Burg ausbauten.

Für uns war besonders auffällig, dass in dem sonst homogenen Sandstein Einschlüsse von Eisenkonglomerat säulenförmig von unten nach oben den Felsen durchzogen. Interessanterweise ist genau in der so genannten Kapelle eine solche runde Stelle sichtbar. Dies erzeugt eine stark marsianische Energie, die zur Aufladung oder Energetisierung genützt werden kann. Ob und wie diese Energie damals gebraucht wurde, ist natürlich nicht bekannt, aber es ist auffällig, dass sich diese Stelle genau in der Mitte des Raumes befindet.

Es gibt eine Vielzahl von Einbuchtungen und Kammern mit unterschiedlichen Qualitäten sowie ein raffiniertes Rinnsystem, mit dem Wasser gesammelt und in eine 20 Meter tiefe Zisterne geleitet worden ist. Für diesen Platz und seine nähere Umgebung sollte man ausreichend Zeit mitbringen.

Der Hörselberg bei Eisenach

Tausende fahren stündlich daran vorbei, und viele machen, ohne es zu wissen, Rast am Fuß eines Berges, der mit seinen Sagen die deutsche Seele mitgeprägt hat. Die Rede ist vom Berg der Frau Holle und des Tannhäuser.

Der Hörselberg unweit von Eisenach in Thüringen ist einer der zahlreichen mythischen Berge, die weltweit zu finden sind. Viele wichtige Hinweise über die verschiedenen Qualitäten des Berges verdanken wir Sagen und Märchen. Auffällig ist, dass der Berg aus Muschelkalkgestein besteht, ein Phänomen, das wir auch bei manchem anderen heiligen Berg beobachten können, der in Volksmythen beschrieben wird.

Man kann annehmen, dass der Berg schon wegen seiner äußeren Erscheinung seit jeher die Aufmerksamkeit der Bewohner auf sich zog und bereits in früher Zeit kultischer Mittelpunkt der Umgebung war. Darauf weisen auch Flurnamen wie »Hainberg«, »Hainwiese« und »Hainweg« hin. Widersprüchlich wie seine Mythen ist auch seine äußere Gestalt. Steil abfallende Felsen an der sonnigen Südseite und Hochwald an der sanft sich senkenden nördlichen Schattenseite zeigen den Menschen zwei völlig verschiedene Ansichten.

In den Sagen ist er einerseits ein Ort dämonischer Geister und dunkler Mächte mit einer Unterwelt, die keinen ungestraft herauslässt, der sie unbefugt betreten hat, und andererseits die Wohnstätte der gütigen, segnenden Frau Holle, der Hüterin von Haus und Herd, die Segen und Fruchtbarkeit schenkt und das Paradies der Ungeborenen bewacht, das den Brunnenkressteichen bei Ettenhausen am Nordfuß des Berges zugeordnet wird.

Die Wohnstätte der Frau Holle

»Als freundlich-wohlwollende Frau tritt sie in den zwölf Nächten aus dem Zauberberg und besucht die Spinnstuben der Umgebung. Dann segnet und belohnt sie die fleißigen Spinnerinnen und straft die faulen. Rund um den Hörselberg wachsen in reicher Fülle die ihr geheiligten Holunder und Wacholder, besonders heilkräftige Kräuter aber lässt sie in der ›Apotheke‹, einem in der Nähe des Jesusbrünnleins gelegenen Wiesenstück, wachsen, damit sie am Kräutersonntag (Sonntag nach Pfingsten) gesammelt werden. Frau Holle ist auch die Göttin der Ehe und Familie und die Hüterin des häuslichen Herdes. Die Brautleute, denen es in den Brautkranz regnet, sind durch sie gesegnet.« (H. Kosak, Hörselbergsage)

Frau Holle ist auch die Mutter der kleinen Geister, der Heimchen, Wichteln und Elfen. Manchen erschien sie als verführerische Schöne, anderen als widerwärtige Alte. Häufig tritt sie den Armen als hilfreiche, gütige Fee entgegen, und im Frühling durchzieht sie das Land und segnet die Saaten.

Frau Holle hat noch eine andere Seite, die es zu verstehen gilt, will man Zugang zum Mythos des Hörselberges haben. Viele Sagen wurzeln im religiösen Denken unserer Vorfahren, und so auch diese. Hinter Frau Holle – da sind sich die Historiker einig – steckt die weibliche Spitzengottheit des germanischen Pantheons, die Göttermutter Freya, die sowohl als Hüterin des Lebens und als Bewahrerin von Ehe und Familie, aber auch als Herrscherin über das Reich der Toten galt. Während am Kyffhäuser ihr Göttergatte Wotan als Führer des Totenheeres gilt, steht in Thüringen das wütende Heer im Geleit der Frau Holle.

Frau Holle und die Göttermutter Freya

»Hinter der Holle stürmt es her, das fürchterliche Gesindel, geschnäbelt, belangohrt, gehörnt, geschwänzt und beflügelt.« Frau Holle aber auf einem Rappen jagt mit fliegenden Haaren und geschwungener Peitsche, bis das Geisterheer seinen Weg durch den Hof des Kirchhofschulzen in Sättelstädt genommen hat und im Hörselbergloch verschwunden ist. »Es wohnen dunkle Mächte tief in des Berges Schoß, doch während der zwölf Nächte lässt sie die Hölle los. So zieht das Spukgelichter, ein grauenvoller Schwarm, im Nacken die Gesichter, die Schädel unterm Arm.« …

Die wilde Jagd

»Wenn Sturm die Waldung rüttelt, dass sie erbraust und kracht, wenn Holle Flocken schüttelt in düsterer Winternacht, da zieht vom Hörselberge der wilde Jäger aus und mit ihm Riesenzwerge, viel Spuk und Höllengraus« (a. a. O.). Dieser in ganz Deutschland in den Sagen auftauchenden »wilden Jagd« zu begegnen gilt als unheilvoll, und so geht ihr der »Getreue Eckhart« voraus, der die im Weg Befindlichen warnt.

Nach alten Chroniken ist der Hörselberg auch der Wohnsitz der »Hütchen« (Zwerge und Wichtel). Diese machen sich dem Menschen als hilfreiche Hausgeister nützlich, was ja auch in verschiedenen Märchen und Sagen überall in Deutschland erwähnt wird. Vielleicht ist damit gemeint, dass die Menschen früher mehr im Einklang mit der Natur und ihren »Geistern« waren als wir heute, beziehungsweise Missbrauch und Missachtung dieser Energie zum Verlust dieses Kontaktes führten.

Der Name des Berges leitet sich ab von dem Wort »Hürliberg« oder »Hörseelenberg«, das heißt ein Berg, in dem die umwohnenden Bauern meinten, die Seelen Verstorbener zu hören. Der Berg ist von einer Vielzahl von Höhlen durchsetzt, von denen einige erst in der letzten Zeit entdeckt und erforscht wurden. Am bekanntesten sind dabei die so genannte Venushöhle und das Hörselloch, die sich auf den Sagenkomplex der Frau Holle beziehen.

Die Sage vom Tannhäuser

Als weitere Höhle gibt es die so genannte Tannhäuserhöhle, die mit der vielfach in Opern und Theaterstücken dargestellten Tannhäusersage in Beziehung steht. Zur Erinnerung sei die viel sagende »Mär vom Ritter Tannhäuser« hier erzählt:

»Es war einmal ein edler Rittersmann aus dem Frankenland, zugleich ein Minnesänger von großen Gaben, der zu jener Zeit lebte, als der edle Landgraf Hermann von Thüringen an seinem Hof auf der Wartburg so viele Dichter versammelte, die in stolzen Liederwettkämpfen um hohe Preise rangen. Er war trefflich bewandert in der Kunde der Geschichte der früheren Zeiten und hatte nach kühnen Abenteuern hin und her die Welt durchfahren, fast alle Lande durchreist.

Da kam er an dem Hörselberg vorbei und hoffte, noch vor abends die Wartburg zu erreichen, dahin er wohl auch von dem Landgrafen geladen war. Als er nun recht in den Bereich des Zauberberges kam, sah er ein wunderliebliches Frauenbild in der Felsenpforte stehen, die hinabführte, von so unsagbaren Reizen, wie er sie noch nie gesehen, das war nur leicht und locker gekleidet, winkte ihm, und zugleich drang ein Schall süßer Lieder aus der klingenden Bergestiefe herauf. Und dieses war die Frau Venus, deren holder Liebeslockung der Ritter folgte. Ein ganzes Jahr lang blieb er bei ihr im Genuss aller Freuden, die den Sinnen schmeicheln, aber endlich trat auch bei ihm das Gefühl der Übersättigung ein; er fühlte sich nicht mehr angezogen von den Reizen der Zauberfee und der Gesellschaft in dem unterirdischen Minnehof, und es wurde in ihm eine unbezwingbare Sehnsucht rege, diesen Ort zu verlassen. Dagegen sträubte sich die Frau Venus gar sehr, als er ihr diesen Entschluss kundtat, da er sich wieder hinwegbegeben und versuchen wollte, ob er nicht Vergebung erlangen möchte. Er gelobte ihr unverbrüchlich, zu ihr zurückzukehren, wenn sein Wunsch nicht in Erfüllung gehe und er keine Gnade finde, um dann für immer bei ihr zu bleiben. So entließ sie ihn traurig und betrübt, und der Ritter trat wieder aus dem Berge heraus.

Damals lebte zu Rom ein Papst, der hieß Urban, ein strenger Mann, zu dem zog der edle Tannhäuser, weil es so üblich war, dass große Sünder nach Rom wallfahren mussten, um den Himmel zu versöhnen und von ihrer Schuld freigesprochen zu werden. Zum Papst Urban trat der Tannhäuser, fiel vor ihm nieder, küsste ihm die Füße und beichtete die schwere Schuld, da er ein Jahr lang in Frau Venus' Berg gewesen sei. Darüber erzürnte sich Urban über die Maßen, ließ den aufrichtig Bereuenden sehr hart an und zeigte auf den weißen Kreuzesstab, den er hatte, indem er ausrief: ›So wenig dieser dürre Stab grünen wird und kann, ebenso wenig hast du zu hoffen,

Rechts: Ein verwachsener Baum

dass dir jemals bei Gott und bei mir Verzeihung und Gnade werden kann und wird.‹

Solch hartes Wort bewegte den Tannhäuser tief. Er bat und flehte, ihm doch nur ein Jahr Zeit für Reue und Buße zu lassen, jedoch vergebens.

Traurig und tief bekümmert und verzweifelnd an seinem Gott und Heiland zog der arme Ritter wieder zurück den weiten Weg und kam zu seiner Frau Venus, die ihn freundlich und minniglich empfing. Er ging hinein in den Venusberg und ist nie wieder herausgekommen.

Nach drei Tagen aber hob der Stab des Papstes an zu grünen durch ein göttliches Wunder der ewig verzeihenden Liebe, und der Papst sah erschüttert, dass bei Gott möglich sei, was bei ihm, dem Menschen, unmöglich erschien. Da sandte er Boten aus in alle Lande, nach allen Richtungen hin, den Ritter zu suchen, ihn zurückzurufen und ihm die Gnade des Himmels zu verkünden, aber er war nicht zu finden und muss nun in dem Berge bleiben bis an der Welt Ende.« (a. a. O.)

Will man die Sage entmystifizieren, dürfte das von der psychologischen Seite her nicht schwer fallen. In einer Zeit, als die Kirche mehr und mehr die Sexualität unterdrückte und tabuisierte, machten sich der Trieb und die Sinnlichkeit in verborgenen, verbotenen Bereichen Luft. Diese wurden von der Kirche nicht toleriert und auch nicht verziehen. Die Sage lässt den Papst irren und gibt dem reumütigen Tannhäuser Recht. So haben Sagen, die oft von »Wissenden« verbreitet wurden, auch die Funktion, psychologisch ausgleichend zu wirken.

Bild der Tannhäuserhöhle siehe Farbtafeln

Die Tannhäuserhöhle hat eine Länge von insgesamt 127 Metern und war ursprünglich eine Durchgangshöhle. Mittlerweile ist sie im letzten Teil kurz vor dem Aus-

Die Tannhäuserhöhle

gang eingestürzt. Der Eingang der Höhle liegt etwas versteckt im Wald, und man kann sie mit Taschenlampe und in gebückter Haltung relativ einfach begehen. Es ist jedoch in diesem Abschnitt nichts weiter Aufregendes zu entdecken, außer dem Gefühl, sich mitten unter der Erde zu befinden. Die Höhle soll für die Öffentlichkeit gesperrt werden, da die dort überwinternden seltenen Fledermäuse von Neugierigen erheblich gestört worden sind.

Im auf dem Berg gelegenen kleinen Gasthaus können Sie ausführliche Informationen, Hinweise und Wegbeschreibungen erhalten.

Jesusbrünnlein

Am Fuß des Berges findet sich das Jesusbrünnlein, eine kleine gefasste Quelle, die in der Literatur als Heilquelle aufgeführt wird, deren Kräfte jedoch nicht mehr nachzuweisen sind. Ein Rondell von Bänken umgibt die Quelle, und zwei markante Eichen schließen den Platz zur anderen Seite hin ab. Leider wird die andachtsvolle Atmosphäre von der nahe liegenden Autobahn etwas beeinträchtigt. Der bewaldete Berg bietet viele Plätze, an denen man sich niederlassen kann, wenn man sich erst einmal aus dem Bereich der Autobahn herausbewegt hat. Besonders bemerkenswert ist ein kleiner Pfad, der sich von der Venushöhle unterhalb der Kalksteinfelsen entlangschlängelt. Hier findet man verschiedene kleine Plätze und Klüfte – unter anderem den ehemaligen Ausgang der Tannhäuserhöhle –, in die man sich auch gut zurückziehen kann.

In den Sagen gibt es einzelne Hinweise darauf, dass vom Berg aus Gänge zu verschiedenen Kirchen in der Umgebung führen. So mancher Forscher vermutet, dass sich im Verlauf der Venushöhle eine weite Halle auftut, in der sich ein innerer See befinden soll.

Um die Sagenwelt dieses Berges nachzuvollziehen, möchten wir empfehlen, sich in die verschiedenen Höhleneingänge oder Spalten hineinzusetzen und hier längere Zeit, am besten die Abenddämmerung vom Sonnenuntergang bis zur Dunkelheit, zu verbringen. Dies ist die beste Zeit, um einen Zustand des inneren Gleichgewichts zu erlangen und vielleicht sogar die Anwesenheit bestimmter Naturgeister zu erspüren.

Höhleneingänge sind (nach Michael Gienger) nicht nur physisch, sondern auch energetisch betrachtet Zugänge zum Innern der Erde und zu den Wesenheiten des Gesteins. Um das wirklich zu erleben, empfiehlt er, sich einige Tage Zeit zu nehmen, um den Platz in seiner Gesamtheit und in seinen unterschiedlichen Qualitäten erfassen zu können.

Das hessische Gegenstück des Hörselbergs ist übrigens der Hohe Meißner.

Bruchhauser Steine

Als ich fünf Kilometer vor Bruchhausen über eine Bergkette fuhr und plötzlich diese unerwartete Hügellandschaft sah, dachte ich, das muss das Land von Schneewittchen und den sieben Zwergen sein. Am Fuße jenes Berges mit den vier markanten, weithin sichtbaren Bruchhäuser Felsen erwartete mich dann auch ein grimmiger Wächter in einem hölzernen Kasten und wollte DM 3,50 Wegegeld. Oben auf dem dritten Parkplatz angekommen, erfuhr ich dann, dass dies ein Berg ist, an dem wieder die Drachen fliegen. Nur haben die Menschen sie heutzutage gezähmt und schweben an ihnen wie mit einem Adler zu Tal. Manche schrauben sich

richtig hoch im Wind, und es ist eine Sehnsucht weckende Freude, diesen bunten Drachenfliegern nachzuschauen.

Die Bruchhauser Steine markieren einen alten Kultbezirk

Der erste und höchste Felsen heißt Feldstein und trägt natürlich demonstrativ ein Kreuz, um weithin zu zeigen, welcher Gott jetzt hier herrscht. Früher waren es sicher mehrere, denn dies ist die älteste Wallanlage im Sauerland. Man hat Funde aus dem 6. Jahrhundert v. Chr. gemacht, ebenso aus frühmittelalterlicher Zeit. Eine verstürzte Trockenmauer mit einem Graben davor läuft vom Feldstein zum Goldstein.

Älteste Wallanlage des Sauerlands

Die nah beisammenliegenden Felsen Bornstein und Goldstein werden durch Mauern zu einem viereckigen Bereich von ungefähr 0,6 Hektar abgeriegelt und bieten sich so als Kultbezirk an. Ein drei bis fünf Meter breiter Spalt an der Ostseite des Bornsteins lädt zum Verweilen ein, eine Gedenktafel warnt eindringlich vor übermütigem Klettern.

Am Feldstein weist ein Geländer den besten Weg zum Besteigen des Felsens. Trotzdem gibt es noch genug Gelegenheiten zum Stolpern, und dann braucht man Flügel oder einen guten Schutzengel. Sicherlich wird bald auch noch eine obligatorische (Un-)Fallversicherung für solcherlei Kletterfelsen zu erwerben sein. Oben kann man sich auf einem Baumstumpf ausruhen und die Aussicht ins Land genießen. Was fehlt, ist ein Aschenbecher, denn dieser Platz scheint zum Rauchen zu animieren, wie die vielen Kippen rundherum beweisen. Ansonsten ein Felsen, wo man gut über den Sinn oder den üblichen Unsinn des Lebens nachdenken kann, wenn man so weit über allem stehend die kleine Welt unter sich betrachtet oder den Kommentaren von Sonntags-Bergtouristen lauscht.

Ich jedoch war allein, es war Montagabend, 18 Uhr, und ich lauschte dem Wind, dem plötzlich einsetzenden Regen, den Vögeln und den Kirchenglocken. Einer von vielen kleinen Felsüberhängen bot Schutz und beschauliche Zeit zum Schreiben und Sinnieren. Der Wald rundherum ist bezaubernd, Tannen und Buchen, und es soll mehrere Quellen hier geben, zum Beispiel am Bornstein. Still und friedlich ist es, aber leider zu kalt, um den Sonnenuntergang abzuwarten. Außerdem darf man hier nur bis 20 Uhr parken.

Am Bornstein regen Schilder und Schranken zum Nachdenken an: »Wegen Artenschutz (Brutzeit) ist das Klettern hier vorübergehend verboten.« Aber auch trotz dieser vernünftigen Sperre finden sich noch viele Plätzchen zum Nachdenken, handelt es sich doch ausgewiesenermaßen um ein Kultur- und Natur-Denk-Mal.

Die Milseburg in der Rhön

Neben dem Hohen Meißner gibt es in Osthessen noch einen »heiligen Berg«, die Milseburg. Östlich von Fulda bei Kleinsassen erhebt sich sein in Nord-Süd-Richtung verlaufender, breiter, bewaldeter Bergrücken. Er ist mit 835 Metern der höchste Berg der westlichen Rhön und wird im Süden und Westen von der Biber umflossen, in deren Tal die Steilhänge tief einfallen. Seine Nordseite ist gänzlich von den Felsen des Kälberhutsteins beherrscht. Am leichtesten erreicht man die Spitze dieses sagenumwobenen Berges von Nordwesten.

Die Schatztruhe des Riesen

Die alten Geschichten beschreiben ihn wegen seiner Form als Schatztruhe des Riesen Mils, die christlich inspirierte Sage als Grab des Riesen. Für unsere Vorfahren war der alte Mils der Hüter der heiligen Quellen, die in dem Ruf standen, Augenleiden zu heilen und zu Kindersegen zu verhelfen.

Als die Christen – wahrscheinlich Bonifatius – die Gegend missionierten, war es dann vorbei mit dem heidnischen Aberglauben. Auf dem vorchristlichen Kultplatz unter dem Gipfel der Milseburg errichtete man eine Kapelle und weihte sie dem heiligen Gangolf, der als fränkischer Adliger und Missionar geholfen hatte, den Berggeist Mils zu bannen. Die Sage wurde umgeändert, und aus Mils wurde ein böser Riese, der mit dem Teufel im Bunde war, im Streit mit ihm erlag und nun hier begraben ist.

Hören wir noch, was Archäologen herausgefunden haben: Ziemlich spät entdeckte man, dass die im Volksmund als »Elfenstraßen« bekannten Schotterbänder rund um die Milseburg Teil eines großen Ringwallsystems waren, das aus den letzten Jahrhunderten vor der

Zeitwende stammt. Der 1300 Meter lange Wall schützte eine spätkeltische Fluchtburg von beträchtlicher Größe mit mehreren Quellen. Einige Zentner Keramik wurden hier gefunden, die jedoch keinen eindeutigen Aufschluss darüber ermöglichen, ob auch Germanen hier siedelten, was einige Forscher für möglich halten. Ein Abschnittswall von etwa 100 Metern Länge nördlich unterhalb der Bergkuppe trennt die Anhöhe vom restlichen Plateau, und man vermutet hier einen sakralen Bezirk.

Der Elfentanzplatz

Nebenan, östlich der Milseburg, finden wir noch die »Danzwiesen«, auf der sich die Elfen der Rhön zum Tanz trafen. In einem alten Volkslied wird noch vom Ritter erzählt, der sich hier mit den Elfen amüsierte, bis seine eifersüchtige Frau das merkte und es unterband. Ob sie immer noch oder schon wieder tanzen, überlasse ich Ihnen, werter Leser, herauszufinden. Aber beachten Sie, es kommt nicht nur auf die richtige Einstellung, sondern vor allem auf die richtige Zeit an.

Frau Holle am Hohen Meißner

Wer kennt sie nicht, die gütige Frau Holle, die die Fleißigen belohnt (Goldmarie) und die Faulen bestraft (Pechmarie). Wenn sie ihre Betten ausschüttelt, so lernten wir als Kinder, dann schneit es bei uns. Um bis in die Gegenwart zu überleben, musste Freya, die germanische Göttin der Fruchtbarkeit und Hüterin von Heim und Herd, den Decknamen Frau Holle annehmen, denn das Christentum hatte ihr als Göttin Berufsverbot erteilt und sie in den Märchenhimmel verbannt. Aber so man das weiß, kann man davon ausgehen, dass an Orten, die namentlich der Frau Holle zugeordnet sind, meist Höhlen oder Seen, unsere Vorfahren ihrer Göttermutter gehuldigt haben.

Frau-Holle-Teich und -Höhle

Das hessische Gegenstück zum Hörselberg in Thüringen (s. dort) finden wir am Hohen Meißner bei Bad Sooden-Allendorf im nordöstlichen Zipfel Hessens. Am Fuß des Berges liegt nahe der Straße (mit Parkplatz) der idyllische Frau-Holle-Teich. Auf dem Grund dieses Gewässers – so die Sage – hat Frau Holle ihre Wohnstatt, und bisweilen tönt eine Zauberglocke aus dem See. Nüchterner betrachtet entspringt dort in neun Metern Tiefe eine eiskalte Quelle.

Wie vom frostigen Hauch der Unterwelt berührt fühlt man sich auch, wenn man sich der Frau-Holle-Höhle bei Hilgershausen nähert. Am »Forellenhof«, beim Ortseingang (beziehungsweise Ortsausgang) von Hilgershausen (Bad Sooden-Allendorf), führt rechts ein Feldweg zu einer Einbuchtung im Wald. Hinter dem See liegt, in der Mitte einer halbmondförmigen Steilwand, der mehr oder weniger verschlossene Eingang zu dem gewaltigen Höhlenraum. 50 Meter tief, 20 Meter breit und zwölf Meter hoch ist die Höhle, und nur das Geräusch einzelner Wassertropfen unterbricht die magisch-unheimliche Stille hier. Verschiedene Feuerstellen zeigen, dass Zeitgenossen versucht haben, es sich hier gemütlicher zu machen. Stellt man sich dazu noch Fackeln überall verteilt vor, so hat man vielleicht die Atmosphäre, wie sie unsere Vorfahren erlebt haben. Als »sagenumwobene Kulthöhle der Altgermanen« bezeichnet die Tafel am Felsen außen diesen mysteriösen Platz. Ob die gehörnte Satansfratze rechts vom Eingang von jugendlichen Schmierfinken stammt, von Satansanhängern angebracht wurde oder als Warnung gedacht ist, kann ich nicht beurteilen.

Ein Höhlenquell, der nur als flacher, undefinierbarer kleiner Tümpel linker Hand zu erkennen ist, speist einen Teich 50 Meter außerhalb, der früher einmal Jungfernsee hieß. Allein stehenden Damen, die in der Osternacht – kurz vor dem ersten morgendlichen Sonnenstrahl – aus diesem See tranken, gelang das Freien besser. Freya alias Frau Holle hat dann alles Weitere eingefädelt. Eine Nacht im Schoß der Höhle verbracht, verhilft jungen Ehefrauen zur baldigen Mutterschaft – es muss nur die richtige Nacht sein, Walpurgisnacht oder Beltane, das alte Fruchtbarkeitsfest. Auch das Baden im Höhlenquell soll da von Nutzen sein.

Ich hab's nicht ausprobiert, da es zurzeit schwer möglich ist; es müsste erst einmal allerlei Stock und Stein entfernt werden. Aber diese Höhle strahlt eine besondere Kraft aus.

Die Gralsburg Wildenberg

Das Parzival-Epos von Wolfram von Eschenbach

»Achtung: Sie betreten eine der kunstgeschichtlich, historisch und literaturgeschichtlich bedeutendsten Burgen Deutschlands«, verspricht vollmundig das Faltblatt, das man auf Burg Wildenberg bei Amorbach von einem netten alten Mann mit Stock und Rucksack erhält. Leider handelt es sich nur noch um eine Burgruine, der man fast alle kunstgeschichtlichen Besonderheiten genommen hat, aber literaturgeschichtlich ist sie in der Tat von Bedeutung, denn es gilt als nachgewiesen, dass Wolfram von Eschenbach Ende des 12. Jahrhunderts hier zumindest einen Teil seines *Parzival*-Epos geschrieben hat. Da in dieser zeitgenössischen Dichtung um den Gralsmythos auch eine Wildenburg vorkommt bzw. die Grals-

Die Gralsburg Wildenberg

burg »Muntsalvasche« eine Übersetzung von »Wilder Berg« ist, hat dies der Ruine den Beinamen »Gralsburg« eingebracht.

Wie dem auch sei, sie ist jedenfalls eine Burgruine mit ganz eigenem Flair, und dementsprechend zieht sie am Wochenende immer viele Menschen an.

Zuerst muss man sie sich ersteigen. Einen schönen, teils etwas steilen Zugang hat man, wenn man kurz vor dem Ortsende von Buch (5 Kilometer südlich von Amorbach) rechts dem Schild »Wildenburg« 1 bis 2 Kilometer bis zu einem kleinen Parkplatz am Waldrand folgt. Von dort sind es noch 15 Minuten bergauf. Kurz vor der Burg lichtet es sich etwas, und man stolpert über einen alten Steinpfad die letzten Meter bis zum Tor. Unter der ehemaligen Kapelle kommt man durch den Torbau in einen großen, offenen, grasbewachsenen Hof, und man hat die Wahl, gleich linker Hand den lohnenswerten Turm (Bergfried) zu erklimmen oder sich in den nächsten abgetrennten Hof zu begeben. Der 25 Meter hohe Turm wurde 1935 durch eine Holztreppe wieder begehbar gemacht und bietet eine wunderbare Aussicht ins hügelige Land. Hier hat man auch einen guten Überblick über die Ausmaße der Anlage, die schon 1525 im Bauernkrieg durch den »hellen Haufen« des Ritters Götz von Berlichingen zerstört wurde. Die 250 Jahre davor war sie Amtssitz der Verwaltung des Erzstiftes Mainz, die die Burg 1271 gekauft hatte.

Ritter Götz von Berlichingen

Im zweiten Innenhof lädt eine riesige Buche zum Verweilen ein, während ein düsterer Eingang zu einem Kellerverlies daneben unter dem ehemaligen »Palas« einen entweder aus Neugier anzieht oder ihn ängstlich vermeiden lässt. Ich war natürlich neugierig und hatte das Glück, dass gerade jemand mit Taschenlampe hineinstolperte, dem ich mich anschloss. Natürlich ist hier kein Schatz und auch sonst nichts Materielles von Bedeutung zu finden oder zu sehen. Ein Fluchtweg soll von hier unterirdisch bis ins Tal zu einer Mühle geführt haben. Von einem kleinen Loch in der Decke und einigen schmalen Schlitzen an der Seite dringt blass und fahl noch etwas Licht hinein. Hier kommen einem alleine und ohne Taschenlampe leicht echte Kerkergefühle auf. Eine Meditation der kribbeligen Art.

Schöner und beschaulicher ist es da schon oben darüber im nunmehr dachlosen Palas der Edelherren von Dürn, verdienten Gefolgsleuten der Stauferkaiser, die diese Burg Ende des 12. Jahrhunderts erbauen ließen. Im Palas hatten sich die Ritter zum Umtrunk und zur Beratung getroffen, Feste gefeiert und beim Minnegesang den

Frauen gehuldigt. Dieser Festsaal soll einst zur Zeit Kaiser Friedrichs II. eine der edelsten architektonischen Schöpfungen gewesen sein. Man kann es gerade noch erahnen. Reste eines riesigen Kamins zeugen von den mittelalterlichen Heizgebräuchen. Dieser Kamin fand wohl auch im *Parzival* mit dem Satz »So große Feuer sah niemand jemals hier auf Wildenberg« seinen historischen Niederschlag. Vielleicht hat Wolfram in einem kalten Winter vor 800 Jahren an diesem Kamin seine steifgefrorenen Glieder gewärmt, vom Gral geträumt und seinem Epos dichterisches Leben eingehaucht.

Kult-, Thing- und Hexentanzplatz

Was ihn dabei noch inspiriert haben könnte, liegt nur 100 bis 200 Meter weiter oberhalb des breiten Weges, wenn man zum Tor hinausgeht, direkt nach einem großen Mauerrest. Ein Platz, der mindestens genauso interessant und historisch und energetisch bedeutsam ist: ein Kultplatz der Kelten, später der Römer und wohl auch ein Hexentanzplatz. Sogar von einem Thingplatz ist die Rede. Eine kleine, halb künstliche Höhle in einer seltsamen, beeindruckenden Felsenformation mit einem angeblichen »Opferstein« davor samt einer riesigen Buche geben dem ganzen Platz einen magischen, fast übernatürlichen Hauch. Ein Einsiedler soll hier gelebt haben. Eine uralte Quelleinfassung oberhalb des Felsens deutet auf ein Quellheiligtum hin. Eine gigantische Steinplatte am nördlichen Hang zeugt von eiszeitlichen Verwerfungen.

Wenn ich heute noch so beeindruckt bin, was müssen einst Kelten oder Germanen hier für ehrfürchtige Gefühle bekommen haben! Anders als auf der Burg ist erfreulicherweise kein Mensch hier, und das am Sonntag um 17.00 Uhr! Ich lasse mir eine Stunde Zeit, das Gelände zu erspüren und zu erfahren. Bilder aus alten Zeiten drängen sich förmlich auf. Diese Steine haben Tausende Geschichten gespeichert und erzählen sie jedem, der ihnen zu lauschen versteht. Ein wunderbarer Platz!

Der Donnersberg

Auf dem mit 687 Metern höchsten Berg der Pfalz befindet sich die größte vorgeschichtliche Wallanlage Mitteleuropas. Die keltischen Treverer bauten hier im 2. Jahrhundert v. Chr. einen 8,5 Kilometer langen Ringwall als Zuflucht für 5000 Menschen. Somit war der Donnersberg kultischer und politischer Mittelpunkt für alle im Pfälzer Rheintal und in Rheinhessen siedelnden Kelten. Einzigartig und selten in dieser Gegend ist das Vorhandensein einer Viereckschanze innerhalb der Siedlung. Viereckschanzen sind bisher hauptsächlich aus Bayern bekannt, und erst vor kurzer Zeit hat man diese eindeutig als Heiligtum definiert. Der übliche Kultschacht ist hier jedoch (noch) nicht gefunden worden, dafür aber die Pfosten einer Kulthütte. Diese und die Schanze selbst kann man auf dem mit Schautafeln versehenen Keltenweg leicht finden.

Die noch gut erkennbare Grabenwallanlage umgrenzt einen heiligen Bezirk von 80 mal 100 Metern mit dem Eingangstor im Süden. Sie steht auf einer kleinen Lichtung.

Eine Kultstätte für Germanen und Römer

Donnersberg kommt von Donarsberg, war also dem germanischen Gott Donar gewidmet, ebenso wie die südliche Erhebung Guddesberg auf Wotan schließen lässt. Auf dem höchsten Punkt, einem Basaltfelsen mit dem Namen Königsstuhl an der Südwestecke des Ringwalles, soll es in römischer Zeit auch kultische Rituale für Jupiter gegeben haben. Später in fränkischer Zeit war hier wohl ein Gaugerichtsplatz.

Die schönste Aussicht hat man vom Hirtenfels, und Speis und Trank und die Wanderkarte Keltenweg erhält man im »Waldhaus«. Der groß angelegte Parkplatz lässt erahnen, was hier am Wochenende los ist. Das Wirtshaus befindet sich genau an der Stelle, wo Anfang des 14. Jahrhunderts eine dem heiligen Jakob geweihte Kapelle stand, bei der ein Eremit wohnte. Einige Jahrzehnte später erbaute dann der Paulinerorden hier oben ein Kloster. Von diesem Kloster stammt noch das guterhaltene Sakramentshäuschen, das man jetzt in der vorderen Gaststube bewundern kann. Die nahe gelegene Quelle, die früher einmal fünf kleine Weiher speiste, ist jetzt unterirdisch gefasst und versorgt Dannenfels mit Wasser.

Botanische Besonderheiten

Der Förster, den ich hier oben kennen lernte, erzählte mir, dass auf dem Donnersberg an bestimmten Stellen oft der Blitz einschlägt und dass es hier eine Reihe botanischer Besonderheiten gibt wie den »brennenden Busch«, eine Pflanze, die in ihrer Blütezeit Stichflammen abgibt, wenn man ein brennendes Streichholz an ihre ätherische Öle enthaltenden Blüten hält. Außerdem wurden hier Amethystrosen gefunden, und es gibt Schluchtwälder mit seltenen Edelholzbäumen.

Der Berg ist vulkanischen Ursprungs und besteht überwiegend aus Reolitgestein. Diese geologischen und historischen Tatsachen kann man im Donnersbergmuseum in Dannenfels erfahren und betrachten.

Der Berg scheint mir als Kraftplatz jegliche Magie verloren zu haben. Ein massiv strahlender Sendeturm, eine US-Sendestation und der Rummel haben viel zerstört. Der Berg strahlt sozusagen »Unterhaltungsprogramme« aus. Mich hat hier nichts weiter inspiriert.

Die Wildenburg

Nicht weit vom hübschen, aber sehr touristischen Idar-Oberstein liegt die Wildenburg: Hier soll es eine große Keltensiedlung gegeben haben, von der noch ein ansehnlicher Ringwall zeugt. Als ich am Großparkplatz eintraf, bekam ich erst mal einen Schreck, als ich die Busse und Schulklassen sah, und wollte schon umkehren. Ich stieg aber doch aus, besorgte mir einen Führer und schaute mich um. Als Erstes stieß ich auf eine ungewöhnliche, im Stamm leicht verdrehte Kastanie, die links zwischen den beiden Gaststätten am Wegesrand stand und unzählige kleine Austriebe hatte. Hoffnung schöpfend ließ ich mich nieder, studierte den Führer und entdeckte darin den Hinweis auf einen »Hexentanzplatz«. Dieser sollte sich auf dem Plateau neben dem Aussichtsturm befinden.

Ich umrundete also erst einmal den Aussichtsfelsen und wurde 300 Meter weiter den Felsrücken entlang zu einer Stelle geführt, die mich durch ihre ruhige Ausstrahlung in ihren Bann zog. Hier fand ich die Stille, die ich suchte. Solchermaßen nach einer Meditation gestärkt, ging ich den Pfad weiter an der Naturmauer entlang. An vielen Stellen hat die Natur mit den Bäumen verrückt gespielt. In hellwachem Zustand erforschte ich Stock und Stein, kletterte auf den Felsen herum und genoss in vollen Zügen die zauberhafte Natur.

Der Hexentanzplatz

Auf dem Rückweg, etwa 150 Meter vor dem Turm, nach einem quer zum Weg laufenden Ringwall, entdeckte ich den Hexentanzplatz, eine ebene Fläche von fünf bis zehn Metern Durchmesser unter Bäumen mit Blick und »Einflugschneise« ins weite Land, wegen des abhanden gekommenen Schildes nur an der Feuerstelle zu erkennen. Hier soll einmal ein Kultplatz gewesen sein, aber wann, von wem und warum errichtet, ist nicht bekannt. Als Versammlungsplatz ist er jedenfalls gut geeignet.

Ich besuchte noch den Aussichtsturm und machte danach eine merkwürdige Feststellung: Als ich vom Turm herunterkam, fühlte ich mich plötzlich unsagbar schlapp und körperlich völlig ausgelaugt, was noch weitere zwei Stunden anhielt. Vor allem, weil dies so schlagartig nach Verlassen des Turmes geschah, kann ich nur vermuten, dass es entweder mit der Konstruktion des Turmes, zum Beispiel der linksdrehenden Wendeltreppe, oder dem Standort des Turmes selbst zu tun hat. Vielleicht ist es auch der negative Gegenpol zum Kraftplatz im Wald. Achten Sie einmal darauf, wie es Ihnen dabei ergeht.

Der Hunnenring

In der Nähe des Nonnweiler Autobahndreiecks bei Otzenhausen befindet sich der so genannte Hunnenring. Der Name ist jedoch nicht ganz zutreffend, da es die keltischen Treverer waren, die diese Höhensiedlung in der Zeit der gallischen Freiheitskriege gegen die Römer errichteten. Vom Parkplatz an der Straße gibt es zwei Möglichkeiten, die riesige Wallanlage zu erreichen: entweder den bequemen 1,2 Kilometer langen Rundweg oder den kurzen steilen Pfad, der halb so lang ist. Ich wählte Letzteren und kam mit weichen Knien und pulsierendem Kreislauf am unteren Ringwall an. Ein unüberschaubares, mit Mischwald bestandenes Plateau und einige verstreute Felsbrocken lagen vor mir.

Der »Hunnenring«, eine riesige Wallanlage der Treverer

Auf den ersten Blick ein netter Wald, aber nichts Besonderes. Aber nach einer Weile lernte ich die eigenartige Stille unter einer großen, leicht gedrehten Buche zu schätzen, und ich versuchte, mich 2000 Jahre in der Zeit zurückzuversetzen. Allein dieser unglaublich hohe und breite Ringwall, der aus Millionen von Steinen zusammengetragen wurde, berührte mich eigenartig. Was für eine Zeit: immer auf der Hut vor Feinden und Fremden, die sich mit Gewalt holen, was du dir erarbeitet hast, deine Frau nehmen und dich töten, wenn du schwächer bist.

Um die tägliche Existenz und das Leben des Stammes zu beschützen, wurde in jahrelanger Kleinarbeit so eine riesige Wallanlage gebaut. In der Schutzhütte vermitteln zwei anschaulich gemalte Szenen von Kämpfen am Ringwall einen Eindruck vom damaligen Leben.

Plötzlich ein lachendes Pärchen. Er stellt ihr nach, sie

ziert sich kichernd und läuft barfuß davon. Auch das passt und war vor 2000 Jahren sicher nicht anders.

Wieder alleine, suchte ich die Quelle, die ich nach einer Weile fand, obwohl umgestürzte Bäume den Weg etwas behindern. Sie fließt recht kräftig, aber leider gefasst, aus einem Plastikrohr und verliert sich dann wieder im angrenzenden Steinwall. Auffallend viele gedrehte Bäume gibt es hier. Oberhalb dieser Quelle hat einst ein der Göttin Diana gewidmeter Tempel gestanden, bei dem man eine bronzene Diana-Statue gefunden hat. Wahrscheinlich ist in diesem Waldheiligtum dem Waldgott Sucelus oder Silvanus geopfert worden.

Quellheiligtum Heidenfels bei Landstuhl

Dies war mal wieder ein Platz so ganz nach meinem Geschmack: etwas versteckt, kaum Menschen und viele verschiedene interessante Fleckchen auf und in Felsen, Höhlungen, Felsvorsprünge und eine Quelle. Diese Quelle war nicht nur heilig, sie ist auch heilsam. Noch nach dem Zweiten Weltkrieg behandelten Schwestern des katholischen Waisenhauses in Landstuhl die Augen von Kindern, die an Bindehautentzündung erkrankt waren, mit dem Quellwasser des »Gutenborn«. Seit ein paar Jahren weiß man, dass das Wasser dieser Quelle borhaltig ist.

Heiligtum und Heilwasser

Aber die Kelten und Römer, für die dieser Ort ein Quellheiligtum war, konnten das nicht wissen. Eine aus dem 3. Jahrhundert stammende ausgegrabene Töpferei beweist, dass das Wasser auch mitgenommen wurde. Man vermutet, dass die beiden Felsen als Opferstätten

An der heiligen Quelle bei Landstuhl

eines großen heiligen Bezirkes bis zum 4. Jahrhundert n. Chr. dienten. Am Fuße des heiligen Felsens wurden verschiedene Weihegaben gefunden. Direkt bei der eingefassten Quelle befinden sich zwei große Steinblöcke unter einem langsam zerfallenden Schutzdach mit alten Reliefs, die drei keltische Matronen (Fruchtbarkeitsgöttinnen) und einen gallischen Priester vor dem Opferaltar darstellen.

Obwohl der Heidenfels nur etwa 600 Meter von der Straße entfernt ist, bin ich zuerst im Wald herumgeirrt und habe ihn nicht gleich gefunden. Wenn Sie also wie ich am idyllischen Quellteich den Hang am rechten Bächlein hochgehen, müssen Sie sich nach 50 Metern auf einem horizontalen Weg links halten, dann stoßen Sie genau auf die Schutzhütte mit der Quelle. Aber auch wenn Sie sich verlaufen oder links an der Quelle bergauf steigen, kommen Sie in interessantes Gelände. Große verwitterte Felsen mit Höhlungen und vielen kleinen starken Plätzen warten auf den, der die Qualität des Ortes zu schätzen weiß.

Hier entdeckte ich unter den vielen Baumwuchsanomalien – Ausbuchtungen und kurvenreiche Stämme – zum ersten Mal das sehr seltene Phänomen, dass zwei Bäume von verschiedenen Arten (Buche und Kiefer) zusammengewachsen waren. Die Buche umschmiegte die Kiefer in mehreren kurvenreichen Annäherungen und verschmolz dann an zwei Stellen mit ihr. Daneben ist aus dem etwa 10 Meter hohen Felsen genau mit rechtem Winkel ein riesiger Block herausgebrochen und bildet so einen geschützten sakralen Raum, wo man ruhig und weich sitzen kann. Auf dem Felsen gibt es ein paar Aussichtspunkte, von denen man weit ins Land schauen kann, zum Beispiel auf die berüchtigte Ramstein-Airbase. Leider ist auch die Akustik sehr gut: Eisenbahn, Autobahn und Düsenjäger erfordern einen gewissen meditativen Gleichmut. Also Oropax mitnehmen, das erleichtert immer und überall das »Nach-innen«-Hören. Da der Platz an sich sehr viel Ruhe ausstrahlt, kann man diese zivilisatorische Störung ruhig in Kauf nehmen (oder darüber meditieren). Ein wirklich magisches Örtchen.

Auffällige Bäume

Übrigens: Am großen Hausberg zwei Kilometer weiter graben Archäologen gerade eine ganze keltische Siedlung aus, und sechs Kilometer westlich steht im Acker im Langensteiner Gewann bei Mittelbrunn ein Menhir.

Wegbeschreibung: Von Landstuhl die B 40 Richtung Kindsbach. Etwa achthundert Meter vor dem Ortsanfang Kindsbach rechts in den Feldweg einbiegen und fünfhundert Meter bis zum Quellteich. Fünfzig Meter oberhalb befindet sich der Heidenfels unter einem hölzernen Dach.

Der Gollenstein von Blieskastel

In der Nähe von Biesingen bei Blieskastel steht mit sieben Metern Höhe Deutschlands größter Menhir. Seine Entstehung wird mit einem Sonnen- und Phalluskult in der Jungsteinzeit in Verbindung gebracht. Nachdem im Mittelalter noch eine kleine Heiligennische eingemeißelt worden war, war er für die Bevölkerung der Umgebung lange Zeit Wallfahrtsziel.

Der Heiligenberg bei Heidelberg

Der Heiligenberg: uralte Kultstätte

Der Heiligenberg ist ein klassisches Bergheiligtum mit langer kultischer Geschichte: Kelten, Germanen, Römer und Christen feierten hier in einer ununterbrochenen kultischen Tradition ihre Rituale und ehrten ihre Götter.

Zuletzt waren es die Nationalsozialisten, die vom »Arbeitsdienst« nach germanischen und antiken Vorbildern hier eine noch gut erhaltene Thingstätte errichten ließen.

Obwohl der Thingplatz optisch sehr beeindruckend ist, liegt der eigentliche Kraftort 100 Meter oberhalb in der Ruine des Michaelklosters aus dem Jahre 870. Michaelskapellen wurden oft auf heidnischen Kultstätten errichtet, und so auch hier: In der rekonstruierten und befestigten Ruine ist deutlich die Lage des gallo-römischen Merkurtempels sichtbar, genau in der Mitte der Anlage! Eine verschlossene und eine offene Krypta mit Heiligengrab und Grabplatte flankieren diesen alten Kultbereich. Die offene Ostkrypta (rechter Hand) mit ihren einladenden Nischen und überhaupt der ganze Platz haben etwas bezaubernd Beruhigendes. Leider sind die Anlage und der ganze Berg von Spaziergängern relativ stark frequentiert, da sich in der Nähe ein Aussichtsturm mit Blick aufs Heidelberger Schloss und ein Ausflugslokal befinden.

Michaelsberg und Michaelskapelle

Auf den 272 Meter hohen Michaelsberg bei Bruchsal hat es anscheinend schon immer Menschen gezogen. Eine ganze jungsteinzeitliche Siedlung aus dem dritten Jahrtausend wurde hier entdeckt und erhielt den Eigennamen Michaelsberger Kultur, weil die gefundene Keramik einen eigenen Stil hat, wie etwa der »Tulpenbecher«. Eine keltische Siedlung aus der Latène-Zeit (500 v. Chr.) wurde südlich der Kapelle ausgegraben. Die erste Michaelskapelle wurde 1346 erwähnt.

Die Sage berichtet, dass »viele Drachen und andere vergiftete Tiere« sich hier aufhielten und den Menschen aus der Umgebung und den Reisenden schwer zugesetzt hätten. Um diesem »Übel« abzuhelfen, ließ ein Bischof aus Speyer eine kleine Kapelle errichten und Prozessionen durchführen, worauf die Attacken des giftigen Getiers aufhörten. Die Kapelle hat dann im Laufe der Jahre die üblichen Verwüstungen erlebt (Bauernkriege), ist aber immer wieder aufgebaut worden und Ziel von Wallfahrten aus der Umgebung gewesen. Auch zwei Kapuziner lebten 23 Jahre in einem »Eremitorium«.

Wechselhafte Geschichte einer Kapelle

Einen letzten Tiefpunkt erlebte die Kapelle Anfang des 19. Jahrhunderts, als sie an einen Bäcker und einen Schmied verkauft wurde, die die Kapelle für ihre Bedürfnisse zweckentfremdeten, indem sie sie als Scheune, Schweinestall und Wohnraum nutzten. Aber 1853 gelang es einem engagierten Pfarrer, das heruntergekommene Gotteshaus wieder zurückzukaufen und zu restaurieren.

Nachdem sie den Zweiten Weltkrieg halbwegs überstand, erstrahlt sie seit 1970 in renoviertem Glanz. Nebenan lädt eine »Michaelsklause« zum Verzehr ein, und da Speis und Trank, Aussicht und Natur in diesem Lokal ganz vortrefflich zueinander passen, ist es an Schönwettertagen auch recht voll: 350 Personen fasst der Biergarten. So lässt sich hier eher auf weltliche Weise Energie tanken, außer man geht 100 Meter nördlich den Weg entlang, an dem sich ein Brunnen und eine Bank befinden.

Hier kann man dem Trubel entkommen und andere Kräfte in sich aufnehmen. Der Blick in den seltsam anmutenden Brunnen ist wie ein Einstieg in einen Fahrstuhl zur Vergangenheit. Die weite Sicht ins Rheintal, mit Blick auf die Autobahn und ein Kernkraftwerk, lässt den Betrachter bei friedlichem Vogelgezwitscher spielend über die Gegensätzlichkeiten unserer heutigen Zeit reflektieren. Wie es sich wohl vor 100, 1000 und 4000 Jahren angefühlt hat, hier zu sitzen? Und was wird in 100 Jahren zu sehen sein?

Baden-Baden

Die Kelten und die Römer liebten es, Kaiser, Zaren, Herzöge und Grafen schätzten es, und heute besuchen es die Reichen und Prominenten. Baden-Baden ist beliebt, Baden-Baden hat etwas. Die schönste Therme, die schönste Spielbank, die schönste Schlossruine und die schönste Felsenlandschaft. Dazu kommt eine wunderbare Lage zwischen sanften Hügeln, Bergen und Wäldern am Rande des Schwarzwaldes. Hier gerät jeder ins Schwärmen, hier findet jeder etwas. Gott scheint dieses Fleckchen Erde gesegnet zu haben, und die Menschen haben es verschönert.

Baden-Badens Geschichte begann mit einer Siedlung etwa 900 v. Chr. in der Hallstattzeit, deren wesentlichstes Zeugnis der »Heiligenbuck«, ein Fürstengrab bei Hügelsheim, ist. Immerhin misst es 75 Meter im Durchmesser, ist 3,5 Meter hoch und noch heute am Ende des Flugplatzes Söllingen sichtbar. Um 500 v. Chr. kamen die Kelten ins Tal und erbauten auf dem Battert einen Ringwall. Er gilt als die größte vorgeschichtliche Befestigungsanlage in Mittelbaden. Eine gründliche Erforschung hat noch nicht stattgefunden. Den Kelten verdanken der Fluss und das Tal der Oos seinen Namen. Er bedeutet so viel wie hell leuchtendes Wasser.

Als die Römer ins Tal der heißen Quellen kamen, waren die Kelten offensichtlich schon weitergezogen. Für die römischen Legionäre und ihre ausgeprägte Badekultur wurde das Tal zu einer Oase der Erholung im Feindesland. Sie tauften es Aquae, bauten Straßen, und alsbald folgten römische Bürger und Kaiser zur Kur im heilkräftigen Wasser. Rund um den heutigen Schlossberg entstand ein Tempel- und Bäderviertel. Vor allem Kaiser Caracalla schätzte diesen Ort und gab ihm seinen Zunamen Aureliae, was man mit »Kaiserbad« übersetzen könnte. Heute trägt ein neues modernes Thermalbad seinen Namen. Das schönste noch im alten Stil erbaute römisch-irische Bad ist das Friedrichsbad aus dem Jahre 1875.

Die vielen Quellen lassen vermuten, dass zumindest einzelne Quellen als Heiligtum verehrt wurden, denn das Wunder des heilenden Wasser wurde Göttern zugeschrieben. Neben den offiziellen Badegottheiten Apoll und Diana wurden auch anderen Göttern wie Merkur, Mars, Osiris und der kleinasiatischen Kybele Tempel und Votivsteine errichtet.

Doch der Ruhm des römischen Kurortes währte nicht lange. Um das Jahr 260 n. Chr. durchbrachen die Alemannen den Limes im Osten, und die Römer zogen sich hinter den Rhein zurück. Das kaiserliche Weltbad wurde von den »Barbaren« fast völlig zerstört. Im 7. Jahrhundert kamen die Merowinger, und im 12. Jahrhundert legten die Zähringer den Grundstein zu ihrer Burg hoch über der Stadt auf dem Battert und damit zu einer neuen kultivierten Phase. Der erneute Durchbruch zum weltbekannten Heilbad geschah jedoch erst Anfang des 19. Jahrhunderts.

Abbdildung des Battert auch auf den Farbtafeln

Baden-Baden ist reich an bedeutsamen Sagen, denen man in der »Trinkhalle« am Kurpark eine eigene Galerie mit großformatigen Bildern gewidmet hat. Interessant ist zum Beispiel die Sage vom Kloster Lichtental, das der Geschichte nach im Dreißigjährigen Krieg durch eine Lichterscheinung der Heiligen Mutter Maria vor der Zerstörung durch die Schweden bewahrt wurde. Eine andere Sage über die Engels- und die Teufelskanzel deutet auf einen heidnischen Kultplatz an der Teufelskanzel hin.

Der Battert

Ebenfalls durch eine Sage und den Hinweis einer in Baden-Baden lebenden spirituellen Künstlerin wurde ich auf den Battert aufmerksam. Im Norden flankiert dieser Bergrücken mit den eigenartigen Felsformationen die Stadt. Der Sage nach hat ein Jäger im Walde ein weißes Reh gejagt, als ihm eine zarte, schöne Jungfrau erschien und ihn bat, vom Reh abzulassen. Der Jägersmann war so bezaubert, dass er fortan dem Jagen ganz abschwor und stattdessen zum Einsiedler bei dem Felsen wurde.

Obwohl ich selbst keiner Jungfrau begegnete, war ich trotzdem sofort von diesem märchenhaften Felsen-Urwald verzaubert. Die Ruine, die sich »Altes Schloss« nennt und auf die ich später noch zu sprechen komme, ist vom Bahnhof aus die ausgeschilderte Straße hinauf in zehn Minuten zu erreichen.

Vom Parkplatz aus hat man die Wahl zwischen mehreren Rundweg-Varianten. Ich wählte den »Unteren Felsenweg« (den ich auch empfehle) und machte einen kurzen Abstecher zur leider verschlossenen Hubertus-Kapelle und kam dann nach zehn Minuten direkt bei dem ersten Felsen an. Der Wald rundherum war nach einem Sturm in einem üblen Zustand (August 2000). Gi-

Links: Felsen am Battert

gantische Bäume lagen kreuz und quer, als ob hier Riesen gekegelt hätten. Je weiter und näher man dem Felsen kommt, umso bizarrer werden die Formen. Dann weist ein kleines Schild links zur Felsentreppe, dem ich intuitiv folgte, obwohl (oder gerade weil) sie sehr alt aussah. Ich erinnerte mich an den Hinweis an einen Druidenweg hier oben und muss gestehen, das könnte er durchaus sein. Verwachsen, verwildert und verwoben schlängelt er sich im Zickzack durch den steinernen Urwald, der auch jede Menge Kletterfans anzieht, wie ich kurz darauf feststellen musste. Viele lauschige und magische Plätze zwischen steil aufragenden Felsen, kleine Plateaus, Birken, große Bäume und Farne verfehlen nicht ihre Wirkung.

Mir geht es wie dem Jägersmann, ich möchte am liebsten hier bleiben. Doch erst einmal zieht es mich noch höher hinauf, dahin, wo Kletterer mit Seilen senkrecht die Wand hochsteigen. Zur Belohnung gibt es immer neue Aussichten auf Baden-Baden und die umliegenden Berge. Verschiedene Plateaus auf senkrecht abfallenden Felsnadeln laden zum meditativen Verweilen für Schwindelfreie ein – da vergisst man jede Jungfrau.

Ein Donnergrollen verhinderte, dass ich die Zeit vergaß, und so machte ich mich über den »Oberen Felsenweg« zum Abstieg in Richtung »Altes Schloss« auf den Weg. Gnädigerweise wartete der Regenguss so lange und ließ mir sogar noch eine halbe Stunde, um die Schlossruine zu besichtigen.

Die Schlossruine Hohenbaden

Die Schlossruine Hohenbaden stammt aus dem Anfang des 12. Jahrhunderts und war ursprünglich eine Burg des zähringischen Fürstenhauses Rudolf. Sie wurde von jedem Eigentümer über die Jahrhunderte weiter ausge-

Altes Schloss Hohenbaden mit Windharfe

baut, bis man sich Anfang des 15. Jahrhunderts entschloss, ins Tal umzusiedeln. Das Schloss wurde wahrscheinlich um das Jahr 1584 durch einen Brand zerstört.

Ein seltsamer Klang wehte durch die Mauern und zog mich förmlich hinein. Höher und höher zwischen die steilen Gemäuer bis zu einem Innenhof, in dem ich die Ursache dieses magischen Klanges entdeckte: eine Windharfe. Ein ortsansässiger Künstler hat sie in luftiger Höhe in einem zugigen Fenster installiert, und so spielt nun der Wind sein eigenes Lied zum Staunen der Besucher.

Die bis in luftigste Höhen auf einem Turm zu begehende Ruine bietet immer wieder neue An- und Aussichten und dem einen oder anderen vielleicht auch Einsichten.

Von einer herrschsüchtigen und hartherzigen Schlossherrin berichtet die Sage, dass sie ihren kleinen Sohn am

Wickel über die Mauer hielt und ihm sagte: »Alles hier im Tal ist dein. Wenn du verstehst, die Bauern zu knechten, und sie in Strenge bei der Stange hältst.« Just in diesem Moment glitt ihr das Kind aus den Händen und wurde weder tot noch lebendig jemals wieder gesehen.

Auch hier muss man schon frei von Höhenangst sein, um alle Treppen zu besteigen. Aber es lohnt sich. Ganz überrascht war ich von einem kleinen Erker auf halber Höhe, der wohl früher Teil einer Kapelle war. Hier erlebte ich einen so intensiven energetischen Sog, wie ich ihn schon lange nicht mehr gespürt hatte. Ich ging mehrmals rein und raus, hatte aber immer wieder die gleiche starke körperliche Reaktion in den Beinen.

Intensiver energetischer Sog

Nach all der Kletterei kann man sich erfreulicherweise mit Kaffee und Kuchen in der Schänke im unteren Teil belohnen. Kaum hatte ich Platz genommen, öffnete der Himmel seine Pforten und reinigte die Energie mit einem kleinen Schauer. Ich dankte Petrus, und er zwinkerte mit einem Regenbogen zum Abschied. Kleiner Tipp: Das Schlossrestaurant bietet preiswerte Zimmer zum Übernachten, die man in Baden-Baden sicher nicht findet.

Bad Herrenalb

Herrenalb, das durch Bohrungen in 600 Metern Tiefe auf Mineral-Thermal-Wasser stieß und sich somit 1971 das *Bad* Herrenalb erwarb, wird 1149 in den Geschichtsannalen zum ersten Mal erwähnt. Es waren Mönche des Zisterzienserordens, denen Graf Berthold III. »zum Wohle seiner Seele« ein Kloster stiftete und die hier »zu arbeiten und zu beten« (ora et labora) begannen.

Die Entstehung des Sieben-Täler-Bades und des Albbaches verdanken wir der Sage nach dem zürnenden Heidengott Thor, der, als die ersten christlichen Missionare in den Schwarzwald kamen, wütend einen mächtigen Felsen in diese Gegend schleuderte. Dass dann ausgerechnet christliche Mönche diesen Wurf ausnutzten, um sich dort niederzulassen, lädt zu geomantischen Spekulationen ein, ebenso wie die Unzahl von Legenden und Wasserwundern, die es in diesem Tal gibt.

Der zürnende Thor

Über Germanen, Kelten und Alemannen existieren nur Vermutungen. Nachgewiesen sind eine keltische Siedlung auf dem Schlossberg bei Neuenbürg und ein alemannischer Ringwall auf dem Falkenstein. Man nimmt weiterhin an, dass der germanische Stamm der Triboken hier siedelte und die Berge zu Kultstätten erkor. So sei der Bottenberg zum Beispiel Wotan geweiht gewesen.

Ruhe und Kraft findet man daher am ehesten auf einer dieser zahlreichen Bergkuppen. Beschaulich fühlte es sich auch in der Klosterkirche in Bad Herrenalb an, die auf der Achse der Ruine der alten Kirche direkt dahinterliegt. In dieser Ruine gedeiht auf blankem Mauerwerk eine ansehnliche Kiefer auf dem Torbogen, was ihr den Namen Wunderkiefer eingebracht hat.

Der Ipf bei Bopfingen

In der Schwäbischen Alb nördlich der Donau bei Nördlingen schlug vor einigen Millionen Jahren ein Meteor ein und hinterließ den Ries-Kessel und interessante Kraftplätze. Am Rande dieser 23 Kilometer breiten Flachsenke steht bei Bopfingen ein abgeflachter Kegelberg, der Ipf. Ob die Kelten diese Bergkuppe nur wegen der

Der Ipf

schönen Fernsicht beziehungsweise aus Sicherheitsdenken wählten, um sich hier niederzulassen, oder ob auch energetisch-kultische Gründe eine Rolle spielten, können wir schlecht nachweisen. Tatsache ist, dass er heute wieder als Kraft- und Kultplatz zu Jahreskreisfesten aufgesucht wird. An Wochenenden ist er allerdings eine Domäne der Modellflugzeug-Flieger.

Wenn man das Bopfinger Kleinstadtmilieu hinter sich gelassen hat, erreicht man nach 30 Minuten (zu Fuß) das ringumwallte Plateau und ist erst mal herrlich allein mit Wind und Wolken. Kommt man wie ich von Westen, stößt man gleich auf einen Naturfelsen-Tempel, der zur Meditation einlädt. Auf der anderen Seite, wo sich der eigentliche Weg in einer geschwungenen Lindenallee hochschlängelt, steht an deren Ende unter drei bizarren alten Linden eine wohl tuende Sitzgruppe. Der Wuchs der Linden zeugt von starken Erdstrahlen.

Im Tannenwäldchen an der unteren Nordseite gibt es zwei Trichter, die wohl ursprünglich Brunnen oder Quellen enthielten. Die Wallanlagen sind noch deutlich zu erkennen und wie der ganze Berg denkmalgeschützt. Alles in allem ein interessanter Berg – besonders bei Vollmond, könnte ich mir vorstellen.

Das Walberla in Franken

In Franken begeht man jährlich ein Fest ganz besonderer Art: das Walberla-Fest. Jeden ersten Sonntag im Mai – früher am 1. Mai – pilgern Tausende von Besuchern auf einen sagenumwobenen Berg mit besonderer Prägung und Geschichte, um hoch oben auf dem Plateau das Frühlingsfest – wie es heute genannt wird – zu feiern. Über die Herkunft dieses Festes, das früher einen marktähnlichen Charakter hatte und zeitweise auch zu Ehren der heiligen Walpurga, der Schutzpatronin des Bergkirchleins, gefeiert wurde, besonders aber über diesen Berg, der schon als heidnische Kultstätte gedient haben soll, wollen wir etwas mehr hören.

Ein gewaltiger Inselberg

Das gewaltige Bergmassiv des Walberla oder Ehrenbürg – so der zweite Name dieses Berges – liegt im Landkreis Forchheim. Der 1500 Meter lange und rund 300 Meter breite Inselberg überragt das von der Albhochfläche trennende Ehrenbachtal im Osten um 230 Meter und das Vorland der Wiesent im Westen bis zu 250 Meter. Die Hochfläche gliedert sich durch eine weite Einsattelung (um 460 Meter) in einen Südost-Gipfel, den Rodenstein (531 Meter), und den Nordwestgipfel, das Walberla (523 Meter). Sie wird in ihrem ganzen Umfang von einem vorgeschichtlichen Wallsystem umgeben, das sich eng an die steil abfallende Bergkante anpasst. Die teils stark eingeebneten, teils noch gut erkennbaren Wälle sind in ihren besterhaltenen Teilen noch bis zu 2,50 Meter hoch. Das Alter dieser Wehranlagen kann man nur recht summarisch angeben. Trotz der Grabungen und der reichlichen Funde lässt sich nur sagen, dass sie zwischen der Urnenfelderzeit und der mittleren Latène-Zeit, also zwischen 100 und 400 v. Chr. entstanden ist. Die Besiedlungsgeschichte des Berges spiegelt sich in vielen Funden, deren Hauptteil heute im Pfalzmuseum in Forchheim aufbewahrt wird. Von den Jägern und Sammlern der Altsteinzeit (etwa 10 000 v. Chr.) ist der Berg gelegentlich besucht worden, wie eine auf ihm gefundene Feuersteinklinge beweist. Auch aus der Hallstattzeit (bis 1000 v. Chr.) gibt es zahlreiche Funde, die auf eine frühere Besiedlung des Berges hinweisen. Im Jahre 1360 n. Chr. wurde dann der Berg erstmals urkundlich erwähnt. Da stand aber schon oben' am Nordplateau die Walpurgakapelle, und bereits damals wurde auch schon der 1. Mai festlich begangen.

Da die Ehrenbürg sich aus dem feuchtgründigen Tonhügelgelände des Albvorlandes erhebt, ist sie an ihrem Fuß umsäumt von quellfrischen Wiesengründen, lehmigen Ackerbreiten und Obstbaumhainen. An dieser Stelle soll auch erwähnt werden, dass bis vor dem Zweiten Weltkrieg eine alte Arzneipflanze in Form ihrer zu Ringen geflochtenen Wurzeln während der Bergkirchweih auf dem Walberla feilgehalten wurde. Es war das Süßholz, dessen Stammpflanze im Gartenland um Bamberg seit Jahrhunderten kultiviert worden ist. Bei den Walpurgisfest-Besuchern gehört es zur Tradition, einen Süßholzreifen zu erwerben. Dieser wurde nicht nur als süßschmeckende, schleimlösende Droge geschätzt, sondern

Das Süßholz

galt zugleich als äußeres Zeichen für die vollzogene Wallfahrt. Heute gibt es neben den zahlreichen Biersorten alle lukullischen Genüsse eines Volksfestes, und von einem Walberla-Besuch kann ebenso ein Lebkuchenherz wie ein kleiner Rausch zeugen.

Es bedarf angesichts der noch vorhandenen Spuren vor- und frühgeschichtlicher Befestigungen auf dem Berg und angesichts der Ehrenbürg-Sagen keines Beweises, dass sich auf diesem Gipfel in ältester Zeit – vor allem in Tagen der Gefahr – viele Menschen zusammenfanden. In ruhigen Zeiten vielleicht auch zu kultischen Festen oder zu Rats- und Gerichtsversammlungen.

Zahlreiche Wissenschaftler haben schon Erklärungsversuche über die Entstehung des Walberla-Festes angestellt. Hiervon seien nur zwei genannt:

Die »Reinhard-Chronik« berichtet von der Sage der Hexenzusammenkunft in der Nacht zum Walpurgistag (1. Mai). Heute noch werden gerade um das Walberla herum die »Druden und Hexen« zu diesem Zeitpunkt »ausgepeitscht«, das heißt durch lautes Peitschenknallen verscheucht. Dr. Eduard Rühl sieht darin eine Erinnerung an vorchristliches Brauchtum und meint: »Bei der Vorliebe der Germanen für Bergkulte und der Größe der Wehranlagen müssen wir wohl auch eine Kultstätte auf dem Berge annehmen, die dann bei der Missionierung – der kirchlichen Vorschrift und Praxis entsprechend – einem christlichen Heiligtum weichen musste, in unserem Falle einer Walpurga-Kapelle.«

Dass ein Berg mit solcher Vergangenheit von zahllosen Sagen begleitet wird, versteht sich eigentlich von selbst.

Sagen um das Walberla

Die bekannteste Sage ist die von der »Steinernen Frau«, einer zum Walberla-Berg gehörenden Felsenpartie: Eine Königin schleuderte hier einen schrecklichen Fluch gegen eine Buhlerin, die sofort zu Stein wurde. Weitere Sagen sind die vom Fisch auf dem Walberla, dem unterirdischen See in der Ehrenbürg, vom Schatz in der Höhle und dem fremden Mönch, dem wilden Heer, dem Kloster auf dem Walberla und die Walpurga-Sage von der goldenen Pflugschar und der silbernen Sichel.

Erzählen will ich hier nur noch die Sage von der Erbauung der Kapelle, die in ihrer Symbolik sehr deutlich ist: Als die heilige Walpurga zur Ehrenbürg kam, beabsichtigte sie, hier eine Kapelle zu errichten, und zwar auf einer heidnischen Kultstätte. Darüber waren die »bösen Geister« des Berges so erbost, dass sie mit Felsbrocken auf die heilige Frau warfen. Aus diesen Felsbrocken erbaute dann die heilige Walpurga ihre Kapelle und zwang sogar die Unholde, ihr noch weitere Steine heranzuschleppen. Zum Dank dafür gab ihnen Walpurga für die Nacht vor dem 1. Mai ihre Freiheit wieder; darum tanzen in dieser Nacht die Druden und Hexen auf dem Walberla. Daher also auch der Name Walpurgisnacht.

Während man sich noch vor Jahren per pedes und mit Sonderzügen zum Walberla-Fest bewegte, sind es heute vor allem die Autofahrer, die bis etwa 100 Meter unterhalb des Berggipfels auf groß angelegten Parkplätzen von Kirchehrenbach und Schlaifhausen aus aufs Walberla gelangen. Daneben gibt es jedoch noch zahlreiche Wanderer, die mit Rucksack und Zelt schon am Vortag eintreffen und auf dem Berg übernachten. Seit einigen Jahren wird auch wieder ein Maibaum aufgestellt.

Sonnwendfeiern

In neuester Zeit haben sich die Sänger des Umkreises den Berg zu einer alljährlichen gemeinsamen Sonnwendfeier auserkoren, und auch die »neuen Hexen« und andere Frauengruppen haben den Berg wiederentdeckt.

Im Übrigen ist das Walberla – außer einer größeren Schutzhütte in einem alten Steinbruch – von Gebäuden aller Art verschont geblieben und präsentiert sich seinen Besuchern wie eh und je in natürlichem Kleid. Sogar Fasane und Rebhühner gibt es noch in dem mittlerweile als Naturschutzgebiet ausgewiesenen Wald. Daher freuen sich die Förster, die Tiere und die Elfen, wenn der Spaziergänger auf den Wegen und Pfaden bleibt. Dieser Berg hat einen behutsamen und bewussten Umgang verdient. Er ist ein Kraftplatz für viele, und es lohnt sich, einen Tag Zeit dafür einzuplanen.

Abbildung zum Walberla auf den Farbtafeln

Beschließen wir unsere Beschreibung über das Walberla mit einem viel sagenden Volksreim:

Ich schleppte auf den Berg hinauf
viel alte Sorg' und Qual,
als wie ein Geisbub' jodelnd fahr
ich fröhlich jetzt zu Tal!

(Aus einer Schrift von Theo Schnitzerlein)

Der Staffelberg

Als Wahrzeichen Frankens gilt der Staffelberg bei Staffelstein. Seit mindestens fünf Jahrtausenden hat es Siedlungen auf diesem weit ins Maintal blickenden Berg gegeben. Während des 6./5. Jahrhunderts v. Chr. war die Hochfläche des Berges Zentrum eines keltischen Macht- und/oder Kultbereiches. Ein Oppidum, eine befestigte Siedlung mit Ringwällen für den keltischen Adel oder die Priester mit einem Heiligtum im Mittelpunkt, gilt als sicher nachgewiesen. Genau auf dieser Kultstätte dürfte wohl die Kapelle der heiligen Adelgundis stehen, was sie der Sage nach einem göttlichen Wink mit dem Zaunpfahl – auch Wunder genannt – verdankt.

»Ursprünglich wollte man nämlich die Kirche auf den Alten Staffelberg bauen. Jede Nacht aber trugen Engel die Bausteine und alles Material, das am Bauplatz lag, auf den Staffelberg. Selbst als die Wände schon ein Stück emporgebaut waren, fand man am nächsten Tag dieses Mauerwerk auf dem Plateau des Staffelberges. Schließlich entschloss man sich, der Kapelle den Platz zu geben, den der Himmel für sie ausersehen hatte.« (S. Radunz, Der Staffelberg) Auch ein schlauer Rabe soll beim Bau geholfen haben, indem er einen Maurer auf den Sand in der Querkeles-Höhle nahebei aufmerksam machte. So ersparte man sich langwierige Transporte. In der Querkeles-Höhle wohnten einst kleine Wesen, die ähnlich den Heinzelmännchen den Menschen heimlich nächtens bei der Arbeit und bei Krankheiten halfen. Dafür entlohnte man sie mit ihrer Lieblingsspeise, rohen Kartoffelklößen. Eine geizige Bäuerin machte diesem hilfreichen Spuk ein Ende, weil sie den guten Geistern die wohlverdienten Klöße nicht gönnte.

Apropos Höhle, es gibt noch eine schöne Sage von einem Schatz im Innern des Berges:

Der Schatz im Staffelberg

»Tief im Innern des Staffelberges ist in einer unzugänglichen Höhle ein großer Schatz verborgen. Alle 100 Jahre öffnet sich zu mitternächtlicher Stunde an Johanni der Berg und gibt für eine Stunde den Weg zu den unterirdischen Räumen frei. Doch nur Sonntagskindern ist es möglich, das Berginnere zu schauen. Einmal wurde in einer solchen Nacht ein junger Schäfer durch ein donnerndes Dröhnen aufgeschreckt. Da er an einem Sonntag geboren war, konnte er den geöffneten Berg betreten. Angezogen und geblendet von den unermesslichen

Reichtümern, die er vorfand, wurde er immer tiefer in den Berg gelockt. Ehe er sich seine Taschen voll Gold und Edelsteine stopfen konnte, war die kurze Frist von einer Stunde verstrichen. Mit einem Dröhnen schloss sich der Berg wieder und versperrte dem Schäfer den Weg ins Freie. 100 Jahre lang musste er warten, bis sich der Berg wieder öffnete. Als alter Mann verließ er diese Stätte. Seine Taschen waren leer, er brauchte keine Reichtümer mehr.« (a. a. O.)

Die Adelgundiskapelle

Nachdem der Vorgängerbau dieser Kapelle im Bauernkrieg 1525 zerstört wurde, blieb er über 100 Jahre als Ruine stehen, bis er 1653 als Adelgundiskapelle wiederaufgebaut wurde. 1658 erhielt die Kapelle zwei kostbare Reliquien der heiligen Adelgundis, die noch heute verehrt werden. Seit dieser Zeit haben fast immer Einsiedler dort oben in der Klause gelebt. Leider beantragte einer von ihnen Mitte des vorigen Jahrhunderts das Schankrecht. Die Folgen davon, fröhlich zechende Wandersleut, erträgt der Berg seitdem mit Fassung. Tun wir es ihm nach, und besinnen wir uns auf die positiven Seiten des Berges. Davon gibt es vier, nämlich Altäre mit großen lothringischen Doppelkreuzen in alle Himmelsrichtungen. Vor allem im 18. und 19. Jahrhundert pilgerten alljährlich in der Nacht zum Karfreitag Tausende von Menschen auf den Berg, manch ein Kreuz mit sich tragend. Prozessionen ganzer Familien und Gemeinden pflegen diesen Brauch bis heute.

Geologisch gesehen, verläuft unter dem Berg eine starke Verwerfung, und es sprudelt – in Leitungen gefasst – eine Vielzahl von Quellen auf allen Ebenen aus dem Berg hervor.

Rechts: Bizarre Felsformationen am Staffelberg

Nachdem ich in der Nähe des Friedhofes von Staffelstein geparkt hatte, begann ich den Aufstieg zu Fuß und

zog nach 50 Metern meine Schuhe aus. Durch kleine Wälder, Obsthaine und Bergwiesen erreichte ich nach 20 Minuten einen Gedenkstein unterhalb der Kapelle. Folgende Inschrift empfing mich: Anno 1654 hat Weihbischof Melchior Söllner von Würzburg die im Bauernkrieg 1525 zerstörte und 1653 wieder aufgebaute Adelgundiskapelle auf dem Staffelberg eingeweiht. Hingerissen von der Majestät der Gottesnatur rief er hier aus: »Dieser Berg ist heilig, ich bin nicht würdig, ihn mit Schuhen zu betreten.« Er legte sie ab und stieg barfuß den Berg hinauf. Auch heute noch empfinde ich diese Aussage als zutreffend. Wenn Sie übrigens heilige Berge hochsteigen, machen Sie es – wenn möglich – in einer Spirale im Uhrzeigersinn. Wenn Ihre Intuition Ihnen jedoch etwas anderes zuflüstert, dann folgen Sie ihr!

Andacht und Ruhe abseits des Rummels

Oben angekommen, erlitt ich erst mal einen Schock: Gastwirtschaft mit Bänken und Spaziergängern rund um die Kirche. Es zog mich gleich in die Kapelle, die von Linden und einer mächtigen Kastanie umstanden ist. Drinnen ist es kühl; ein Heiligengrab mit biblischem Szenarium empfängt den Eintretenden. Welch herrliche Ruhe nach dem Geschnatter vor der Tür! Die andachtsvolle Stille schien ansteckend, keiner der Eintretenden sprach mehr, sogar die Kinder schwiegen. Danach begann ich meine »Mystery Tour« am Westkreuz, wo auch ein Weg hinunter zu einer Höhle, dem Querkelesloch, führt. Diese ist noch stark frequentiert, vor allem Kinder dringen so weit wie möglich nach innen vor. Aber dann wurde es ruhiger. Ein schmaler Pfad umrundet den Aussichtsfelsen im Norden. Für eine halbe Stunde war ich plötzlich ganz allein und entdeckte wunderbar stille Felsnischen. Zurück auf dem Plateau verweilte ich noch an den Kreuzen und tankte inmitten des Trubels Kraft und Ruhe mit einer einfachen Übung: im Blabla der Vorbeiziehenden völlige Neutralität zu bewahren oder vielleicht sogar Licht und Frieden auszustrahlen.

Dieser Ort braucht Menschen, die ihn bewusst (und vielleicht sogar barfuß) und in stiller Andacht begehen als Gegenpol zu Bier- und Würstchenkonsum. Er bedankt sich auf seine Weise.

Der Druidenstein bei Nürnberg

Eine der Zuschriften, die ich auf Grund meines Aufrufes in Zeitungen erhielt, war ein Brief, in dem mir ein Mann mitteilte, er habe mit dem Pendel auf der Landkarte einen Platz gefunden, der ein starker Kraftplatz sein müsse. Bei genauerem Nachforschen hatte er dann erfahren, dass sich auf diesem von ihm entdeckten Berg ein Druidenstein befände.

Suche nach dem Kraftplatz

Als ich mit einem Radiästhesisten den Stein suchte, verloren wir uns erst einmal in den Blaubeerfeldern dieses zauberhaften Berges. So befragte er die Rute, und diese wies uns direkt den Weg in ein Gebiet, das aus einer Vielzahl kleiner Hügel mit seltsamen, teils rechteckigen Einbuchtungen und tiefen Einschnitten bestand, in dem seine Rute völlig durchdrehte. Auch im weiteren Verlauf gelang es ihm nicht, einen klaren Eindruck oder konkrete Ergebnisse zu erhalten. Ich war jedoch von Anfang an fasziniert und trotz des beginnenden Regens magisch angezogen. So beschlossen wir, am darauf folgenden Tag noch einmal mit einer Geomantiegruppe zurückzukehren.

Das geschah dann auch, und als Erstes stießen wir, da wir diesmal von einer anderen Seite kamen, auf ein

Ein sensibler Ort der Kraft: der Druidenstein

kreisrundes Hügelgrab, das von einem unauffälligen Steinkreis umschlossen war. Trotz gleicher Bodenqualität war dieser Hügel frei von Blaubeeren. Wir bildeten einen Kreis und versuchten zu spüren, was für eine Energie hier herrschte, und ob innere Bilder auftauchten. Dies gelang einigen sehr gut, und wir gingen innerlich zentriert weiter bergauf.

Kurz darauf kamen wir wieder zu den ersten quadratischen Aushöhlungen und Vertiefungen mit seltsamen grätenartigen Rillenstrukturen an den Steinen. Der beeindruckendste Platz, in der Nähe eines Steinbruches, hat eine Länge von etwa 20 Metern mit einer Art Steg in der Mitte und einem quadratischen großen Steinblock. Ein Teilnehmer, der hier für längere Zeit in eine meditative Trance fiel, erhielt eine Reihe bildhafter Informationen. Für ihn war es ein Ort des Friedens und der Liebe.

Ort des Friedens

Ich entdeckte für mich noch eine andere Stelle 200 Meter weiter, wo in einer extremen Kleinhügellandschaft eine Menge bearbeiteter quadratischer alter Steine verstreut herumlagen. Daneben eine Feuerstelle, Farne – Stille.

Weiter oben im Wald fanden wir eine Vielzahl von Fichten mit extremen Ausbuchtungen in einer Höhe von etwa drei Metern, teils verdreht und verzwieselt (gespalten).

Der eigentliche Druidenstein ist durch ein Denkmal ersetzt, das darauf hinweist, dass sich hier vor 100 Jahren einmal der sagenumwobene Kultplatz befunden habe.

Am nahe gelegenen ehemaligen Steinbruch hat jemand vor vielleicht 30 Jahren einen Birkenkranz aus neun Bäumen und vier weiteren in einer Linie nebeneinander gepflanzt. Dazwischen ein großer Stein und eine Steinlinie. Es ist, als ob jemand – bewusst oder unbewusst – versucht hat, für die hier herrschenden Energien einen sakralen Raum zu schaffen.

Insgesamt ein Platz mit vielen Aspekten und unterschiedlichen Phänomenen.

Weitere Abbildungen zum Druidenstein auf den Farbtafeln

Da dieser Ort ein sehr sensibler Kraftplatz ist, mache ich bewusst keine genaueren Ortsangaben. Wer meint, dass dieser Druidenstein für ihn geeignet ist und umgekehrt, der wird ihn auch zu finden wissen.

Der Brocken und andere Hexentanzplätze

Weithin bekannt ist die Sage vom Hexentreffen in der Walpurgisnacht auf dem Blocksberg, die ja bereits Goethe als Vorlage für seinen »Faust« diente und dort entsprechenden Niederschlag fand.

»In der Nacht zum 1. Mai ziehen von allen Seiten die Hexen und Hexenmeister zum Blocksberg, um dort mit dem Teufel ein großes Fest zu feiern. Sie schmieren sich vorher mit der Hexensalbe ein und sausen dann durch die Luft davon auf Besen oder Ofengabeln, auf Ziegenböcken oder Schweinen oder auch Menschen, die sie unterwegs treffen. Auf dem Brocken angekommen, kehren die Hexen mit dem Besen den Schnee fort und zünden ein Feuer an, das sie mit den Ofengabeln zu heller Glut entfachen. Der Teufel besteigt einen Felsen, die Teufelskanzel, und hält eine hinreißende Rede über die Freuden dieser Welt. Inzwischen ist ein lahmer Schimmel geschlachtet und auf dem Hexenaltar gebraten. Nach dem Mahle geigt der Teufel auf dem Schädel des geschlachteten Pferdes, und die Hexen und Zauberer umkreisen ihn im wilden Tanze, indem sie flammende Feuerbrände schwingen. Satan sucht sich die schönste Hexe aus und wirbelt mit ihr herum, bis ihr der Atem vergeht. Mit dem ersten Morgengrauen verschwindet der tolle Spuk.« (W. Cramm, Sagenwelt des Harzes)

Auf den Spuren dieser Sage stand der Brocken natürlich an erster Stelle unserer Reiseroute in die ehemalige DDR. Uns, das sind der mich begleitende Geomantiespezialist Hans-Jörg Müller und der Steinkundler Michael Gienger. Dem magischen Nimbus des Ortes entsprechend wählten wir die Geisterstunde um ein Uhr nachts (Sommerzeit), um uns auf dem höchsten Punkt dieses Berges mit unserem dritten Reisegefährten zu treffen. Da ein Verbotsschild mit der Aufschrift »Durchfahrt nur mit Sondergenehmigung« und die Warnung von Ortsansässigen uns davon abhielt, den Wagen zu benutzen, mussten wir zwangsläufig mit Kamera und Schlafsack huckepack zu Fuß gehen. Nicht ahnend, was uns bevorstand oder uns erwartete, zogen wir um 23 Uhr vom Örtchen Schierke aus bergauf.

Der erste Lichtblick nach etwa einstündigem Marsch war dann der Mondaufgang gegen Mitternacht. Das erste Wegeschild, das darauf folgte, ernüchterte mich jedoch wieder zutiefst. In dem Glauben, die Hälfte des Weges zurückgelegt zu haben, musste ich da lesen: »Brocken 7 km«. Nach einer weiteren Stunde kam dann die erste Überraschung – ein Auto kam bergauf auf uns zu. Unsicher, ob wir ins Gebüsch springen oder den Daumen heraushalten sollten, entschieden wir uns für das Letztere. Und das Wunder geschah: Der Wagen mit vier jungen Leuten an Bord hielt an und nahm uns mit. Das Erstaunen über das ungewöhnliche Zusammentreffen zu solch ungewöhnlicher Zeit an so ungewöhnlicher Stelle war auf beiden Seiten groß. So erfuhren wir, dass wir den Zufall des nächtlichen »Liftes« der spontanen Idee einer Kneipenlaune verdankten, die die vier vor zwei Stunden im fernen Hannover hatten: mal kurz auf den Brocken fahren – just for fun. Nun, die Freude war ganz auf unserer Seite, wurden uns doch so die letzten zwei Kilometer Fußmarsch erspart und gewährleistet, pünktlich um ein Uhr am verabredeten Platze zu sein.

Militär statt Hexen

Die zweite Überraschung kam entsprechend prompt hinterher. Wir hatten zwar gehört, dass hier irgendwo die Russen stationiert waren, aber dass die Straße mitten in ihrem Lager unterhalb eines gigantischen Sendeturmes enden würde, hatten wir nicht erwartet. Auch nicht, dass alle Tore offen und weit und breit kein Mensch zu sehen war.

Da standen wir nun in einer völlig surrealistischen Mondlandschaft mit Militärbunkern, Radaranlagen und kugelrunden Bauten und verstanden gar nichts mehr.

Die jungen Leute qualmten eine Zigarette, machten ein paar Witze und fuhren wieder retour. Wir bewegten uns zurück Richtung Tor und erlebten unsere dritte Überraschung, die sich laut singend ankündigte: Sechs junge Typen saßen und lagen grölend vor der Mauer und warteten auf den Sonnenaufgang. Mit Fahrrad und Schlafsack waren sie für dieses »Erlebnis« hier hochgestrampelt und waren nun froh, oben noch jemanden mit Zigaretten anzutreffen.

Der Brocken – nur noch ein Mythos

Bleibt nicht mehr viel Aufregendes oder Magisches zu erzählen. Nach zwei Stunden vergeblichen Wartens auf unseren dritten Mann und den Sonnenaufgang legten wir uns abseits in die Büsche und träumten unter erblassendem Sternenhimmel von besenreitenden Hexen. Das Geräusch eines Besens weckte uns auch am nächsten Morgen, aber das war leider nur die Straßenreinigung. Was ich danach zu sehen bekam – es war etwa neun Uhr –, waren Scharen von Wanderern und Touristen, die wie behext den Berg hochstiegen auf der Suche nach einem Mythos, den man auf der Spitze des Brocken vergeblich sucht. Er ist wohl mehr in uns als außerhalb zu finden.

Die wirklich kraftvollen Plätze im Brockengebiet sind eher an den unzähligen Klippen im Umkreis von Schierke zu entdecken, wie zum Beispiel die Landmannsklippe (805 Meter), die Höllenklippe (880 Meter), die Leistenklippe (901 Meter), die Kapelle(nklippe) auf dem Pferdekopf oder die von Goethe erwähnten Schnarcherklippen: »Und die langen Felsennasen, wie sie schnarchen, wie sie blasen«.

Das gesamte Waldgebiet mit seinen Steilhängen, Hangmulden, Block- und Felsenmeeren ist ein gutes Wanderrevier und bietet viele lohnenswerte Aussichten und starke Plätze. Goethe, der das wildromantische Tal der »Kalten Bode« mehrmals durchwanderte, ließ Faust schwärmen:

Wie alles sich zum Ganzen webt,
Eins in dem anderen wirkt und lebt!
Wie Himmelskräfte auf und nieder steigen
und sich die goldenen Eimer reichen!
Mit Segen duftenden Schwingen
vom Himmel durch die Erde dringen
Harmonisch all' das All durchklingen! …

Ein weiterer Grund für die unglaubliche Anziehung, die der Brocken auf viele hat, ist wohl auch der Tatsache zuzuschreiben, dass die sagenumwobene Teufelskanzel bis 1990 auf dem Gebiet der russischen Militäranlage lag und daher seit 45 Jahren nicht mehr zugänglich gewesen ist. Ich nehme an, dass nach Abzug und Abbau der russischen Anlagen die magische Anziehung, die dieser Ort (aus welchen Gründen auch immer) hat, von kommerziellen Unternehmen touristisch ausgebaut werden wird. Wie beim Hexentanzplatz bei Thale wird es sich wahrscheinlich auch hier nicht vermeiden lassen.

Hintergründiges zum Thema Hexen

Hexenkulte entstanden in der Zeit, als das Christentum bereits im Lande etabliert war. Da sich die Missionierung gegen »heidnische« Rituale und altes Wissen wandte, waren die Hexen diejenigen, die dieses Wissen bewahrten und es an geheimen Plätzen, heiligen Hainen oder auf abgelegenen Bergkuppen praktizierten. Weil Sexualität von der Kirche ideologisch und moralisch unterdrückt wurde, projizierte man die eigenen Fantasien in die kultischen Rituale hinein und machte sie zu Orgien, die der »Teufel« anleitete. Der Teufel ist jedoch nichts anderes als die verteufelte Form einer uralten keltischen Waldgottheit, des gehörnten Gottes Pan, zu dessen Verehrung Tänze aufgeführt wurden.

Was das »Fliegen auf dem Besen« betrifft, so geschah dies mit Hilfe der Hexensalbe, einem aus Kräutern und Wurzeln hergestellten psychedelisch wirkenden Mittel, das zu Astralreisen – zum bewussten Verlassen des Körpers – benutzt werden konnte. Es gibt wieder Menschen, die das praktizieren, was jedoch nicht ungefährlich ist.

Wenn also der Brocken, der auch als ein Symbol der Freiheit zu verstehen ist, heute noch von Hexen besucht werden sollte, dann mit Sicherheit auf der astralen und nicht auf der realen Ebene. Eine Frauengruppe aus Frankfurt, die zur Walpurgisnacht den Brocken aufsuchte, geriet dort in ein profanes Volksfest, wo der einzige Rausch ein alkoholischer war.

Hexentanzplatz und Rosstrappe bei Thale

Oberhalb von Thale und gegenüber dem touristisch erschlossenen Hexentanzplatz erhebt sich 403 Meter hoch ein Granitfelsen, der seinen Namen einer Sage verdankt.

Die Sage erzählt von der Prinzessin Brunhilde, die auf der Flucht vor dem ungestümen Ritter Bodo auf einem Riesenross durch die Lande jagte. Als sie den Harz durchquerte, lag vor ihr plötzlich das tiefe Tal eines reißenden Gebirgsstromes. Brunhilde zögerte jedoch keinen Augenblick, gab ihrem Pferd die Sporen und setzte mit einem kühnen Sprung über den Abgrund. Der Aufschlag des Pferdehufes hinterließ eine tiefe Spur auf dem Gipfel des gegenüberliegenden Felsens. Der Verfolger Bodo, der es ihr gleichtun wollte, stürzte beim Sprung in die Tiefe und versank in den Fluten des Flusses, der seitdem die Bode genannt wird. Wegen seiner Verfolgung soll Ritter Bodo in einen hässlichen Hund verwandelt worden sein, der noch immer die Krone der Prinzessin bewachen muss, die beim Sprung Brunhildes in den Abgrund gefallen war.

Um diesen gewaltigen Hufabdruck zu begutachten, kann man den Rosstrappenfelsen auf Wanderwegen ersteigen oder auch in sechs Minuten bequem mit dem Sessellift erreichen. Von hier aus öffnet sich ein herrlicher Blick in das Bodetal und über das Harzvorland bis hin nach Halberstadt und Quedlinburg. Allein diese Aussicht, die auch einen Blick auf den Hexentanzplatz gewährt, lohnt die Auffahrt. Allerdings muss es sich – wenn man die Größe des Hufabdruckes sieht – um ein wirklich riesiges Ross gehandelt haben, da der Abdruck eher einem Dinosaurier angemessen wäre (Durchmesser 40 Zentimeter), und dazu um ein geflügeltes, da der überbrückte Abstand mindestens 100 Meter ausmacht. Eine andere Sage erzählt übrigens von einer Königstochter Emma, die vor ihrem Sprung über das Bodetal hier noch einmal getanzt hat!

Der Heidenwall – ein Opferplatz?

Zurückliegende Ausgrabungen und Funde bestätigen, dass sowohl der Rosstrappenfelsen wie auch der Hexentanzplatz in vorgeschichtlicher Zeit Kult-, Opfer- oder Zufluchtsstätten waren. Der Heidenwall auf der Rosstrappe, ein aus Walderde zu vier bis sechs Meter Höhe und 500 Meter Länge aufgeschütteter Schutzwall, der heute teilweise noch sichtbar ist, könnte auf die Existenz einer einstigen Wallburg hinweisen. Der »Hufabdruck« ist offensichtlich künstlich angelegt und erinnert an einen Schalenstein, das heißt, dieser Felsen könnte als Opferplatz rituell genutzt worden sein.

Das Interessante an den drei sichtbaren Löchern war, dass die Mutung (radiästhetische Messung) drei verschiedene Qualitäten ergeben hat, die in ihrem Zusammenwirken inmitten des Kreises ein neutrales Feld schaffen. Legt man sich dort mit dem Kopf hinein, kann man sich unter Umständen in eine andere Dimension hineinbegeben. Wir hatten sehr stark das Gefühl, durch eine Höhle in eine imaginäre Landschaft hinabgezogen zu werden.

Polarisierte Energien

Einige Meter weiter befindet sich in exponierter Lage, sozusagen genau in der Biegung oberhalb des Flusses, ein Punkt mit starker und konstanter Mondenergie, die auf den gegenüberliegenden Hexentanzplatz ausstrahlt. Man könnte es auch so ausdrücken, dass diese Energie vom Hexentanzplatz benötigt wird. Die beiden Plätze sind zueinander polar, der Hexentanzplatz wäre der männliche – was auch durch das Sonnenzeichen symbolisiert ist –, und der »Mondplatz« steht für die weibliche Energie. Aus diesem Grunde finden auch auf dem männlichen Platz die Hexentänze statt, damit sich Energien austauschen können. Durch die Tänze und Zeremonien wird der Platz aktiviert, und die Energie kommt so zurück zum Mondplatz. Dadurch wird der energetische Kreis geschlossen.

Deshalb konnten wir auch bei den Messungen am Hexentanzplatz zurzeit nur ein latentes Energiepotenzial feststellen, das nicht im Fluss ist. Sinn und Zweck des Ganzen könnte man so zusammenfassen: Durch diese Konstellation war und ist es möglich, Lebenskraft zu erzeugen.

Die eine Qualität ist ständig vorhanden, die andere wurde bei besonderen Anlässen aktiviert, und beide zusammen ergaben den fruchtbaren Impuls.

Leider ist der gesamte Komplex durch die massive touristische Erschließung für diesen Zweck unbrauchbar geworden. Äußerlich, das heißt landschaftlich, ist er natürlich sehr sehenswert.

Die Teufelsmauer bei Blankenburg

Die Teufelsmauer ist ein lang gezogener Bergrücken, der bei Blankenburg anfängt, über Neinstedt und Weddersleben bis zu den Gegensteinen bei Ballenstedt führt und durch ganz besonders auffällige Gesteinsformationen seine Charakteristik gewinnt. Es handelt sich bei diesen Felsformationen um Sandstein, bei dem erkennbar ist, dass er in verschiedenen Abfolgen gebildet wurde: Der untere Teil verdankt seine Entstehung einem ruhigen Gewässer, während der obere in einer Brandung geformt wurde.

Der Name der erhaltenen Mauerreste geht auf eine Sage zurück. Knechte des Teufels sollen an der Grenze des Teufelsreiches eine gewaltige Mauer errichtet haben. Doch bei Tagesanbruch fiel das bei Nacht vollendete Werk jeweils wieder zusammen; die Sonnenstrahlen waren stärker als die Mächte der Finsternis. Der Teufel, der damit die Schranken seiner Herrschaft erkennen musste, soll aus Zorn mit einem riesigen Felsbrocken das Mauerwerk bis auf die verbliebenen Reste zerstört haben.

Der »Drachenrücken«

Bei der Teufelsmauer haben wir die klassische Situation eines »Drachenrückens«, wie es in der Geomantie genannt wird. Dieser Begriff aus der chinesischen Geomantie meint Bergzüge, auf denen natürliche Energiebahnen fließen. Was sich hier als Spezifikum darbietet, ist, dass der Bergrücken nach Norden und Süden auffallend stark ansteigt. In der Verlängerung der Längsachse befindet sich die Stadt Blankenburg. Der Rücken selbst ist an der Westspitze abgebrochen und wird dort durch einen sehr hohen Stein charakterisiert.

200 Meter vor diesem jäh abfallenden Ende ist am höchsten Punkt ein Kreuz gesetzt. Wir haben kurz davor

Die Teufelsmauer ist ein klassischer »Drachenrücken«

einen Platz entdeckt und untersucht, der uns wegen seiner in den Fels gehauenen Sitznischen magisch anzog und zum Hinsetzen einlud. Die Bearbeitungsspuren in dem etwa 2,5 Meter breiten Stein sind deutlich erkennbar. Darüber hinaus fanden wir Einritzungen, die wohl zusätzlich dafür gedacht waren, das energetische Geschehen zu beeinflussen. Diese Ritzungen zeigen in der Mitte eine Pyramidalform und setzen sich konzentrisch gegeneinander nach oben hin fort, wobei auf dem rechten Stein in Höhe der Nieren eine horizontale Ritzung angebracht wurde.

Ein Kraftplatz sollte zerstört werden

Klar feststellbar war auch, dass dieser Stein aus seiner ursprünglichen Lage heraus um einen Meter versetzt worden ist, wobei wir vermuten, dass dies in der Absicht geschah, die ursprüngliche Funktion des Steines zu zerstören. Auch ein zweiter Stein, der als Richtstein auf den ersten deutet, ist um etwa einen Meter versetzt worden.

Ursprünglich durchfloss diesen Stein eine Energiebahn, die ihn auflud und dem hier Sitzenden zugute kam.

In ahnungsvoller Erwartung ließen wir uns auf den beiden Plätzen nieder und versuchten, die jeweiligen Qualitäten beziehungsweise die Funktion des Ganzen zu erspüren. Offensichtlich war der eine Platz linkshemisphärisch und der andere auf die rechte Gehirnhälfte wirkend beziehungsweise nach innen oder außen orientiert. Das Ganze war ursprünglich so angelegt, dass man hier Unterstützung für eine innere Sicht erhalten konnte. Die Ritzung in Nierenhöhe hat einen ausgleichenden und harmonisierenden Effekt, und der insgesamt aufbauende Einfluss ist auch heute noch spürbar. Der Blick kann von diesem Ort aus weit nach Norden ins Land hinausschweifen. Außer diesem sehr speziellen Platz gibt es noch eine ganze Reihe anderer Felsen und Aussichtspunkte, bei denen sich das Verweilen lohnt.

Der Menhir von Benzingerrode

Mitten in einem Kleefeld, einen knappen Kilometer außerhalb von Benzingerrode, steht ein einzelner, etwa 3,5 Meter hoher verwitterter Granitstein, der offensichtlich vor langer Zeit bewusst dort platziert wurde, also ein klassischer Menhir. Wie wir feststellen konnten, erhebt er sich über dem Zusammenfluss von sechs feinstofflichen Energieflüssen.

Er ist vermutlich vor der germanischen Besiedlung aufgestellt worden, aber vielleicht haben ihn die Germanen auch noch benutzt. Über den Kult selbst ist nichts weiter bekannt, auch archäologische Grabungen haben keine Funde ergeben.

Ein Menhir, dessen Kraft auch heute noch wirken kann

Unsere Vermutung geht dahin, dass dieser Stein die Funktion hatte, Fruchtbarkeit über das Land zu verteilen, zu verstärken und zu erhalten und das Wetter zu beeinflussen, das heißt Regen zu machen.

Das war insofern notwendig, als dieses Gebiet im Wind- und Regenschatten des Harzes liegt. Der Regen fällt größtenteils auf der Westseite des Harzes, und das Land auf der Ostseite bleibt trocken. Eine der von hier wegführenden Energiebahnen läuft genau auf die Burg Regenstein zu, die in einigen Kilometern Entfernung sichtbar am Horizont auf einem Felsen thront.

Dieses Zusammenspiel der Namen entdeckten wir jedoch erst später beim Studium der Karte und nahmen es als Anlass, uns die Burg als Nächstes anzusehen. Ein aus meiner Sicht eher »spielerischer« Versuch meiner Begleiter, die regenerzeugende Fähigkeit des Steins zu überprüfen, war überraschenderweise – und zu meinem Bedauern – erfolgreich: Der leicht bewölkte Himmel zog sich innerhalb kürzester Zeit völlig zu, und es regnete. Die nächsten drei Tage mussten wir auf Sonnenschein verzichten.

Wegbeschreibung: Kleine Straße am Ortsausgang Richtung Silstedt fahren. In der ersten Linkskurve den Schotterweg geradeaus und dann nach 50 Metern rechts den Feldweg hinein bis zum Menhir (unübersehbar links im Feld).

Der Kyffhäuser

Der Berg verdankt seine große Bekanntheit der Kyffhäuser-Burg mit dem Kaiser-Wilhelm-Denkmal und der Kyffhäuser-Sage von Kaiser Barbarossa, der heute noch im Innern des Berges auf den Anbruch einer neuen Zeit wartet. Er sitzt an einem steinernen Tisch, und sein Bart ist so lang, dass er bereits zwei Mal um den Tisch herumreicht. Alle 100 Jahre fragt er einen Zwerg, ob die Raben noch um den Berg kreisen, was bedeutet, dass er weitere 100 Jahre warten muss.

Der Mythos vom schlafenden Barbarossa im Kyffhäuser

Zum Kyffhäuser möchte ich kurz erläutern, was wir hier als Mythos im Denkmal verankert vorfinden beziehungsweise welchen Einfluss Kaiser Barbarossa auf die »deutsche Volksseele« hatte.

Friedrich I., der seinen Beinamen Barbarossa von den Italienern wegen seines roten Bartes erhielt, besaß zu Füßen der alten Reichsburg auf dem Kyffhäuser, auf dem heute das Denkmal steht, die Kaiserpfalz Tilleda. Er selbst weilte im Jahre 1188 zum letzten Male hier und verstarb 1190 während seines dritten Kreuzzuges nach Jerusalem in den Strudeln eines Bergflusses in der heutigen Türkei.

Abbildung zum Barbarossadenkmal auf den Farbtafeln

Der Ursprung der Sage geht eigentlich nicht auf ihn, sondern auf seinen Enkel, Friedrich II., zurück, den letzten der Stauferkaiser, der 1250 in Sizilien an der Ruhr gestorben ist. Als die Nachricht von seinem Tode nach Deutschland drang, gab es viele, die das nicht wahrhaben wollten, und es entstand das Gerücht, dass er sich für eine gewisse Zeit verborgen halte. Die Sehnsucht nach der starken, einigenden, zentralen Gestalt in dem von vielen großen und kleinen Fehden gebeutelten Land ließ den Glauben an die Wiederkehr Kaiser Friedrichs zur Sage reifen und erhielt so dem Volk die Hoffnung auf Frieden und Einigkeit.

Erst zu Beginn des 16. Jahrhunderts wurde die Sage auf Kaiser Barbarossa übertragen. In einer Flugschrift aus dem Jahre 1537 heißt es: »... Dann wird er auffheben sein Szepter und wird fried seyn in aller Welt, dann wird das guelden Alter und die guelden Zeit erfüllet und herforkommen. Also um der Gestalt wird Keyser Friedenreich kommen ...«

Barbarossas Verklärung

In der Romantik begann dann die Idealisierung und Verklärung der alten Kaiserherrlichkeit. Die universale Reichsidee und die Herrschaft der staufischen Kaiser fanden breite Bewunderung und literarischen Niederschlag. So wurde Barbarossa sowohl von Dichtern und Künstlern als auch von der Geschichtsschreibung des 19. Jahrhunderts zum Idealkaiser des Mittelalters erhoben. Es verwundert daher nicht, dass Kaiser Wilhelm nach der politischen Einigung Deutschlands unter Preußens Führung und der Proklamation des Deutschen Kaiserreiches 1871 als der Erfüller der Barbarossa-Prophezeiung gefeiert wurde. Das Kaiserreich der Hohenzollern begriff sich in direkter Traditionslinie mit den Staufern. In Kaiser Wilhelm sah man Barbarossa zu neuem Leben erwacht.

Ein weiterer Aspekt, der aus geomantischer und symbolischer Sicht interessant ist, ist die weniger bekannte Tatsache, dass außer der Barbarossahöhle noch eine Vielzahl von Höhlen und Spalten im Kyffhäuser existieren, in denen vor rund 3000 Jahren rituelle Menschenopfer und sakraler Kannibalismus durchgeführt wurden. Diese von Professor Behm-Blancke aufgedeckten und untersuchten Höhlen liegen an der Westseite des Kosakenberges, 2,5 Kilometer nordwestlich von Bad Frankenhausen. Da die Begehung nicht ungefährlich ist, wollen wir hier nur einige archäologische Fakten erwähnen.

Kultstätten und Menschenopfer

Professor Behm-Blancke fand zahlreiche Menschenknochen mit Schnitt- und Brandspuren, die überwiegend von Jugendlichen stammten. Über hundert Menschen sind hier den Göttern geopfert und zum Zwecke der Vereinigung von Gottheit und Kultgemeinde im heiligen Mahl verzehrt worden. Behm-Blancke stellt Folgendes fest:

»1. Die als Naturgebilde entstandenen Höhlen und Spalten wurden nach bestimmten Vorstellungen für den Götterdienst eingerichtet. Die erkennbare Ordnung der Kultverteilung auf die einzelnen Höhlen weist auf ein bedeutendes, von Kultpersonen geleitetes Heiligtum hin.

2. Die Verehrung mehrerer Gottheiten in der Urnenfelder- und Hallstadtzeit an diesem Ort und die große Zahl der Menschenopfer, die bereits in der Hügelgräber-Bronzezeit begannen, lassen auf die Anwe-

senheit einer Kultgemeinschaft schließen, die nicht nur aus den Siedlungen der näheren Umgebung stammte. Wir haben es aller Wahrscheinlichkeit nach mit einem Zentralheiligtum in einem Stammesgebiet zu tun.

3. Im Mittelpunkt des Bergbezirks stand die von Fackeln erhellte Höhle, in der während der Urnenfelderzeit der Ritus für zwei Göttinnen geübt wurde.« (Archäologie in der DDR)

Der Kyffhäuser ist also, wie wir im geschichtlichen Gesamtüberblick sehen, ein vor allem symbolisch interessanter Komplex, der beginnend mit seinem kannibalischen Kultgeschehen in seiner Höhlenunterwelt über Kyffhäuser-Mythos und Kaiserkult zum Touristenkultplatz geworden ist.

Wir haben im gesamten Gelände und in der Anlage keine besonderen energetischen Strukturen gefunden, die den Platz in irgendeiner Hinsicht als Ort der Kraft auszeichnen könnten. Auf einer symbolischen Ebene ist eine Weltsicht dargestellt, die man im gesamten Gebäude gut nachvollziehen kann. Beeindruckend sind dabei vor allem der Gesichtsausdruck und die Haltung Barbarossas. Die künstlerisch sehr gelungene Darstellung des wartenden Barbarossa erinnert stark an Wotan oder Odin, den Stammvater der Nation. Auch der stilisiert dargestellte Rabe über dem Kopfe Barbarossas, ebenfalls ein Attribut Odins, erinnert daran. Odin hat Raben über die Welt ausgesandt, ebenso wie Barbarossa in der Sage alle hundert Jahre fragt, ob die Raben noch um den Berg kreisen. Sollten die Raben nicht mehr kreisen, so heißt das, dass er wieder aus dem Berg kommen kann. Trotz intensiver Ausschauen konnten wir weit und breit keinen Raben entdecken. Vielleicht ist der Kaiser bereits wieder dem Berg entstiegen, denn eines seiner Anliegen war, das Reich zu vereinen.

Barbarossa-Höhle

Der gesamte Kyffhäuser ist von einem größeren Höhlensystem durchzogen, von dem die bekannte Barbarossahöhle für den Tourismus erschlossen wurde. Diese Höhle besteht überwiegend aus Gipsgestein, das die Fähigkeit hat, Wasser aus der Luft anzuziehen, dadurch aufquillt und stellenweise wie gegerbtes Leder von den Decken herabhängt. Das Beeindruckende an der Höhle sind nicht Tropfsteine oder farbige Effekte, sondern es ist die Größe der Hallen.

In einigen dieser Hallen liegen kleine natürliche Seen mit glasklarem Wasser. Da die Sage vom Kaiser Barbarossa hier in dieser Gegend entstanden ist, hat man die Höhle nach Errichten des Denkmals nachträglich Barbarossahöhle getauft und, um der Sage zu entsprechen, einen Barbarossathron eingebaut, der jedem Glück bringen soll, der sich hineinsetzt.

Magische Orte in der Sächsischen Schweiz

Die Sächsische Schweiz ist zweifellos eines der bekanntesten Erholungs- und Wandergebiete und eine nicht nur bei Landschaftsmalern beliebte Landschaft. Bedeutende Künstler der Romantik wie Caspar David Friedrich und Ludwig Richter sind auf der damaligen »Malerstraße« gewandert und haben uns ihre Eindrücke hinterlassen. Die eigenartige wildromantische Natur beeindruckt vor allem durch die markanten Sandsteinfelsen in Form von Tafelbergen oder freistehenden Kletterfelsen, langen Felsfluchten und zerrissenen Felsrevieren, aber auch durch tief eingeschnittene Täler und Schluchten. Mitten durch diese kraftvolle Landschaft fließt die Elbe in zwei großen Schleifen zwischen Bad Schandau und Wehlen.

Die Felsnadeln der Bastei

Bei der Bastei handelt es sich um gigantische Sandsteinformationen entlang der Elbe, die hier eine so genannte Mäanderschleife bildet. Der Elbsandstein ist ein sehr langsam abgelagerter Sandstein von außergewöhnlicher Dichte mit deutlich sichtbaren horizontalen Schichtungen; er ist relativ stark radioaktiv strahlend, ähnlich wie auch der benachbarte Königstein, unter dem heute noch Uran abgebaut wird.

Die gigantischen Felsnadeln des Basteigebietes sind, außer für Profi-Kletterer, weitgehend unzugänglich. Gerade diese Unzugänglichkeit und die Höhe der Felsen mögen Menschen früher an Göttersitze erinnert haben. Solche Bereiche, die dem menschlichen Zugriff verschlossen sind, haben immer eine magische Ausstrahlung und ziehen auch heute noch viele Touristen an.

Einige dieser Felsnadeln sind durch Brücken verbunden, und eine befestigte Burg wurde darauf errichtet, die von der Romantik wiederentdeckt und vor kurzem in ihren Grundmauern restauriert wurde.

Als schönster energetischer Platz stellte sich die Mitte der ehemaligen Felsenburg Neurathen heraus, wo wir an höchster Stelle an einem markanten Baum einen Punkt fanden, der eine sehr aufbauende und freudige Energie ausstrahlt und insgesamt sehr belebend wirkt. Dieser Baum ist durch seine auffälligen Verwachsungen nicht zu übersehen und bildet auch den einzigen nach außen

Sandsteinwunder an der Elbe: die Bastei

hin geschützten und geborgenen Bereich. Alle anderen zugänglichen Felsplateaus liegen sehr offen da, bieten fantastische Aussichten, wie man sie wohl als einmalig für Deutschland beschreiben kann.

Die verschiedenen Ausblicke sind so faszinierend, dass man darüber auch leicht die vielen Menschen vergisst, die wie Ameisen das gesamte Gelände durchstreifen und dort die übliche Unruhe verbreiten. Es ist sicher nicht einfach, hier zu normalen Uhrzeiten einen ruhigen Ort zu finden. Zu Sonnenauf- und -untergang dürfte dieser Platz jedoch viel von seiner magischen Ausstrahlkraft zurückgewinnen.

Eine Felsenbühne

Inmitten der Felsformationen der Bastei wurde in einer Schlucht eine Felsenbühne angelegt, die sich durch eine unvergleichliche Akustik auszeichnet und heute noch für Veranstaltungen benutzt wird. Ein Flötenspieler, der

Weitere Abbildungen der Basteifelsen siehe Farbtafeln

zur Zeit unseres Aufenthaltes dort unten eine Melodie blies, erreichte mit seinem zarten Instrument spielend und wohlklingend die in mindestens 200 Meter Luftlinie entfernten Felsspitzen, auf denen wir uns befanden.

Wer sich während des Tages von den vielen Menschen erholen möchte und einen ruhigeren Kraftplatz sucht, dem sei empfohlen, etwa 800 Meter den Weg in Richtung »Steinerner Tisch« zu gehen. Dort gibt es linker Hand eine kleine Schlucht, wo aus großen Felsen und einigen mächtigen Bäumen ein wunderbarer kleiner Hain gebildet wird. Inmitten dieses Platzes befindet sich auf einem zentralen Felsen ein Plateau, das an einer großen Fichte und den nur dort wachsenden Heidelbeeren leicht zu erkennen ist.

Die konkave Ausformung der umliegenden Felsen hat eine Art Paraboleffekt, sie wirken fokussierend auf die Energie. Der gesamte Platz erinnert an einen Naturtempel, in dem man sich – von der Energie des Plateaus ausgehend – gut vorstellen kann, dass hier ein Priester zu seinem Stamm gesprochen hat, nachdem er sich oben an die einstrahlende Energie angeschlossen hatte, vielleicht um als Kanal für höhere Wesenheiten zu dienen. Wir haben uns hier äußerst wohl gefühlt, und es fiel uns sehr leicht, innerhalb kürzester Zeit in einen meditativen, fast tranceartigen Zustand zu fallen.

Lilienstein

Der Lilienstein ist ein sehr markanter Tafelberg, der von allen Richtungen her weithin zu sehen ist. Er ist, wie die meisten Tafelberge, vulkanischen Ursprungs, wobei man sich nicht einen ausgesprochenen Kegelvulkan vorstellen darf, sondern einen ehemaligen Schlot, aus dem die Magma aus dem tiefen Erdinnern emporgestiegen ist. Die Magma hat zur Zeit der Entstehung die Erdober-

Morgennebel hüllen den Lilienstein ein

fläche nicht erreicht, ist quasi im Schlot stecken geblieben und langsam erstarrt. Das ergibt ein dem Urgestein ähnliches, sehr massives Felsgestein, das die anschließende Verwitterung besser überstand als der umliegende Sandstein.

Wenn man von der alten Kaiserstraße vom Parkplatz aus den markierten Weg bergauf geht, erreicht man nach etwa fünfhundert Metern auf der rechten Seite drei markante, wuchtige Felsblöcke. Sie sind auch dadurch leicht zu erkennen, dass dort gewaltige Bäume stehen, eine mächtige Buche fällt als Dreierzwiesel besonders auf. Auch eine gezwieselte und wieder zusammengewachsene Fichte und eine Birke mit »Hexenbesen« säumen diesen interessanten Ort. Im mittleren Stein haben wir eine kleine Ausbuchtung gefunden, die künstlich als Sitzplatz angelegt zu sein schien. Wir probierten diesen Platz aus und stellten alle drei fest, dass man hier leicht in einen meditativen Zustand versinken kann. Ein schöner Ort zur vorbereitenden Einstimmung für den weiteren Aufstieg.

Verfolgt man den aufwärts führenden Weg weitere 300 Meter, findet man einen Birkenhain, der auf die Stimmung sofort einen erhebenden Einfluss hat. Man fühlt sich leicht und redefreudig und kann davon ausgehen, dass dieser Hain früher zu Versammlungs- und Lehrzwecken verwendet wurde. Man hat hier bereits einen beeindruckenden Blick auf die einige hundert Meter senkrecht ansteigenden Felsklippen. Allein dieser Bereich lädt schon für einige Zeit zum Verweilen ein und birgt ganz besondere Qualitäten. Auch beim weiteren Aufstieg begegneten wir mehreren besonderen Plätzen und Gesteinsformationen, zum Beispiel einem von innen zerklüfteten, hochaufragenden Stein, auf dem man sich im Gras unter einer Birke niederlassen kann. Hier kommen wenige Menschen vorbei, und es bietet sich ein erster lohnender Ausblick ins Land. Der weitere Aufstieg ist durch ein Geländer gesichert und führt etwa zehn Minuten auf ein Plateau mit einer Vielzahl von Felsspitzen, die alle begehbar gemacht wurden und wahrlich faszinierende Aussichten bieten. Auf zwei dieser Felsenspitzen haben wir insgesamt sieben schalensteinartige Vertiefungen gefunden, wobei die größte eine Fläche von etwa 1,50 auf 1,20 Meter hatte. In der Mitte der Wannen befand sich nochmals eine Vertiefung. Interessante Ergebnisse erbrachten radiästhetische Untersuchungen.

Ein sensibler Ort der Kraft

Durch eine mediale Befragung der umliegenden Bäume hat sich ergeben, dass diese Schalensteine Punkte markieren, die wie Nervenenden an der Hautoberfläche des Körpers mit dem Innern der Erde verbunden sind. Dies macht den Platz insgesamt so sensibel, dass es wünschenswert gewesen wäre, ihn der touristischen Begehung zu entziehen. Betreten Sie ihn also besonders sorgfältig und bewusst. Alles, was man hier ausdrückt, wird

Frühgeschichtliche Spuren auf dem Lilienstein

direkt in den inneren Bereich der Erde übertragen oder – wenn man die Erde als lebendes Wesen betrachtet – von ihr wahrgenommen.

Wechselt man auf das nächste Plateau über, gelangt man auf ein als frühgeschichtlicher Wehrplatz ausgewiesenes Gelände. Unsere Untersuchungen boten jedoch keinen Anhalt dafür, dass man sich hier zum Schutze vor etwas zurückgezogen hat, sondern eher, dass es sich um einen frühen Wohnbereich nach der Jahrtausendwende handelt, vielleicht eine Einsiedlerklause oder Ähnliches. Dieser in sich abgeschlossene Ort ist insgesamt sehr harmonisch und friedlich und gut geeignet, sich dem inneren Kosmos zuzuwenden. Die Lebendigkeit dieses Ortes ist überdies gekennzeichnet durch eine Vielzahl interessanter Bäume. Kurz dahinter gelangt man zu einer kleinen Gaststätte und dem eigentlichen Gipfel mit einem Denkmal. Dazwischen stießen wir auf eine faszinierende

Baumgruppe. Hier sind viele Äste einer mehrfach in V-Form gewachsenen Buche wieder miteinander verwachsen, unter anderem ist ein Ast mit einer mittlerweile abgestorbenen Fichte verschmolzen, was auf ein seltenes energetisches Phänomen hinweist.

»Kuhstall« Auf den Felszinnen des Neuen Wildensteins in der Nähe von Bad Schandau wohnte einst – 1409 bis 1451 – ein böhmisches Herrschaftsgeschlecht, die »Berken von Duba«, denen die jährliche Abgabe der »untertänigen Bauern« nicht genügte; daher ergänzten die hohen Herren ihre Einnahmen durch brutalen Straßenraub. Dabei erbeuteten sie auch regelmäßig Vieh, das sie in der leicht abtrennbaren »Höhle« hielten, was diesem imposanten Felsentor besagten Namen einbrachte. In jener Zeit gab es auch noch einen Burggraben mit Zugbrücke.

Von der Burg ist eigentlich nicht mehr viel zu sehen. Lediglich verschiedene Felslöcher und Höhlen, die zum Teil als Verliese und Folterkammern dienten, sind mit etwas Fantasie als solche auszumachen. Im Dreißigjährigen Krieg waren die im Wald gut versteckten Felsen dann ein Zufluchtsort der Lichtenhainer Bauern. Aus dieser Zeit existiert noch ein »Kanzelstein«, an dem der Pfarrer seine Andachten abgehalten haben soll. Aus vorgeschichtlicher Zeit ist offiziell nichts bekannt.

Für das, was der Platz zu bieten hat, ist der Name »Kuhstall« ziemlich unpassend. Man erreicht dieses interessante Felsengelände, das mir wie ein magischer Abenteuer-Spielplatz vorkam, indem man vom Lichtenauer Wasserfall aus eine halbe Stunde bergauf läuft.

Der als »Kuhstall« bezeichnete Teil gleicht einem riesigen Felsentor von etwa sechs Metern Durchmesser, das sich auf einen jäh abfallenden, durch Gitter gesicherten

Ein Spielplatz für Riesen? Kuhstall, Sächsische Schweiz

Abgrund öffnet. Hier bietet sich dem Besucher ein herrlich weiter Blick auf die scheinbar völlig unberührte, bewaldete Hügellandschaft von Tschechien, die Grenze verläuft unweit vom »Kuhstall«.

Das Portal enthielt einige bemerkenswerte Nischen, in denen wir akustische Phänomene feststellen konnten, wie zum Beispiel eine Verstärkung von leise geflüsterten Worten. Das Ganze erhält durch etliche geologische Verwerfungen eine zusätzliche energetische Konzentration.

Vom Portal gelangt man linker Hand durch ein Felsenloch zur so genannten »Himmelsleiter«. Dies ist eine schmale Treppe, die durch einen engen Felsenspalt etwa 20 Meter bergauf zu einem Plateau von etwa 30 Metern Länge und 20 Metern Breite führt.

Man kann sich gut vorstellen, dass früher hier einzelne Menschen wohnten und die Sterne beobachteten.

Wir fanden keine Spuren, die direkt darauf hinweisen,

Ein Felsplateau als Fluchtburg

dass hier kultisches Geschehen stattgefunden hätte, aber es ist bekannt, dass diese Felsen immer als Fluchtburg benutzt wurden – gut verständlich, da dieses Felsplateau schwer zugänglich ist. Insgesamt sind hier eine ganze Reihe Kräfte spürbar, die offensichtlich ein stark erfühlbares Eigenleben haben. Wenn man diesen Platz auf dem vorgegebenen Weg verlässt, öffnen sich dem Besucher viele mögliche Räume, die man erkunden und erleben kann, teils mit Geländer und Stufen zugänglich gemacht, teils aber auch einfach so zu erklettern. Einige davon möchten wir noch im Folgenden beschreiben. Nach etwa 10 Metern auf der linken Seite kann man über einige in Stein gehauene Treppen zu einem Platz gelangen, der möglicherweise einmal eine Art Schalenstein gewesen ist. Interessant ist in dem Zusammenhang eine Stelle, an der man kurz vorher eine schmale Kluft überspringen muss, was mit einer starken energetischen Hemmung verbunden ist und von uns als eine Art Schwellensituation erlebt wurde, die trotz des relativ geringen Abstands einige Ängste mobilisierte. Dieses Phänomen ergibt sich interessanterweise nur auf dem Weg zu dem besagten Stein und nicht auf dem Rückweg.

Das gesamte sich danach anschließende Gebiet strahlt durch seine Gesteinsformationen unglaubliche Kraft aus, was immer wieder zu waghalsigen Klettereien einlädt. Man muss jedoch sagen, dass es, wenn man über die Himmelsleiter den Weg »in den Himmel« gefunden hat, nur eines Fehltrittes bedarf, um sozusagen wieder »zur Hölle zu fahren«.

Links: Die Himmelsleiter

Von allen Plätzen bieten sich unterschiedliche, aber gleichwohl faszinierende Aussichten, zum Beispiel auf Lilienstein, Königstein und die Bastei. Der besondere

Eindruck gen Osten wird dadurch bestimmt, dass es sich hier um ein fast unbewohntes und unberührtes Gebiet handelt. Das ganze Gelände ist relativ weitläufig, so dass sich die am Wochenende hier sicherlich anwesenden Touristen ziemlich gut verlaufen dürften und jeder entsprechend seiner Stimmung das ihm angemessene »Plätzchen« finden kann. Das Ganze war für mich einer der »bezauberndsten« Plätze in der früheren DDR, der mich bis in die Dämmerung hinein in seinem Bann hielt. Während des gesamten Aufenthaltes konnten wir uns oft nicht des Gefühls erwehren, dass die Steine hier belebt sind. Vor allem in der Dämmerung, zu der hier übrigens weit und breit keine Menschenseele außer uns anzutreffen war, empfindet man überall die Anwesenheit riesenhafter Gestalten.

Belebte Steine

In diesem Zusammenhang möchte ich einmal den uns begleitenden Steinkundler Michael Gienger dieses Phänomen umschreiben oder erklären lassen: Er meint, dass auch in Steinen Wesenheiten wohnen, und dass diese von sehr zwiespältiger Natur sind. Sie sind dem Menschen nicht feindlich gesonnen, aber da sie keine Emotionen haben, sind sie auch von menschlichem Leid nicht berührt und erfahren es so nicht als solches. Sie leben in einer Dimension, die völlig andere zeitliche und wertemäßige Qualitäten hat. Wir sind sozusagen nur vorbeihuschende Eintagsfliegen, mit denen sie unter Umständen ihr Spiel treiben.

Das kann allerdings auch lustige und witzige Situationen hervorbringen. Es gibt mehrere Stellen, an denen man spielend hinaufklettern kann, um dann oben festzustellen, dass es abwärts ganz anders aussieht. Ein kleines Spiel oder eine Warnung gaben die »Geister« uns, indem sie einem von uns beim Aufstieg an einer solchen

Stelle das durch ein Loch in der Hose herabfallende Portemonnaie so ausleerten, dass Papiere und Geldscheine oben liegen blieben und das Portemonnaie samt Kleingeld den Abgrund heruntersauste.

Die Heidenschanze bei Dresden

Auf einem Felsplateau am Rande von Dresden im Weiseritztal gibt es eine große Anlage, die Heidenschanze genannt wird. Sie zeichnet sich energetisch dadurch aus, dass die Weiseritz durch das ganze Gebiet eine Mäanderschleife zieht, was den Platz selbst sehr stark energetisiert. In ungefähr 50 Metern Abstand vom Felsabgrund ist heute noch eine Wallanlage zu sehen, die an ihrer höchsten Stelle 10 Meter emporreicht. In diesem Gebiet sind von Archäologen verschiedene Opferschächte gefunden worden.

Das ganze Areal stellt sich als ein Platz dar, der sich stark in den Himmelsbereich öffnet. Sehr schön zu erleben sind die Stellen, die durch einen Steinbruch entstanden sind, der das Areal in den letzten Jahren allerdings sehr verkleinert hat.

Am bezauberndsten empfanden wir einen Bereich, der wie ein kleiner Kessel ein abgeschlossenes Gebiet von etwa 100 Metern Durchmesser bildet und eine offene Seite zur gegenüberliegenden Flussseite hat. Diesen entdeckten wir nachts, als wir stolpernd nach einem Schlafplatz suchten. Wir fühlten uns hier auf Anhieb sehr wohl. Diese Nacht war vor allem durch intensive Träume gekennzeichnet – in einer Vielfalt und Stärke, die wir sonst nicht gewohnt waren. Auch die Zeit vor dem Einschlafen erlebten wir als stark magisch und meditativ.

Der Platz strahlt eine Geborgenheit, Ruhe und Harmonie aus, obwohl er fast mitten in Dresden liegt. Dresden ist ja eine der Städte, die im Zweiten Weltkrieg am meisten zerstört worden sind, und auch heute noch hat die Stadt eine recht deprimierende Ausstrahlung.

Der Landschaftstempel Altkönig

Der Altkönig im Taunus mit seinem keltischen Ringwall gilt im Rhein-Main-Gebiet als Geheimtipp, der besonders auch von Frauen gerne aufgesucht wird. Ich möchte daher einmal eine Frau im Originalton zu Worte kommen lassen, die sich selbst seit vielen Jahren mit dem Thema beschäftigt und den Altkönig sehr gut kennt – Nanda Thekla Kolbeck aus Bad Nauheim (siehe »Adressen« am Ende des Buches):

»Vor einigen Jahren, in einem lausig kalten Winter, zog es mich tagelang unwiderstehlich in den Taunus, besonders zu Bergkuppen mit Ringwällen und daher schließlich zum Altkönig. Von Kronberg kommend, nach dem Kastanienwäldchen ziehen mich zwei markante Felsen in ihren Bann. Ich erkenne sie als Hüter der Schwelle zum ›Landschaftstempel‹. Der erste, zunächst Respekt und Ehrfurcht gebietende Felsen zeigt nach einer Weile seine warmherzige väterliche Seite. Ob an seine nackte Brust mit den mächtigen Quarzadern gekuschelt oder auf dem dicht bemoosten Rücken sitzend, umfängt mich Geborgenheit und Wärme. Ein idealer Platz, um Kraft und Gelassenheit aufzutanken.

Der zweite Felsen ist sehr ähnlich, in seiner Schwingung eher weiblich. Ein Stück weiter kommt wieder eine Felsgruppe, die mich von weitem durch die besondere Atmosphäre innehalten lässt. Mein Herz hüpft vor Freude und Aufregung. Ich tauche ein in eine andere Welt und finde mich wieder im Zwergenschloss.

Ein steiler Weg führt schnurstracks bergauf zum ersten Ringwall. Wieder fühle ich eine Schwelle, diesmal als gewaltige Dichte. ›Wer bist du?‹ und ›Was willst du?‹, werde ich gefragt. Meine Antwort öffnet mir das Tor, und beim Durchschreiten weiß ich, dass es keinen Weg mehr zurück gibt. Auch der Wald ändert seine Atmosphäre, viele Bäume sind bizarr gewachsen. Am zweiten Ringwall werde ich wieder mit einer Frage empfangen: ›Willst du wirklich? Du wirst nicht mehr dieselbe sein, wenn du herausgehst!‹ Ich will und trete ein in den Zauberwald. Die Buchen mit ihrer Vielzahl von Stämmen, schlangenförmig gewunden, wirken wie versteinerte Tänzerinnen. Im Laufe der Jahre sollte ich erfahren, dass die meisten Menschen im Zauberwald, wenn sie sich einlassen, das Zeitgefühl verlieren, genauer gesagt, unmerklich in jenes andere Zeitgefühl wechseln, was in vielen Sagen und Märchen vom Feenreich geschildert wird.

Im Zauberwald kommt das Zeitgefühl abhanden

Eine dritte, äußerlich kaum sichtbare Schwelle führt zum Innersten des Tempels, dem Plateau. Obwohl nur 798 Meter hoch, ergreift mich das Gefühl von Erhabenheit und endloser Weite, als stünde ich auf einem Fünftausender. Ich stehe mit beiden Beinen fest auf dem Boden, dennoch ist die Welt ›draußen‹ weit weg, bzw. das, was im Alltag so viel Bedeutung einnimmt, erscheint hier klein und unwichtig. Ich sehe, dass ich in einem umgekehrten artesischen Brunnen stehe, in den mit einer unglaublichen Intensität kosmisches Licht in allen Farben einströmt, im Berg mit irdischer Energie vermischt und transformiert wird zu den Schwingungen, die die Landschaft rund um den Altkönig braucht. Wie aus Quellen ergießen sich dann diese nährenden Energien aus dem Berg. Naturwesen lenken und koordinieren diesen Prozess, den Marko Pogačnik das Atmungssystem der Berge nennt.

Unzählige Male war ich inzwischen auf dem Berg, allein und mit Gruppen und kenne ihn zu allen Jahreszeiten. Die hohe Schwingung der Einatmung kosmischer Energie ist allerdings nur in den Wintermonaten erfahrbar. Der Atemrhythmus ist ebenso charakteristisch für einen ›Landschaftstempel‹ wie die Vereinigung von männlichen und weiblichen Energien. Ein Landschaftstempel ist das feinstoffliche Zentrum einer Region, wo sich die Kräfte von Himmel und Erde vereinigen und sich von dort in die umgebende Landschaft verteilen, sie geistig und seelisch nähren, um ihre Identität zu erhalten.

Ein Landschaftstempel

Meine Erfahrungen lassen mich den Berg außerdem als Ort der Einweihung und heilige Stätte der Kelten begreifen. Sehr vertraut sind wir uns geworden, der Berg und ich. Die Bezauberung ist geblieben.«

Wegbeschreibung: Viele Wege führen auf den Altkönig, der geomantisch interessanteste beginnt in Kronberg am ›Rothenhang‹ (nördlich von Altstadt und B 455 am Waldrand) und folgt der Wegemarkierung mit dem schwarzen Querbalken.

Kraftplätze der Gegenwart

Weimar

Weimar, was so viel heißt wie »heiliges Moor«, war bereits in vor- und frühgeschichtlicher Zeit ein Ort bedeutender Ansiedlungen. Steinkreuze, Wüstungen und Grabhügel sind stille Zeugen bronzezeitlicher, keltischer und slawischer Besiedlungen. Erstmalig erwähnt als befestigte Stätte wurde es 979, als Kaiser Otto II. hier einen Fürstentag abhielt. Urkundlich ist Weimar seit 1200 belegt. Weltweit bekannt ist es als Wirkstätte großer deutscher Denker und Dichter geworden, allen voran Goethe, der hier seinen *Faust* und andere Werke schrieb. Er, Herder, Schiller und Wieland sind wichtiger Teil der deutschen Geschichte geworden, und so zeugen viele Bauten und Denkmäler in und um Weimar von ihrem kreativen Schaffen. Diese Geistesgrößen, welche hier so stark ihre Spuren hinterlassen haben, waren meist auch Mystiker und in Geheimlogen vertreten. Aus diesem Kreis heraus wurde bis in das 19. Jahrhundert hinein gezielt geomantisch gewirkt. Dies ist auch in der Anlage der Stadtstruktur und den überregionalen Bezügen zu erkennen.

Die Wirkstätte der klassischen Dichter

Was ist so Besonderes und Inspirierendes an diesem Ort, wollte ich wissen und begab mich mit dem geomantisch arbeitenden Architekten Lars Christoph auf Spurensuche. Weimar liegt in einer Senke des Thüringischen Beckens und ist umgeben von landschaftlich herausragenden Parkanlagen, die zum Teil zu unterschiedlichen Schlössern gehören. Fast alle diese Schlösser liegen, so hat Lars Christoph herausgefunden, auf zwei deutlich erkennbaren energetischen Linien, die schnurgerade mehrere bedeutende Bauten miteinander verbinden. Zuerst fällt auf der Karte sofort die Belvederer Allee auf, die wie ein Pfeil vom Schloss Belvedere aus mitten ins Zentrum zielt und damit genau auf die Herderkirche. Es ist, als ob der sorgfältig strukturierte Kopf eines Kolibris (mit dem Schloss im Zentrum) energetisch vom ursprünglicheren hinteren Teil mit Wald genährt wird und seine Energie mitten ins Zentrum bergab schießt – oder zieht er Energie bergauf? Tatsache ist, dass schon immer viel Geld nach Belvedere floss.

Energetische Linien in Weimar

Erbaut wurde es mit seinem 43 Hektar großen Landschaftspark von 1724 bis 1748. Es begann mit einem kleinen Jagdhaus des Herzogs Ernst August und wurde später zur repräsentativen Sommerresidenz nach französischem Vorbild als Radialanlage mit dem Schloss im Mittelpunkt angelegt. Heute sind von dem barocken Ensemble nur noch einige Bauwerke vorhanden, unter anderem auch die hufeisenförmige Orangerie. Als Besucher kann man sich sowohl an den sehr gepflegten Gärten als auch an den vielen kleinen Sehens- und Erlebenswürdigkeiten im Park erfreuen, wie verschiedene Fontänen, Grotten, Teichen und einem Obelisken. Besonders beachtenswert ist der wunderbare alte Baumbestand, der an zahlreichen reizvollen Plätzen selbst an Sonntagen zum Entspannen und Krafttanken einlädt. Hier kann man gut und gerne einen halben Tag lustwandeln und sich wie vielleicht einst Goethe und Schiller von der Natur inspirieren lassen.

Der Goethepark

Natürlich kann man das auch im Goethepark, der genau auf der oben genannten Linie kurz vor dem Zentrum liegt. Dieser wird von der Ilm in schlangengleichem Schwung flankiert, und auf der gegenüberliegenden Seite findet man Goethes Gartenhaus, dem wir als Nächstes einen Besuch abstatteten. Kurz davor stießen wir auf ein kleines »Denk-Mal« mit folgendem bemerkenswerten Spruch:

sterben ist nur eines tages enden.
tod nur schlaf, der niemals wach gewesen.
nie entschläft, wer einmal wach gelebt.
wache seelen haben sonnenaugen.
sonnenaugen blicken in das ewige.
vor dem ewigen ist kein vergangenes,
kein zukünftiges, gestern nicht und morgen.
tag und nacht, kein stufengang der zeiten.
alles gegenwart und ewiges heut.

Wildenbruch

Solchermaßen eingestimmt, kamen wir zum äußerlich recht unscheinbaren, aber touristisch sehr frequentierten Gartenhaus von Goethe. (Eine exakte Kopie des gesamten einstöckigen Hauses steht übrigens in Japan.) Während das Haus (mit Ausstellung) selbst zwar einen gemütlichen, aber wegen der Touristen auf mich keinen besonderen Eindruck machte, tat es der kleine von Goethe angelegte Garten umso mehr. Die Dame an der Kasse hatte eine Glückskugel erwähnt, die am Ende des Gartens auf einem etwa 1 Meter großen Steinquader steht, und sie zieht auch sofort den Blick auf und uns zu sich. Den Baum daneben hat es glatt umgehauen, und trotzdem wächst er horizontal munter weiter. Warum sie

Eine Glückskugel

Weimar, Goethehaus, magisches Pentagramm im Garten

Glückskugel heißt? Natürlich, weil sie Glück bringen soll, wenn man sie berührt, verrät uns schmunzelnd die nette Dame von der Kasse, aber wie das funktioniert, weiß sie natürlich auch nicht.

Glücklich waren wir jedoch, als wir das 20 Meter weiter direkt an einem Tor in den Boden eingelegte Pentagramm entdeckten. Je nachdem, wie man sich darauf stellt (zum Tor oder entgegengesetzt), erlebt man eine unterschiedliche Wirkung: zum Tor hin (aufrechtes Pentagramm ✪) hochziehend, zum Berg hin (verkehrtes, schwarzmagisches Pentagramm) nach unten ziehend. Mir kamen sogleich Assoziationen zu Goethes Faust, wo die entscheidenden Beschwörungsrituale des Teufels genau in einem solchen magischen Symbol stattfanden. Das Pentagramm liegt, da waren wir uns beide einig, sicht- und spürbar auf einer energetischen Schneise bzw.

Zone, auf der noch eine Sitzgruppe und eine Gedenktafel stehen. Hat Goethe sich hier inspirieren lassen oder vielleicht sogar magische Experimente gemacht? Später fällt mir auf einer geologischen Karte von Weimar noch auf, dass das Gartenhaus am Ausläufer einer Verwerfungszone liegt, die den Berg herunterkommt.

Historischer Stadtkern

Neugierig und aufgeladen begeben wir uns in die Stadt, die vor historischen Gebäuden bis aus dem Jahre 1500 überquillt. Ein Schloss, Museen und eine Bibliothek mit über 1100 Büchern zum *Faust*. Touristisch wird hier viel Sehenswertes geboten, und es lässt sich auch fast alles gemütlich zu Fuß erschließen. Im Sinne von *Magisch Reisen* empfiehlt sich jedoch eher ein Gang in den frühen Morgenstunden, wenn es noch still ist und die Energien am klarsten sind. Interessant ist die Tatsache, dass die Herderkirche auf einer für die Stadt wichtigen Energielinie liegt und auf Herders Gedenkstein ein alchimistisches Symbol (die sich in den Schwanz beißende Schlange) zu finden war. Kunsthistorische Liebhaber erfreuen sich hier noch an dem berühmten Cranach-Bildstock am Altar.

Der Geomant machte mich jedoch noch auf eine kleine Kuriosität in Weimar aufmerksam: Die alte Kirche eines ehemaligen Zisterzienserinnenklosters in Oberweimar neben der Waldorfschule besitzt einen Kirchturm, unter dem ein Bach durchfließt, und damit auch genau an der Stelle, an der früher wahrscheinlich der Altar stand. Eine bautechnisch ungewöhnliche Maßnahme, aber aus geomantischer Sicht durchaus nachvollziehbar, da es doch der Aufladung und der energetischen Reinigung des sakralen Raumes dient. (Siehe auch Chartres und Santiago di Compostela)

Danach zog es uns wieder hinaus entlang der zweiten »Leyline«, die, von der Herz-Jesu-Kirche ausgehend, Schloss Tiefurt, Burg Denstedt, das Wielandsgut, die Wasserburg, Bad Sulza und Naumburg geradlinig miteinander verbindet. Schloss Tiefurt und der kleine Park liegen genau in einer hufeisenförmigen Schleife der Ilm. Auch hier wurde offensichtlich geomantisch gearbeitet. Es lassen sich klare Verbindungen von Kirche, Teehaus und dem kleinen Musentempel erspüren. Dazwischen ein beeindruckendes Baumpaar, das die Kraftlinie umrahmt.

Burg Denstedt zerfällt leider und war zur Zeit unseres Besuches (August 2000) nicht begehbar. Am Rande entdeckten wir jedoch ein »magisches« altes Tor, das in den Wald führt und uns förmlich hineinzog.

Schloss Ettersburg

Auf Bad Sulza komme ich später noch zu sprechen. Zunächst führte mich Lars Christoph zu einem weiteren Schloss mit Park 10 Kilometer nordwestlich von Weimar: Schloss Ettersburg.

Das Ettersburger Schloss, bestehend aus dem dreiflügligen Alten Schloss (1706–1712) mit östlich anschließender Kirche und dem südlich als Corps de Logis vorgelagerten Neuen Schloss (1722), war von 1776 bis 1780 Sommersitz von Herzogin Anna Amalia. Hier traf sich in den Sommermonaten ihr literarisch-musischer Kreis, dem unter anderen Wieland, Goethe, Herder, Johann Karl August Musäus und Friedrich Heinrich Jacobi angehörten.

Das reizvolle Jagdschloss, welches von einer Anhöhe auf den Pückler-Schlag schaut, ist umgeben von einem geheimnisvollen Park, der allein wegen seines alten Baumbestandes sehenswert ist. Der Landschaftsarchitekt

Weimar, Schloss Tiefurt

Fürst Pückler legte am oberen Ende der Schneise, die auf den Hügel hochläuft, einen zehnstrahligen Jagdstern (zehn gradlinig ausstrahlende Wege) an. Hier findet man die Reste einer alten Burganlage, den so genannten Brunfthof, die auf das 8. bis 10. Jahrhundert zurückgeht. An dieser Stelle ließ 1733/39 Herzog Ernst August I. ein turmartiges Schlösschen mit einem alchimistischen Labor im Keller erbauen, das jedoch bald darauf wieder abgerissen wurde.

Geheimtipp

Ein im Park liegender Hügel, der als Bodendenkmal mit dem Namen »Alte Burg« deklariert ist, war Lars Christoph (siehe unten) bei seinen Exkursionen in und um Weimar als geheimnisvoller stiller Kraftplatz aufgefallen. Ein besonders urwüchsiger alter Baumriese markiert deutlich das Zentrum des Hügels, der die Qualität eines Einweihungsplatzes hat. Schloss Ettersburg ist noch nicht saniert und liegt somit etwas abseits der Touristenströme. Ich würde es durchaus als den Geheimtipp am Rande Weimars bezeichnen, denn auch geomantisch gibt es hier Spannendes zu entdecken.

Buchenwald

Nur 1 Kilometer entfernt liegt übrigens das in negativer Hinsicht denkwürdige Konzentrationslager Buchenwald. Ebenfalls nur wenige Kilometer weiter, auf dem höchsten Punkt der Umgebung, mitten in den Feldern an einer Wegkreuzung, liegt der »Bärenhügel«, eine bronzezeitliche Grabstätte, die von acht Linden außen und drei Linden innen fast symmetrisch bewachsen ist. Dieser Ort hat uns beide sofort berührt, und es war uns ein Bedürfnis, ihn irgendwie zu reinigen, teils ganz praktisch, indem wir Müll und Papier beseitigten, teils energetisch. Lars nahm sich vor, hier etwas für den Geist des Ortes zu tun.

Wer diesen und die anderen hier beschriebenen Plätze in und um Weimar mit ihm als fachkundigem Führer kennen lernen möchte, kann sich gerne an ihn wenden: Lars Christoph, Mittelstraße 6, 99425 Weimar, Telefon/Fax: 0 36 43/85 40 10, www.geomantie-bauen.de

Bad Sulza

Genau auf einer Linie zwischen Weimar und Naumburg liegt außer ein paar Schlössern und Burgen auch Bad Sulza. Ein bis vor kurzem eher verschlafenes Bad, das keiner außerhalb von Thüringen kannte, bis der Künstler und Weltenbummler Micky Remann aus Frankfurt sich 1993 hier nieder- und seine kreativen Ideen sprudeln ließ. Nach langjährigem Forschen und Experimentieren mit Licht und Musik in 35 Grad warmem Wasser gibt es nun auf Grund seiner Initiative in der im November 1999 neu erbauten Toskana-Therme einen Liquid Sound-Tempel.

Abbildung des Liquid Sound-Tempels auf den Farbtafeln

Ich hatte bereits in mehreren Zeitungen darüber gelesen und wollte meine Seele auf meiner äußeren Reise auch einmal auf einer inneren Reise Kraft tanken lassen. Diese Entscheidung habe ich nicht bereut, denn meine Erwartungen wurden in vieler Hinsicht übertroffen. Hier geht wirklich jeder Stress baden, denn es gibt nichts zu tun, als zu genießen, zu entspannen und zu staunen. Die Toskana-Therme selbst ist mit einem gewagt geschwungene Dach sehr schön proportioniert und bietet mehrere Becken und einen Außenbereich. Für den Liquid-Sound betritt man einen abgedunkelten, in wechselnden Farben erstrahlenden Dom, der von einer mandalaartigen Glasrosette in 18 Metern Höhe abgeschlossen wird. Leise Musik, teilweise mit Wal- und Delfinlauten, füllt zart den Raum, und man lässt sich bereitwillig vom Wasser der Schwerkraft entheben. Zeit und Raum verlieren ihre Bedeutung, und der Klang, der vorher von den Ohren aufgenommen wurde, wird nunmehr von allen Körperzellen ganzheitlich assimiliert.

Schweben in Licht und Klang

Schweben im Hier und Jetzt, in Licht und Klang, in einem Tempel aus Wasser und wohliger Wärme. Ich wünsche mir, als Delfin wieder geboren zu werden, während das gelbrote Mandala mich in den Himmel hochzuziehen scheint. Embryonale Schwerelosigkeit ohne Einengung, Freiheit in der Stille, allein unter vielen, die ich nicht mehr wahrnehme. Die Bezeichnung Tempel bekommt einen wasserwohligen Sinn: ein Entspannungs- und Bewusstseinserweiterungstempel.

Eine Steigerung bzw. eine hilfreiche Variante für alle, die zur Entspannung noch eine Unterstützung brauchen, ist eine Aqua-Balancing-Sitzung. Eine Stunde zart und kundig auf Händen getragen und durch und unter Wasser bewegt zu werden nimmt den letzten Rest an Spannung und Angst. Stattdessen stellen sich Vertrauen und Hingabe ein.

Der Auerworld-Palast

Ein weiteres kreatives Projekt hat sich Micky Remann im 5 Kilometer entfernten Auerstedt zusammen mit dem Schweizer Architekten Marcel Kalberer einfallen lassen: ein botanisches Mandala, ein lebender Kraftplatz – den Auerworld-Palast. Dieses aus lebenden Weidenruten geflochtene Kunstwerk, das Jahr für Jahr grüner und dichter wird, ist mittlerweile kultiger Treffpunkt unterschiedlicher Gruppierungen und Anlässe. Zu jedem Vollmond, zu Sonnenwenden und zu Tagundnachtgleichen, immer ist hier was Besonderes los, wird getanzt und gefeiert. Was anmutet wie ein Ufo am Rande des Dörfchens Auerstedt, ist aber auch auf ganz eigene Art und Weise lebendig. Weiden, die auf harmonische Weise verflochten, filigran vernetzt zum Himmel und zum Mittelpunkt streben, haben eine ganz eigene Ausstrahlung, die vor allem im äußeren Ring deutlich spürbar ist.

So wundert es nicht, dass auch das alte, fast zerfallene Schloss in Auerstedt zu neuem Leben erwacht ist. Hier hat sich der Künstler und Schamanenkenner Axel Brück niedergelassen und weiht jeden, der es wissen will, in die Kunst schamanischen Reisens und den Gebrauch schamanischer Instrumente ein. Selbst gemachte Exponate, unter anderem künstlerisch nachempfundene keltische Kunstinstrumente, zahllose Trommeln und Symbolbilder gehören zur Ausstattung regelmäßig stattfindender Ausstellungen und fachkundiger Seminare.

Bad Sulza, Auerworld-Palast

Alles zusammen eine Trilogie von Angeboten, die auf mehrfache Weise magische Reisen in neue und alte Welten versprechen und selbst weite Anreisen rechtfertigen. Ein Muss für alle, die in dieser Gegend unterwegs sind. Kleine Pointe am Rande: Unterhalb von Bad Sulza befindet sich das so genannte Trias-Meer, und der Bergrücken neben Bad Sulza nennt sich »Finne«. Ein Indiz für Micky Remann, dass sich symbolisch ein großer Wal in der Landschaft manifestiert hat.

Info: Förderverein Auerstedt e.V. & Liquid Sound, Wunderwaldstr. 2, 99518 Bad Sulza, Telefon: 03 64 61/ 9 28 88, Fax 9 28 72, www.liquid-sound.com, www.auerworld.de.

Der Bahá'i-Tempel bei Frankfurt

Dreißig Kilometer nordwestlich von Frankfurt steht am Ortsrand von Langenhain ein ungewöhnliches Bauwerk, das auf Karten und Wegweisern als Bahá'i-Tempel bezeichnet ist. Als Formvergleich fallen mir nur so profane Begriffe wie Lampenschirm, Glockenblume oder halbe Zitrone ein, was jedoch diesem schönen Bau nicht gerecht wird. Also schauen Sie sich einfach das Foto an oder folgen mir unauffällig ins Innere. Sie haben im Idealfall die Wahl zwischen neun Türen, die rundherum Einlass bieten; offen ist jedoch meist nur eine. Wir betreten einen verglasten Rundgang und haben wieder die Wahl zwischen neun Türen zum Innersten. Es sind kaum Menschen da, und wir schreiten leisen Fußes auf roten Teppichläufern zwischen den roten Stuhlreihen hindurch und lassen uns von unserer inneren Stimme einen Platz zuweisen.

Eine meditative Ruhe

Dann schließen Sie erst einmal die Augen und atmen die andachtsvolle Stimmung ein, die hier herrscht. Es dauert nicht lange, und Sie spüren vielleicht wie ich, wie sich Ihre Gedanken verlangsamen und sich ein Zustand zwischen Wachen und Träumen einstellt. Fast wäre ich dabei vom Stuhl gekippt. Ich öffnete die Augen und folgte den rautenförmigen Fensterreihen nach oben. Ein wunderbarer Anblick – besonders, wenn die Sonne scheint –, und ich fühle mich wie im Innern eines großen Seeigels.

Rund sind sie alle, die »Bahá'i-Häuser der Andacht«, von denen es noch sechs weitere in der Welt gibt. Dieses hier ist das Einzige in Europa. Bahá'i-Häuser der Andacht sind Brennpunkte des Gedenkens an den Schöpfer, Ausdruck der Liebe zwischen Gott und Mensch. Sie

Der Bahá'i-Tempel bei Langenhain

stehen sämtlichen Menschen offen, ungeachtet aller Unterschiede der Weltanschauung, Nationalität, Hautfarbe, Rasse oder Muttersprache. Sie sind Orte stiller Meditation.

Der Langenhainer »Tempel« wurde 1964 von einem Frankfurter Architekten entworfen und gebaut. Er hat eine Grundfläche von 48 Metern Durchmesser und eine Höhe von 28 Metern. Dreimal neun Pfeiler begrenzen den Innenraum und tragen die Kuppel. Die 27 nach oben strebenden Rippen enden in einem Ring, der eine Laterne trägt. Dazwischen ein Schlussstein mit einer arabischen Kalligrafie des »Größten Namens«, der übersetzt bedeutet »Oh, Herrlichkeit des Allherrlichen«. In den Kuppelfeldern zwischen den Rippen befinden sich regelmäßig angeordnet 570 rautenförmig überdachte Glasfensteröffnungen, durch die das Tageslicht hereinflutet und bei Sonnenschein vielfach reflektiert ein lebhaftes Spiel von Licht und Schatten zeigt. Leider ist der ganze Bau aus vorgefertigten Betonteilen mit Stahleinlagen hergestellt.

Die Bahá'i-Religion kennt keine Riten oder festgesetzten Formen. Auch gibt es keine Berufsgeistlichen etwa zur Durchführung von Gottesdiensten. Im Auditorium des Hauses finden sonntägliche Andachten statt, die von Bahá'i gestaltet werden. Hierbei wird nur das Wort Gottes, ohne jede Auslegung, nach heiligen Texten der Offenbarungsreligionen gelesen und gesungen. Gebet und Lesung erklingen ausschließlich ohne musikalisch instrumentelle Begleitung, sei es solistisch oder im Chor.

Die Einheit aller Religionen

Der Begründer der Bahá'i-Religion, Bahá'ullàh, der 1817 in Persien geboren wurde, widmete sein ganzes Leben seiner an die ganze Menschheit gerichteten Lehre, deren Kern die Einheit aller Religionen und der Menschheit ist. Dafür verbrachte er 40 Jahre in arabischen Gefängnissen, und seine Anhänger wurden vom Islam verfolgt, gefoltert und getötet. Trotzdem gibt es heute über vier Millionen Bahá'i in der ganzen Welt mit 148 nationalen geistigen Räten. Die von Bahá'ullàh dargelegten Prinzipien seiner Lehre sind, kurz zusammengefasst:

> Es ist nur ein Gott.
> Religiöse Wahrheit ist relativ, nicht absolut. Die Menschheit ist als Einheit zu betrachten.
> Die Menschheit wird mittels einer fortschreitenden Offenbarung gottergebener Lehren auf den Weg geistiger Entwicklung geführt.
> Die Erde ist nur ein Land, und alle Menschen sind seine Bürger.

Bereits 1863 forderte Bahá'ullàh die geistlichen und weltlichen Herrscher auf, abzurüsten (!), sich zu vereinigen und den Weltfrieden durch eine legislative Weltregierung zu erschaffen. Dazu hatte er auch eine Vielzahl konkreter Vorschläge.

Das Einzige, was mir nicht so ganz einsichtig war, ist, dass er sich selbst als »der in allen Religionen verheißene endzeitliche Gottesoffenbarer« bezeichnete. Trotzdem sind Bahá'i sehr zurückhaltende, in keiner Hinsicht aufdringliche oder sonstwie missionierende Menschen, die offen sind für jedermann. Insofern lohnt sich die Fahrt in den reizvollen Taunus, der Tempel steht tagsüber immer offen, und man ist vor allem unter der Woche so gut wie allein. Man kann auch in den Broschüren und Büchern blättern oder im nebenstehenden Privathaus mit Bücherei Auskunft über alles erhalten.

Ringwall Alteburg

Einige Kilometer vom Bahá'i-Tempel entfernt gibt es übrigens eine Wallburg im Schlingswald bei Lorsbach. Die so genannte Alteburg scheint als Ringwall-Wehranlage aus fränkischer Zeit zu stammen, aber man hat auch Keramiken aus den Jahrhunderten vor Christus gefunden. Die Stürme im Frühjahr 1990 haben etwas Unordnung gebracht, aber der Weg, der hinaufführt, ist frei. Man kann sowohl vom Bahá'i-Tempel aus als auch von Alt-Lorsbach über die Goethestraße die Bergkuppe erreichen. Auf der Anhöhe fand ich eine junge Buche, bei der zwei armdicke Stämme – nachdem sie unabhängig voneinander aus dem Boden gewachsen waren – nach einem Meter parallelem Wuchs zu einem Stamm zusammengefunden haben. Auch sonst gibt es viele Wuchsanomalien auf der Alteburg.

Das Rudolf-Steiner-Haus in Frankfurt

Architektur ist für die Anthroposophen eine der höheren Formen der Erkenntnis, weil sie »geheime« Gesetze der Natur offenbart, die ohne sie verborgen geblieben wären und als Projektion unserer eigenen Gesetzmäßigkeiten zur Selbsterkenntnis führt. Nach anthroposophischer Erkenntnistheorie besteht ein direkter Zusammenhang zwischen den Gestaltungskräften, die aus den »Ätherwellen« auf uns einwirken, und unserem Vermögen, den Raum zu erleben.

Rudolf Steiner (1861–1925), der Begründer der Anthroposophie, konnte bis zu seinem 35. Lebensjahr das Erleben der Außenwelt nur unter Schwierigkeiten als real anerkennen, denn er war hellseherisch begabt, und bis zu diesem Zeitpunkt war seine innere geistige Welt dominant. Er lernte, die Polarität der Sinnes- und der Geisteswelt bewusst auszugleichen, das heißt, sich souverän zwischen diesen beiden Welten hin- und herzubewegen, und definierte aus dieser Erfahrung seinen Erkenntnisbegriff.

Die Anthroposophen sehen ihre Aufgabe in der wissenschaftlichen Erforschung der geistigen Welt. Jenseits der Einseitigkeit der nüchternen Naturerkenntnis und der des bloßen Mystizismus sollen die verkümmerten Kräfte der Seele entwickelt werden, um eine Verbindung zur »Welt der Gedanken«, aus deren verdichteter Form alle Materie sich zusammensetzt, herzustellen. Diese besteht – nach Rudolf Steiner – als in sich geschlossene Ganzheit, in die wir uns individuell hineinarbeiten können, um ein höheres Bewusstsein, als es die Sinneswelt bietet, zu erfahren. Rudolf Steiner konstatierte vier Stufen der Erkenntnis: gewöhnliches Bewusstsein, Imagination, Inspiration und Intuition.

Anthroposophisches Bauen

Für die Architektur lassen sich ebenfalls vier Stufen der Abstraktion, die sich gegenseitig durchwirken, feststellen. In der ersten Stufe entsteht die Form aus dem puren Zweck und seiner Erfüllung. In der Form, die aus sich gegenseitig Bedingendem wächst, ist die zweite Stufe zu sehen. In der dritten Entwicklungsphase werden die noch zweckdienlichen Formen durch künstlerische Gestaltung auf ein ästhetisches Niveau erhoben. Die vierte Stufe entfaltet die Kunst zum Selbstzweck, ohne Bindungen an architektonische Funktionen.

An der Frankfurter Hügelstraße bilden Architektur und plastische Kunst in gegenseitiger Steigerung und Durchdringung ein Beispiel anthroposophischen Bauens. Wie sich bedingende Polaritäten stehen sich der »blaue Wal« – wie das riesige, blau getünchte Sozialzentrum im Volksmund genannt wird – und das damit verbundene, wesentlich kleinere »Rudolf-Steiner-Haus« – das mit seiner spielerischen und feinfühligen Architektur bildlich an jeder Ecke neu überrascht – gegenüber. Die Hausfront des großen »Haus Aja-Textor-Goethe« ist zu zwei flachen Bögen geformt, deren Schnittpunkt – je nach Standort des Betrachters – entweder das »Rudolf-Steiner-Haus« gebiert oder aus ebendiesem »Keimpunkt« des Baus gewachsen ist. Der große Garten, der den Gebäudekomplex umgibt, greift die Elemente – Grünanlagen und Schrebergärten – der umliegenden Landschaft auf und verwandelt sie in vier – je nach Himmelsrichtung verschieden angelegte und genutzte – Bereiche. Als ein Instrument der Transformation wirkt auch der Wassergarten, in dem das Wasser als Kaskade über verschieden große Becken in Form von Achterschlaufen bergab schwingt und so seine Natur in Ruhe und Bewegung verwirklichen kann.

Den neugierigen Betrachter des Geländes zieht es vermutlich unwillkürlich zum erdig-roten Sitz der Anthroposophischen Gesellschaft, dem »Rudolf-Steiner-Haus«. Dort wird er unter einem kühn geschwungenen Dachvorsprung in das helle, weitläufige Foyer gelockt. Von hier aus kann man in den imposanten »Zweigraum«, den Veranstaltungssaal, gelangen. Beim ersten Betreten dieses Raumes bleibt wohl jeder Besucher spontan in der Tür stehen, um den grandiosen Anblick fassen zu können. Durch die enorme Höhe des siebeneckigen Saales schweift der Blick zuerst zur Decke mit dem siebeneckigen, kristallin geformten Milchglaskasten, der das natürliche Licht am Tag und die künstliche Beleuchtung am Abend in den Raum leitet. Fünf Stufen steigt man hinunter zum Zentrum des Saales, das von sieben freistehenden Säulen aus porösem Sandstein umgeben wird. Der unterschiedliche Abstand zwischen den Säulen ist sowohl zweckmäßig in der Raumaufteilung als auch gestalterisch in behauenem Stein verarbeitet worden und erscheint dem Betrachter als Selbstverständlichkeit.

Die Säulen, die sich nach oben und unten verjüngen, stützen einen ebenfalls von anthroposophischen Bildhauern erschaffenen Querträger, der den ganzen Raum einrahmt und optisch die Kuppeldecke trägt. Jede Säule hat ihr individuelles Design, das ihrer Stellung im Raum entspricht. Der Architrav (Querträger) verbindet die Säulen mit einem rhythmisch pulsierenden Muster zu einer sich entwickelnden Siebenheit.

Über der großen Bühne erhebt sich der Architrav zu einem ehrfurchtsvollen Bogen, der die Aufmerksamkeit des Betrachters in der Bühnenöffnung fokussiert. Hier beschreibt die Gebärdensprache des Architravmusters die vollendete Metamorphose der Siebenheit zum Ganzen und vereinigt die Strömungen der linken und der rechten Raumseite zu einem »inneren Gleichgewicht«, ohne auf das konventionelle Mittel der Symmetrie zurückzugreifen.

Von jedem Platz bietet sich ein anderer Blick auf die Formbewegungen dieses Raumes, dadurch wirkt er wie eine lebendige Wesenheit. Ganz im Sinne des anthroposophischen Ideals dient dieser Raum nicht nur seinem Zweck, der Gemeinschaftlichkeit, sondern er verkörpert ihn darüber hinaus mittels kosmischer Zahlensymbolik in seiner Siebenheit.

Der Architekt als Medium

Rudolf Steiner sprach immer nur im Zusammenhang mit zu verwirklichenden Objekten über seine Vorstellungen von Architektur. Stimmung und Tätigkeit der zukünftigen Benutzer sowie die spezifischen Eigenschaften des Außenraumes – die Topografie der Landschaft und die Einwirkung der mineralischen und pflanzlichen Umgebung – werden vom anthroposophischen Architekten mittels meditativer Konzentration in ein organisches, vollkommen einzigartiges Ganzes verwoben. Unter einer harmonischen Komposition verstehen die Anthroposophen die Materialisation kosmischer Verhältnisse zu einem Stil – jener sich ewig wandelnden Konzeption des kollektiven Unbewussten –, dem »Zeitgeist«. Deshalb trafen sich die Bildhauer, die den »Zweigsaal« plastisch gestalteten, während der Bauzeit einmal in der Woche, um eine meditative Rückschau auf die wachsenden und sich entwickelnden Formen zu halten, wobei sie von anthroposophischen Musikern unterstützt wurden.

Der Architekt ist in erster Linie Medium, denn das architektonische Schaffen der Anthroposophen funktioniert nach dem Prinzip des Hellsehens. Er darf nicht die Natur nachahmen, sondern muss selbst Natur sein. Als Katalysator höherer Kräfte erkennt er die geistigen Zusammenhänge aus dem imaginativen Nachvollzug des Formwerdens. Formgebend sind Kräfte, die aus dem Nichträumlichen kommen; eine regelmäßige (mathematische) Form entsteht, weil das Unbewusste mitrechnet. Die Geometrie wird als dreidimensionale Abstraktion des am eigenen Organismus erlebten Raumes angesehen, denn der Mikrokosmos Mensch entspricht dem Makrokosmos Universum. Das Bauen ist ein Hüllebilden um das Zentrum Mensch, das durch eine Erweiterung der den Körper bildenden Kräfte entstehen kann.

Mikrokosmos Mensch

So entspricht ein Fenster dem Auge, denn beide wurden aus den Kräften des Lichtes geschaffen, und ein Dach wird von den gleichen kosmischen Kräften gestaltet, die auch die menschliche Schädeldecke ausgebildet haben. Es muss sich deutlich von den Wänden absetzen, da diese eine andere Funktion erfüllen: Sie repräsentatieren das Kräfteverhältnis zwischen Boden und Decke.

Die Richtungen im Raum entsprechen den drei grundlegenden Impulsen der menschlichen Seele: die Vertikalrichtung dem Fühlen, das Vor- und Rückwärtsbewegen dem Willen und das seitliche Orientieren dem Denken. Daraus folgt, dass die verschiedenen Beziehungen der Dimensionen im Raum – die Winkel – psychologisch unterschiedlich wirken. Der rechte Winkel hat ein Absterben der »Kraftlinie« zur Folge und ist deshalb zu vermeiden. Unter 60 Grad wird die Aufmerksamkeit stark nach oben geleitet, unter 45 Grad gewinkelte Bauteile geben Ruhe, und von unter 30 Grad geht eine bergende, schützende Kraft aus.

Anthroposophen bauen gern mit Beton, da er das beweglichste aller Baumaterialien ist. Außerdem durchlaufen seine Rohstoffe bei der Herstellung die vier Elementarzustände – Erde, Wasser, Luft und Feuer. Ob die Stahlbetonkonstruktionen als faradayscher Käfig wirken, nämlich die für den Körper so wichtigen kosmischen Strahlen abfangen, sei der Beurteilung von Baubiologen überlassen; zumindest entsprechen sie dem anthroposophischen Anspruch, die Wirklichkeit nach den Gesetzen der Natur zu bearbeiten. Der Stahlbeton erhält seine statische Funktion aus dem Zusammenwirken konträrer Kräfte, der Beton bezieht seine Festigkeit aus dem Wasser, der Stahl verdankt der Wärme seine Härte.

So wie Form und Baustoff gelten auch die Farben als objektiv dem Kosmos angehörige Wesenheiten. Die verschiedenen Farbeigenschaften entsprechen konkreten seelischen Erlebnissen und machen die »innere Natur« der Farben sichtbar. Nicht die Sympathie zu einer bestimmten Farbe, sondern die »sinnlich-sittliche« Wirkung der Farben (Goethe) ist für deren Anwendung bedeutsam, wobei von der modernen Farbpsychologie (Dr. Frieling, Lüscher u. a.) ausgegangen wird.

Schöpfung von Kraftorten

Architektur prägt den Menschen, denn unsere persönlichen Erfahrungen – unser Empfinden der Umwelt – und unser Verhalten gegenüber der Außenwelt beeinflussen sich wechselseitig. Architektur kann zur Schaffung von Kraftorten beitragen, wenn sie durch »heilende« Kräfte das Unterbewusstsein des Betrachters unterstützt und gleichartige Kräfte anzieht. Rudolf Steiner war der Meinung, dass die Anthroposophie sich bis in die Ebene des Physischen verkörpern muss, wenn sie wirksam werden will.

»... solange wir gezwungen sind, in Sälen zusammenzukommen, deren Formen einer untergehenden Kultur angehören, muss unsere Arbeit das Schicksal dessen treffen, was dem Untergang geweiht ist.«

Steiner ließ im schweizerischen Dornach das »Goetheanum« bauen, das seinen Namen zu Ehren Goethes bekam, und wollte noch 50 weitere Bauten auf der ganzen Erde errichten, um ein Netzwerk der Anthroposophie zu knüpfen, was ihm aber während seines Erdendaseins nicht gelang. Die zweite Version des »Goetheanums« – das erste ist abgebrannt – gibt den anthroposophischen Architekten noch heute »Bauimpulse« zur Verwirklichung der Einzigartigkeit in baulicher Form.

Karlsruhe

Wurzeln in atlantischen Zeiten

Karlsruhe ist eine relativ junge Stadt, gerade 275 Jahre alt. Trotzdem behauptet der Mikrobiologe Jens Möller, dass ihre Wurzeln beziehungsweise das Wissen, aus dem heraus sie geplant und gegründet wurde, bis in atlantische Zeiten zurückzuverfolgen seien. Er belegt dies mit seinen ausführlich dargestellten geomantischen, geografischen und mathematischen Forschungsergebnissen im Buch »Geomantie in Mitteleuropa« und in der »Zeitschrift für Kosmosophie«.

Mit dem Lineal legt er ein dichtes Netz von Leylines und anderen Geraden und Dreiecken durch das Oberrheintal und weist überall markante Verbindungen zwischen einer Vielzahl von uralten Kultstätten und Zeugnissen prähistorischer Landschaftsplanung rund um die »Sonnenstadt« Karlsruhe nach. Seine Forschungen basieren zum Teil auf den von Machalett gefundenen Li-

Das Karlsruher Schloss

nien und Dreiecken mit dem Cheops-Pyramidenurmaß und -winkel (51,5 Grad), aber er fügt dem noch einiges hinzu, was in der Tat erwähnenswert ist.

Beginnen wir also bei Karlsruhe selbst, einer, wie Möller meint, nach okkulten und hermetischen Gesichtspunkten wiedererbauten Stadt der Atlantiden. Zentrum und Ausgangspunkt aller Linien ist das Schloss Karlsruhe (Carols-Ruhe), das Markgraf Karl Wilhelm 1715 in Auftrag gab. Er selbst liegt in einer Pyramide (!) auf dem Marktplatz begraben, die so angelegt ist, dass exakt und nur zur Sommersonnenwende am 21. Juni die Nordseite der Pyramide beim Höchststand der Sonne für wenige Minuten ins Licht getaucht wird. Solche Lichtmesstradition ist uns bereits von Dombauhütten und aus Megalithkulturen bekannt, denen astronomisches und geomantisches Wissen und Praxis selbstverständlich waren.

Marktplatz und Pyramide liegen auf dem mittleren Strahl eines konzentrischen Straßenkranzes, der fächerförmig radial vom Schlossturm ausstrahlt und in zum Teil exakten Abständen auf andere kultische Plätze, Kirchen und Bergspitzen bis in den Schwarzwald hinein ausgerichtet ist. Betrachtet man das Luftbild des Stadtplans von Karlsruhe, sieht es in der Tat beeindruckend aus, wie sich 32 radiale Strahlen in der Landschaft verlaufen. Genau diese Zahl taucht dann auch öfters als Entfernungsmaßstab zu markanten Orten wieder auf, etwa zu Malsch bei Heidelberg (32 Kilometer) und Malsch bei Rastatt (0,5 x 32 Kilometer).

Spuren der Atlantiden

Bei letzterem Malsch befand sich nach Aussage von Rudolf Steiner in prähistorischer Zeit eine spätatlantische Sonnenorakelstätte mit einem Omphalos. Dort soll der große eingeweihte Aren im letzten Drittel der atlantischen Zeit im Kreise einer kleinen Schar gelehrt haben, um die geistigen Lehren aus der atlantischen Zeit in die nachatlantische Zeit hinüberzutragen. An jener geweihten Stelle befindet sich heute am Ortsausgang im Wald nahe einer Quelle der so genannte »Modellbau von Malsch«. Er wurde nach Angaben von Rudolf Steiner errichtet und weist eine ganze Reihe von Ähnlichkeiten in den kosmologischen Bezügen zum späteren Goetheanum in Dornach bei Basel auf. Er befindet sich auf dem Grundstück eines anthroposophischen Kinderheimes und kann nach Voranmeldung besichtigt werden.

Interessanterweise befand sich hier bis vor wenigen Jahren, nur einige hundert Meter entfernt im dichten Wald tief unter den Baumwurzeln eines Waldabhanges verborgen, der westlichste Führungsbunker und Befehlsstand Adolf Hitlers.

Mit einem Geomantie-Experten unterwegs im Allgäu

Das Allgäu gehört zu den Gegenden in Deutschland mit einer auffallenden Häufung von Kraftplätzen und Wallfahrtskirchen. Diese Reise habe ich mit dem Geomantie-Experten Hans-Jörg Müller unternommen. Seine vor Ort gemachten Messungen und Aussagen sind größtenteils Grundlage der Beschreibungen geworden. Vieles, was ich dabei erfahren habe, würde jedoch den Rahmen dieses Buches sprengen.

Ich habe mich bemüht, exemplarische Plätze herauszugreifen: angefangen mit einem relativ unscheinbar wirkenden ehemaligen Brandopferplatz (Weinberg) zu einem energetisch und landschaftlich schon viel auffallenderen Kulturdenkmal mit kleiner Wallanlage (Itzenberg), über eine scheinbar ganz normale Dorfkirche (Bernbeuern) bis hin zum Höhepunkt der Gegend, dem Auerberg mit seiner bemerkenswerten kultischen und keltischen Vergangenheit. Diese nicht mehr als fünf Kilometer auseinanderliegenden Punkte demonstrieren sehr anschaulich ganz verschiedene Energiequalitäten und stellen insgesamt nicht etwas Besonderes, sondern lediglich ein Anschauungsbeispiel dar.

Folgen Sie uns dann weiter zu so illustren Orten wie Schloss Neuschwanstein oder der höchsten Burgruine Deutschlands, Burg Falkenstein. Weiter zu einem idyllischen Bergsee mit seinen sagenumwobenen Geheimnissen (Alatsee) und zu einer mich zunächst ebenfalls unscheinbar anmutenden, alten romanischen Basilika mit einem Kleinod von Kapelle, nämlich Steingaden.

Insgesamt wirkt das Allgäu durch seine Alpennähe und seine relativ intakte Natur sehr erfrischend und inspirierend.

Der Weinberg bei Burggen und der Itzenberg

Aufmerksam geworden durch einen Hinweis im »Kultplatzbuch«, untersuchten wir einen Platz in der Nähe von Schongau, der als Brandopferplatz ausgewiesen ist, den Weinberg bei Burggen. Hätte er nicht das Kreuz mit dem schrägstehenden Baum, hätten wir ihn wegen seiner Unscheinbarkeit sicherlich nicht beachtet. Durch die Beobachtung an diesem Ort stießen wir jedoch auf eine Energielinie, die uns über eine auffallende Baumgruppe mit Blitzeinschlag auf einen viel magischeren Platz hinwies, den 1000 Meter entfernten Itzenberg.

Den Weinberg haben wir weniger nach radiästhetischen Gesichtspunkten untersucht, sondern auf Formgebung und Phänomenologie. Bevor wir zum Kreuz und dem Baum kamen, haben wir zunächst bei der Umrundung interessante Formationen gefunden: zwei Mulden, in denen man sich wunderbar wie abgeschlossen dem Himmel und dem Spiel der Wolken hingeben kann. In diesen Mulden hat man das Gefühl, sehr geborgen und mit dem Himmel verbunden zu sein.

Weiterhin konnten wir auch verschiedenste Linien von Pflanzenwuchs beobachten. Um den ovalen Kraftplatz herum führten ehemals drei Wälle, die nicht mehr sehr deutlich sichtbar und deshalb nur bei genauerer Betrachtung zu erkennen sind.

Untersuchungen bestätigten unsere Vermutung, dass

Der Weinberg bei Burggen

hier eine Kraft- oder sogar eine Leyline existiert, und zwar am Kreuz entlanglaufend über eine Baumgruppe und auf einen Bergrücken zu. In der Baumgruppe passiert Folgendes: Wir haben im Untergrund einen so genannten Wachstumsstreifen, der daran zu erkennen ist, dass entlang dieses Streifens ganz besondere Pflanzen und Blumen wachsen. Hier kreuzt sich dieser Streifen mit einer zweiten, ähnlichen Energiebahn.

Genau an dem Punkt, wo sich die Linien treffen, stehen zwei Bäume. Der erste Baum, eine Linde, ist sehr groß gewachsen, in der Mitte ausgehöhlt und ganz offensichtlich von mindestens einem Blitzschlag getroffen. An der Wuchsform des Baumes ist auffällig, dass er in Richtung der Leyline ein richtiges O-förmiges Loch frei gemacht hat. Auch der zweite Baum ist dieser Leyline ausgewichen.

Unser Fazit war, dass dieser Platz der Natur gehört und nicht unbedingt eine Stätte ist, die auf Menschen wartet, obwohl sie direkt an der Straße liegt. Ein Ort, der ganz ohne Menschen »funktioniert«.

Von hier aus folgten wir der »Linie«, die uns zum Itzenberg führte.

Dieser Platz stellt wegen seiner Form ein faszinierendes Naturdenkmal dar. Er ähnelt einem Hufeisen mit jeweils einem Kruzifix am erhöhten Ende.

Wir folgten dem Bergrücken und fanden in der Mitte, wo die Linie ankam, wieder eine Kuhle. In dieser Kuhle steht eine auffallend große Tanne, in der ein Hochsitz befestigt ist. Das zweite Kreuz (linker Hand) erwies sich dann als der interessanteste Platz, der nicht nur als ein Natur-, sondern auch als ein Kulturdenkmal ausgewiesen wird.

Nachdem wir einen aus Bäumen gebildeten Vorraum betreten hatten, erreichten wir einen Wall und eine Vertiefung, die einen scheinbaren Kultraum von dem profanen Raum abtrennten.

Dieser Kultraum stellt sich zunächst als eine Wiese dar, die in einem Winkel, der um die 20 Grad liegen mag, senkrecht zu der Spitze des Platzes aufwärts verläuft. Der Platz ist rundherum mit Bäumen umfriedet, so dass der Eindruck entsteht, eine Rampe in den Himmel zu betreten. Wir sind hier aufwärts gegangen und haben eine unglaubliche Schönheit und eine Schwingung erfahren, die uns sehr angenehm berührt haben.

Allerdings haben wir dann auf der Spitze wiederum ein modernes Kruzifix gefunden, das eine sehr schlechte Ausstrahlung besaß. Vor allem hinter dem Kreuz befindet sich eine Stelle, die regelrecht Energie abzieht. Als wir uns darauf niederließen, wurden wir von einer bleiernen, schweren Müdigkeit erfasst, und es kostete Kraft, wieder aufzustehen.

Ein Kreuz stört die harmonische Energie

Diese negativen Phänomene haben jedoch nur einen ganz bestimmten Radius, außerhalb dieses Bereiches kehrt die positive Empfindung wieder. Dieses Kreuz gehört nicht hierher, und andere Zeitgenossen haben auch schon versucht, es zum Einsturz zu bringen. Kreuze erfüllen manchmal einen sehr guten Zweck, aber in diesem Fall hat das Kreuz mit Sicherheit eine sehr ungünstige Funktion in der Gesamtheit der Anlage.

Das Kruzifix wird von zwei Ahornbäumen eingerahmt. Der linke Ahorn steht auf einer Wachstumszone und hat sehr viele Austreibungen um sich herum gebildet. Weiter vorne ist ein Feuerplatz. Hier sitzt man energetisch besser als auf der Bank. Als weitere sehr positive Beobachtung haben wir eine geschlossene Quellauffangstelle gefunden, die tatsächlich rein rechtsdrehendes Quellwasser hatte, was selten vorkommt und als heilend gilt.

Insgesamt ist dieser Platz, da er auch nicht weiter bekannt scheint, gut geeignet, um sich sozusagen ins Allgäuer Land einzustimmen oder »anzukommen«.

Wegbeschreibung: Von Schongau führt eine Landstraße über Engenwies nach Burggen. Ungefähr auf halber Strecke liegt linker Hand der Weinberg, erkennbar an dem auffällig gewachsenen Baum und dem Kruzifix. Etwa 500 Meter weiter finden Sie rechts den Itzenberg. Nach weiteren fünf Kilometern auf der Landstraße erreichen Sie Bernbeuern und den Auerberg.

Die Pfarrkirche St. Nikolaus in Bernbeuern

Hier steht die Barockkirche St. Nikolaus, deren romanischer Vorgängerbau aus dem 12. Jahrhundert stammt. Das eigentliche Kirchplateau ist so gestaltet, dass man davon ausgehen kann, dass dort Vorgängerkulturen schon eine Vorarbeit geleistet haben, zumal die Kirchumfriedung einen viel größeren Raum eingrenzt, als für den eigentlichen Kirchenbau vonnöten gewesen wäre.

Das Erstaunliche ist, hier gleich vier Phänomene zu finden. Da ist zunächst einmal die Kirche selbst, die eine wunderbare Kanzel hat. Auf dem Altarbild wird der heilige Georg dargestellt, der allerdings seine Lanze neben dem Drachen ruhen lässt, was ein möglicher Hinweis darauf sein kann, dass das energetische Geschehen des Ortes nicht geomantisch umgesetzt wurde. Im Innern der Kirche stellten wir fest, dass eine Wasserader querläuft und genau die Kanzel streift, was erfahrungsgemäß auf den dort stehenden Priester kurzfristig anregend wirkt.

Der zweite Kraftpunkt ist ein Baum, der sehr stark gezwieselt ist und eine unglaubliche Größe entwickelt hat. Dort steht ein Kruzifix, das mit dem Baum zusammen wie eine Einheit wirkt. Der Baumkult, der bei unseren heidnischen Vorfahren eine besondere Bedeutung hatte, hat sich mit Sicherheit bei einzelnen Exemplaren bis heute erhalten und wird noch stillschweigend oder unterbewusst fortgeführt.

Rechts: Bernbeuern, eine faszinierende Barockkirche

Dahinter entdeckten wir eine kleine Kapelle, die einen unglaublich kraftvollen Eindruck machte. Wir empfanden sie als einen wirklich heiligen Ort, an dem heute noch Weihe herrscht und den man mit entsprechender

Achtung und Demut betreten sollte. Maria wird hier, in Anlehnung an Lourdes, in einer Grotte stehend dargestellt.

Die Maria selbst machte einen wunderbaren, fast belebten Eindruck. Zu ihren Füßen waren drei Frauen zu sehen, die man in verschiedensten Variationen immer wieder an Muttergottheiten findet und die an die vorchristlichen Matronen erinnern.

Der Auerberg

Der Auerberg ist ein Berg mit vielfältigen interessanten Phänomenen und für viele ein besonderer Kraftplatz. Er ist der höchste Berg in diesem Gebiet und hat auf dem Berggipfel ein Kirchlein. Diese St.-Georgskirche steht eindeutig sichtbar auf einem mehrstufigen Wallsystem, zu dem möglicherweise die Römer oder die Kelten die Vorarbeit geleistet haben.

Obwohl auf den ersten Blick ein ganz bescheidenes Bergkirchlein, ist doch festzustellen und zu spüren, dass hier die energetischen Qualitäten des Ortes sehr gut integriert wurden. Für den sensiblen Besucher ist dies am besten unter der Taube nachvollziehbar, unter der sich eine friedliche und gnadenvolle Energie im vorderen Raum verteilt.

Es besteht die Gelegenheit, den Turm zu betreten und dort auf einer kleinen Aussichtsplattform zwischen Turm und Dachfirst die weite Aussicht zu genießen. Wir wurden hier von einem doppelten Regenbogen am Himmel empfangen, der uns wiederholt auf unserer Reise zu besonderen Plätzen begegnete.

Der ganze Berg ist reichhaltig mit Quellen bedacht. Eine davon sprudelt direkt neben der Kirche und kann nach unseren Messungen tatsächlich als »heilig« bezeichnet werden.

Wuchsanomalien markieren den Kultbezirk

Mit einer Fernpeilungsmethode entdeckte H.-J. Müller dann einen weiteren wichtigen Bereich, der in einem Wäldchen 500 Meter südöstlich lag. Dieser Platz wird durch mehrere hochgradige energetische Phänomene charakterisiert und stellte sich später als ehemaliger Kultbezirk heraus. Die merkwürdigste Stelle fanden wir im dichten Tannenunterholz, wo sich Bäume von einer Mulde unter einem Winkel von nahezu 90 Grad abgewandt hatten. Ihre Stämme verliefen in einer Höhe von zehn bis zwanzig Zentimetern parallel über dem Boden. Es gab keine Spuren einer äußeren Einwirkung, und es handelte sich auch nur um bestimmte Bäume, Tannen und Fichten, die sehr jung waren. Ein derart krass ausgeprägtes Phänomen ist bisher noch nie beobachtet worden, zumindest wurde es nicht schriftlich fixiert.

Man darf davon ausgehen, dass dies innerhalb des letzten Jahres passiert sein muss. Da keinerlei Spuren von Gewaltanwendung oder Umknicken der Bäume vorhanden sind, wurde die Bewegung selbstständig vollzogen. Gleichzeitig hat sich aber das gesamte Nadelwerk der Bäume, das sich teilweise nicht mehr der Sonne entgegenwendet, also nicht umgestellt. Es entsteht der Eindruck, dass die Bäume sich in ganz kurzer Zeit aus sich selbst heraus – so mysteriös dies auch klingen mag – von jener Fläche weggedreht haben.

Es scheint, dass dieser Platz aus irgendeinem Grund seine positive Kraft verloren hat und sich nun problematische Energien hier manifestiert haben. Dieser Bereich ist daher für einen längeren Aufenthalt nicht zu empfehlen!

In der Mitte einer als »Opferplatz« bekannten Stelle fanden wir eine Wasseraderkreuzung. Außer dem besonders starken Pflanzenwuchs war hier jedoch nichts Besonderes zu erkennen. Insgesamt ist der Auerberg ein Ort, der einer sorgfältigen geomantischen Arbeit bedürfte, um seine ursprüngliche Schönheit und Bedeutung wiederzugewinnen.

Der Alatsee

Der Alatsee ist ein idyllisch gelegener Bergsee etwa 10 Kilometer westlich von Füssen. Man erreicht ihn über eine kleine asphaltierte Straße, die kurz vor dem Weißensee abzweigt. Das malerische Gewässer wird in einer lokalen Stadtzeitung als Kraftplatz beschrieben, und es ranken sich viele Sagen um ihn.

Eine Sage berichtet von drei verwunschenen Frauen, die versuchen, Männer (Ritter) in die Tiefe des Sees zu locken, um erlöst zu werden. Alle Erlösungsversuche sind bisher jedoch ohne Erfolg geblieben (so das Sagenbuch). Originalzitat aus einem Gedicht: »Dreien hats gehört, jeder hats gewollt, keiner hats gekriegt, schenk Du mir Deinen Leib, schenk Du mir Deine Lieb'«. Es soll auch in unseren Tagen noch vorkommen, dass in manchen Nächten dort Stimmen vernommen werden, die um Hilfe rufen.

Schätze im See

Bis heute hat sich das Gerücht gehalten, dass die Nationalsozialisten nach Kriegsende hier ihr Gold versenkten. Anscheinend haben bereits einige Taucher bei dem Versuch, es zu finden, ihr Leben gelassen.

Eine andere Sage berichtet davon, dass, ausgehend von Burg Falkenstein, zum Alatsee ein geheimer unterirdi-

scher Gang führen soll, und eine weitere, dass vor langer Zeit einmal venezianische Goldsucher hier gewesen und an einigen Stellen fündig geworden seien.

Der Alatsee birgt manches Rätsel

Weiterhin soll sich auf Burg Falkenstein die Eingangspforte zu einer Höhle mit unermesslichen Schätzen befunden haben, die von einem Einsiedler bewohnt und beschützt war. Das Betreten dieser Höhle war mit der Bedingung verknüpft, dass der Auserwählte sich nur so viel von den Schätzen mitnehmen durfte, wie er benötigte, um seine Schulden und seinen persönlichen Bedarf zu decken. Wer das nicht beachtete, wurde in dem Berg eingeschlossen. Die Schätze, die hier aufbewahrt werden, seien für die Neugeburt eines Reiches oder Fürstentumes gedacht, welches eine Zeitenwende hervorbringt.

Mitten im See soll sich ein schmales Loch befinden, wo der See sich wie ein Sanduhrtrichter nach unten wieder erweitert. Bis jetzt hat es noch kein Taucher geschafft durchzukommen, und man wartet auf die Gelegenheit, es mit einem U-Boot zu versuchen. Bereits die Nationalsozialisten nutzten den See für militärische Experimente, und nach dem Zweiten Weltkrieg wurde hier angeblich einiges versenkt. Da die Sicht ab einigen Metern Tiefe von Schwebeteilchen stark beeinträchtigt wird, ist das Tauchen hier sehr schwierig und mühsam.

Sagen behaupten, dass der Alat unermesslich tief sei und ein Ungeheuer beherberge. Wissenschaftler sprechen von einer Tiefe von 80 Metern.

Warme Schwefelquellen

Es ist nachgewiesen, dass etwa in der Mitte des Sees warme Schwefelquellen in den See fließen, dieser also nach unten wärmer wird. Dies könnte auf eine Art Vulkanismus hindeuten. Untersuchungen des Wassers ergaben, dass es großteils rechtsdrehende Qualität besitzt, was für einen See in dieser Lage sehr ungewöhnlich ist. Um den See herum wurden etwa 14 Quellen gezählt. Es existiert ein Wall aus keltischer Zeit, der in Richtung Seeabfluss das Gebiet abtrennt. In der Nähe des Trimm-dich-Pfades sind Siedlungsreste aus keltischer und römischer Zeit entdeckt worden. Bereits die Römer schätzten diese Gegend als Heil- und Regenerationsgebiet. Heute noch existieren in der näheren Umgebung Kurbäder und ein Kneipp-Bad.

Wir sind mit einem Boot auf den See gefahren und haben dort in der Mitte versucht, uns auf diesen Platz einzustimmen, um etwas über seine Bedeutung zu erfahren. Wir entdeckten eine Energiebahn, die ausgehend von der Mitte des Sees sich zu einer dreiecksförmigen Wiese hinzog. Entlang dieser Linie fällt auf der Wiese ein starker Baumbestand auf, mit zum Teil sehr schönen alten Exemplaren mit ungewöhnlichen Verzweigungen. Auf dem oberen Teil der Wiese bilden sie einen regelrechten Halbring.

Vor einem besonders interessanten alten Baum gibt es eine große Kuhle, in der bequem eine bis zwei Personen liegen können. Hier kann man ungestört von Spaziergängern gute Energien tanken. Der See mit seinem klaren Wasser gilt an Wochenenden und in der Ferienzeit als beliebtes Wanderziel und Badeort. Die Gegend und das sich hier bietende Panorama sind in der Tat sehenswert.

Zu bemerken sei noch, dass sich 50 Meter oberhalb des Weges, auf der rechten Seite der Wiese, eine plateauähnliche Einbuchtung befindet, die sich als stark energieabziehend und unangenehm erwies. Ich war bereits vorher auf diese Stelle aufmerksam gemacht worden und hatte meine Familie und einige Freunde hingeführt, ohne sie über die Qualität dieses Ortes zu informieren. Ich erhielt von allen ähnlich unangenehme Erfahrungskommentare, bis hin zu »mir ist ganz schwindlig geworden«.

Burg Falkenstein

Die nahe dem Alatsee gelegene Burgruine Falkenstein gilt als die höchstgelegene Ruine Deutschlands. Nach einem etwa dreiviertelstündigen Aufstieg über einen serpentinenartigen Waldschotterweg gelangt man zuerst zu einer modernen Gastwirtschaft. Kurz dahinter beziehungsweise darüber befindet sich auf einem relativ kleinen Plateau die mit Gittern versperrte Ruine der aus dem 11. Jahrhundert stammenden Burg. Seit ihrer Gründung haben durch die Jahrhunderte hinweg dort immer Menschen gelebt, darunter auch ein vor 50 Jahren verstorbener Einsiedler, der letzte einer Kette von Einsiedlern, die dort oben ihre Klause hatten. Den Eremiten wurden immer wieder starke heilende Fähigkeiten nachgesagt, und die Sage bezeichnet sie auch als die Wächter zum Eingang einer großen Schatzhöhle. Ihre Aufgabe war es demnach, Menschen davon abzuhalten, nur auf der äußeren, materiellen Ebene nach Reichtümern zu suchen, und sie stattdessen dem Reich Gottes näher zu bringen.

Dieser Platz war ja bereits von Ludwig II. als Standort für ein weiteres Traumschloss auserwählt worden, und es existiert heute noch eine Vielzahl von Plänen und Entwürfen, die Neuschwanstein bei weitem in den Schatten gestellt hätten. »In mondhellen Nächten«, so steht es in der Heimatchronik, »fuhr der König wiederholt mit schnaubenden Pferden die neue Bergstraße hinauf und schaute traumverloren in die nächtlichen Schattenumrisse der Bergwelt.« Leider kam es nicht mehr zur Ausführung dieser Pläne, da ja, wie bekannt, Ludwig vorzeitig als nicht zurechnungsfähig entmündigt und kurz danach tot aufgefunden wurde.

Radiästhetische Messungen der Burg ergaben, dass eine Wasseraderstrahlung quer durch das Burggebäude läuft. Vor dem Eingang, das heißt auf dieser Linie, befindet sich ein Baum, der wiederum auf einer Wachstumslinie steht; daneben ein metallenes Kruzifix aus den Sechzigerjahren. Das Ganze gipfelt in einem Aussichtspunkt, von dem aus es steil nach unten geht und von dem man in der Ferne Schloss Neuschwanstein erkennen kann. Dieser Platz hat eine sehr schöne Ausstrahlung.

Rechts: Blick von der Burgruine Falkenstein

Mariengrotte

Von hier aus gelangt man in zehn Minuten über einen Serpentinenpfad zu einer berühmten Mariengrotte, die uns sofort sehr beeindruckte und berührte. Diese Wallfahrtsstätte, die an die Grotte von Lourdes erinnern soll, entstand auf Grund der Vision einer Frau, in der sie von Maria die exakte Beschreibung dieses Platzes erhielt. Der Pfarrer, dem sie davon erzählte, erkannte den Ort und setzte sich dafür ein, dass hier eine Marienstätte eingerichtet wurde.

Diese »Naturkapelle« wird von einem symmetrischen Einschnitt in den überhängenden Felsen gebildet, der über der Marienstatue verläuft und aus dem es leise

Die Mariengrotte bei Burg Falkenstein

tropft. Dieser Platz hat eine starke und lebendige Ausstrahlung und ist sehr kontemplativ.

Wir gingen danach zu der Stelle, an der früher Einsiedler lebten. Es ist der Platz mit dem Kreuz und einer Sitzbank unterhalb der Gaststätte. Diese Bank wird genau umgrenzt von Grundmauerresten, die eine Fläche von 2 mal 2,5 Metern umfassen. Hier herrscht ein spürbarer Energiefluss. Mit einem Kompass konnten wir an vier Stellen magnetische Abweichungen von bis zu 25 Grad feststellen. Eine andere magnetische Anomalie fanden wir direkt daneben, was von den dort wachsenden Bäumen anschaulich demonstriert wird. Ein an der Ecke stehender Baum hat eine deutliche Zwieselung (Spaltung), die jedoch anschließend von den wieder zusammengewachsenen Ästen aufgehoben wird. Eine in der Nähe befindliche Baumgruppe ist ganz offensichtlich der hier entlanglaufenden Energielinie ausgewichen.

Energieflüsse und magnetische Anomalien

Es herrscht eine sehr friedliche Energie, die einen leicht mit der umgebenden Natur eins sein lässt und mit der dazugehörigen Aussicht sozusagen »über alles erhebt«. Wer Abstand braucht oder sich über etwas klar werden möchte, ist hier am richtigen Ort. Die besten Zeiten dafür sind Sonnenauf- und -untergang.

Schloss Neuschwanstein

Dass ausgerechnet Bayerns größte Touristen-Attraktion auch ein Kraftort sein könnte, hätte ich nicht erwartet. Da man nur im Rahmen einer Führung mit über 30 Personen das Schloss betreten kann und ziemlich schnell durchgeschleust wird, ist es schwierig, sich auf den eigentlichen Kraftplatz einzustimmen.

Neuschwanstein ist ein erstaunlicher Ort der Kraft

Eine Gruppe von Parawissenschaftlern besuchte 1988 Ludwigs Märchenschloss und untersuchte mit Pendeln, Ruten und elektronischen Messgeräten die Räumlichkeiten. Dabei stellten sie im Thronsaal des Schlosses, genau an der Stelle, an der einmal der Thron König Ludwigs stand, ungewöhnlich intensive Strahlungen und positive Energiefelder fest. Manche der Wissenschaftler behaupten, noch nie zuvor in ihrem Leben so starke Ausschläge gemessen zu haben. Es wurden auch Meinungen laut, man befinde sich hier an einem kosmischen Einstrahlungspunkt. Ludwig fand diesen Platz schon im Knabenalter, als er mit seinem Bruder Otto Streifzüge in der näheren Umgebung unternahm. Immer wieder zog es ihn an diese Stelle zurück, um dort zu spielen oder nur zu träumen.

Wen wundert es daher, dass König Ludwig II. von Bayern hier sein Schloss errichten ließ. Ludwig war schon zu seiner Zeit als großer Esoteriker und Liebhaber der alten germanischen Götter- und Sagenwelt bekannt. Die Grundmauern des Schlosses stehen auf den Ruinen einer alten Burg der Ritter von Schwangau, die wiederum wahrscheinlich auf den Überresten einer römischen oder gar keltischen Kultstätte erbaut wurde. Unweit dieses Platzes am Fuße des Tegelberges an der Talstation befanden sich um Christi Geburt römische Ansiedlungen, Erholungsstätten für verletzte Legionäre, einige Villae rusticae (römische Gutshöfe) sowie ein kleiner Tempel.

Manche Geomanten gehen davon aus, dass ein Kraftplatz auch einen negativen, Energie abziehenden Gegenpol hat. Der negative Gegenplatz in diesem Fall wäre am gegenüberliegenden Wasserfall, wo sich die Pöllat mit Tosen in den tiefen Tobel unterhalb des Schlosses stürzt. Jedes Jahr werden hier Selbstmörder aus der dunklen Schlucht geborgen; sogar mein Begleiter starrte wie hypnotisiert von der Brücke dem Sturzbach hinterher und fühlte sich unerklärlich depressiv. Auch in der unmittelbaren Umgebung finden immer wieder Unfälle mit oft tödlichem Ausgang statt. Hier ist alles extrem steil und gegensätzlich, faszinierend (die Natur) und ernüchternd (der Tourismus).

Weitere Abbildungen zu Neuschwanstein siehe Farbtafeln

Die Klosterkirche in Steingaden

Anhand von kartografischen Untersuchungen war meinem Begleiter H.-J. Müller bereits die Prämonstratenser-Klosterkirche in Steingaden aufgefallen. Sechs Jahrhunderte war dieses Welfenkloster Mittelpunkt der Seelsorge, der Wissenschaft, der Kunst und der Kultur.

Wir wandten uns zunächst der Grabeskapelle am Eingangstor zum Friedhof zu und versuchten, diesen Platz

Ein Löwe hütet den Eingang zur Kapelle, Steingaden

zu entschlüsseln. Diese Johanniskapelle stammt aus dem 12. Jahrhundert, ein Kleinod romanischer Baukunst.

Bevor man die Kapelle betritt, findet man linker Hand, in Stein eingelassen, die Darstellung eines Löwen, der aktiv und bewegt den hereinschreitenden Menschen mit seinen Augen fixiert und betrachtet. Wir finden Löwen in vielen Märchen als Schwellenhüter. Das ist auch in dieser Phase der Romanik ein bekanntes Mittel, um negative Energien, die im Menschen existieren oder von außen kommen, abzuweisen; eine klassische Schwellensituation.

Betritt man den Innenraum der Kapelle, wird man empfangen von einer konzentrierten Atmosphäre, und das, obwohl sie sehr schlicht gehalten ist. Bedeutsam ist die hier vorhandene Symbolik. Auf dem Boden finden wir ein Relief, das zum Mittelpunkt der Kapelle hin mit 12 Radien verläuft, die genau 24 Richtungen ausmachen. Dieses Muster von konisch zulaufenden Quadraten weist darauf hin, dass etwas Wesentliches in der Mitte dieser Kapelle geschieht. Hier befindet sich der Einstieg in die Grabkammer der Familie von Dürkheim, in der auch Karlfried Graf von Dürkheim aus Todtmoos ruht, der in esoterischen Kreisen international bekannt ist.

Achtfache Strahlung

Das Kreuzrippengewölbe weist eine achtfache Strahlung auf. Diese Strahlung wird jeweils von vier Pfeilern aufgefangen. Bei der radiästhetischen Untersuchung haben wir festgestellt, dass eine Wasseraderkreuzung genau durch die Mitte des Raumes geht, wobei eine Linie direkt durch den Eingang kommt. Es scheint, dass diese Wasseraderkreuzung künstlich hergestellt wurde, was jedoch architektonisch nicht nachvollziehbar ist.

Die drei wichtigsten energetischen Punkte korrespondieren genau mit den sich im Boden befindlichen Rosetten. Insgesamt lässt sich feststellen, dass diese kleine unscheinbare Kapelle einen Kraftplatz von außergewöhnlicher Intensität birgt. Die offensichtliche Analogie zur Grabeskirche in Jerusalem wurde hier sowohl architektonisch als auch energetisch verwirklicht.

Ein Ort der Kraft wird geheilt: Das Modell Türnich

Nach alten schamanischen Überlieferungen atmet die Erde an Orten der Kraft. Viele Geomanten sind außerdem davon überzeugt, dass viele Kraftplätze die Akupunkturpunkte auf den Meridianen des Erdkörpers sind. Nach der Lehre der Akupunktur finden Krankheiten ihren Niederschlag in einer nachweisbaren Blockierung des Energieflusses in den Meridianen, was insbesondere an den Akupunkturpunkten zu spüren ist. Gleiches gilt auf dem Planeten Erde für solche Orte der Kraft, deren Störung zu einem Vitalitätsverlust und damit zu einer Erkrankung des gesamten Ökosystems inklusive Mensch führt. Was das Setzen der Nadel beim Menschen zwecks Stimulierung und Auflösung der Blockaden bedeutet, ist für die Erde die gezielte Steinsetzung. Das Errichten von Sakralbauten, Kultplätzen und Dolmen dagegen diente mehr der Pflege, der Kanalisierung und der Erfahrbarkeit jener Kräfte. Im ätherisch-spirituellen Bereich dienten (Opfer-)Ritual, Trommeln, Tanz und Gesang, Gebet und Meditation demselben Zweck.

Wenn die Harmonie gestört ist

Heute sind viele dieser Orte gestört, und es könnte von herausragender Bedeutung für das gesamte Ökosystem sein, sie wieder »in Ordnung zu bringen«. Einer solchen Aufgabe hat sich im Schlosspark Türnich, westlich von Köln, der slowenische Künstler Marko Pogačnik gewidmet. Als er vom Besitzer, Graf von und zu Hoensbroech, 1986 gebeten wurde, an der Heilung und Regenerierung des Parkes beziehungsweise des gesamten barocken Schlosskomplexes mit seinen zwei Wassergräben mitzu-

Schloss Türnich

wirken, wusste er noch nicht, dass dies mehr als drei Jahre subtiler energetischer und künstlerisch konkreter Arbeit bedeuten würde. Viele Bäume waren krank und am Absterben, die Wassergräben waren biologisch praktisch tot, und es herrschte Wandalismus von Seiten der Besucher.

Als eine der Ursachen war die einschneidende Wasserabsenkung durch den Braunkohle-Tageabbau bekannt, die zu einer gefährlichen schleichenden Austrocknung der Landschaft an der Erft führte und sich wie große Erdwunden um Türnich ausbreitet. Aber es gab noch andere Gründe, die für die Störung des gesamten ätherischen und ökologischen Energiegefüges verantwortlich waren.

Für Marko Pogačnik war bald spür- und sichtbar, dass es sich hier um einen bedeutsamen Ort der Kraft handelte, der in großer Komplexität, mit einer Kapelle im Zen-

Symbolische Zwiesprache mit den Kräften der Natur ...

trum, von wissenden, heute jedoch unbekannten Meistern gestaltet worden war. Das wurde besonders durch die Tatsache deutlich, dass drei künstliche Wassertunnel vom Wassergraben unter die Kapelle führten, die zudem mit vielschichtiger Symbolik in Mosaiken, Fenstern und Gemälden versehen war. Diese für moderne Architekten kuriose und unlogische Tatsache versorgte jedoch die Kapelle mit einer bestimmten Yin-Energie, die im ausgleichenden Gegensatz zu den Yang-Eigenschaften der Apsis mit dem Altar stand. Auf dem Podest vor dem Altar ist der Brennpunkt, an dem der Priester in einer konzentrierten vertikalen Strahlung steht. Der geheime Gesamtplan der Kapelle scheint im Verkündigungsbild am Eingang offenbar zu werden.

Als ich zum ersten Mal in Türnich war, setzte ich mich trotz des kalten Januarwetters in die offen stehende Ka-

... und mit kosmischen Energien

pelle und genoss die ruhige und konzentrierte Schwingung.

Marko Pogačnik hat in den drei Jahren noch vieles mehr entdeckt, was ihn – durch Träume, Visionen und Meditationen bestärkt – zu gezielten Eingriffen im Wasser-Energiehaushalt von Türnich veranlasste. Deutlich für jeden sichtbar sind die vielen Steinsetzungen, die allesamt mit »Kosmogrammen« und »Kinesogrammen« versehen sind, wobei die Ersteren als Brennpunkte für das Einfließen von kosmischen Kräften geschaffen sind und zugleich in ihrer symbolischen Sprache von Menschen gelesen werden können.

Kinesogramme sind Informationszeichen für die ätherische Ebene, gestaltet mit dem Ziel, bestimmte Bewegungen auf dieser Ebene in Bewegung zu setzen. Im Unterschied zu den Kosmogrammen sind sie ausschließlich für die unsichtbaren Strahlungsvorgänge bestimmt und bieten einem Menschen keine logisch oder gefühlsmäßig begreifbare Botschaft an.

Nach dreijähriger Arbeit kann das Ergebnis seiner Bemühungen so zusammengefasst werden:

- Die Vitalität als Biotop ist ausgezeichnet.
- Die Gesundheit der Bäume ist gut, selbst alte kränkelnde Bäume haben sich regeneriert.
- Der Befall durch Pilzkrankheiten ist stark zurückgegangen.
- Es gibt mittlerweile 250 Arten von Wildkräutern und Wildstauden und etwa 200 Pilzarten.
- Etwa 35 Vogelarten brüten hier.
- Wildstauden erreichen außergewöhnliche Höhen.
- Die Naturverjüngung hat stark zugenommen.
- Die Qualität des Wassers im Burggraben hat sich – laut Befund eines Labors – in einer Weise positiv verändert, die den Chemikern unerklärlich ist. Es entspricht dem heiligen Gangeswasser!

Auch das Verhalten der Parkbesucher hat sich grundlegend gewandelt: Während früher immer wieder erhebliche Verwüstungen angerichtet wurden, hat dies seit Mai 1987 völlig aufgehört. Aggressionen treten dort auf, wo Disharmonien herrschen. Durch die Wiederherstellung von Harmonie, und zwar einer kraftvollen Harmonie, ist kein Raum mehr für Aggressionen. So hören wir immer wieder von Menschen, die den Park wegen seiner harmonisierenden und kräftigenden, letztlich auch heilenden Wirkung aufsuchen. (M. Pogačnik, Die Erde heilen)

Danksagung

Sehr herzlich bedanken möchte ich mich bei Jörg Purner, Marko Pogačnik, Mary Baumeister, Hans-Jörg Müller, Michael Gienger, Scarlet Werner, Norbert Fischer, Martin Garms, Harry Radegeis, Lars Christoph, Marion Röbkes, Ingeborg und Hartmut Lüdeling und den vielen anderen, die mich mit Hinweisen, Informationen, Führungen und Gesprächen unterstützten.

Für die unermüdliche und geduldige Schreibarbeit danke ich meiner Mutter und Gabriela Wriesnik. Meiner Frau und meinem Sohn danke ich dafür, dass sie so lange auf mich verzichteten.

Adressen

Informationen, Seminare und Ausbildungen

- argo – I. M. Lüdeling, Psychometrie & Geobiologie, Forschungen, Seminare, Studienfahrten, Vechtestr. 2, 33775 Versmold, www.argo2012.de, Telefon: 0 54 23/47 33 32, Fax: 20 18 50
- Axis Mundi (Hans-Jörg Müller), Geomantie-Seminare und Landschaftsplanung, Moltkestr. 12, 84453 Mühldorf, www.geomantie-heute.de, Telefon: 0 86 31/16 57 77, Fax: 16 57 78
- Zeitschrift für Geomantie »Hagia Chora«, Am See 1, 17440 Klein Jasedow, www.geomantie.net, Telefon: 03 83 74/7 52 12, Fax: 7 52 23
- Hagia Chora, Schule für Geomantie, Luitpoldallee 35, 84453 Mühldorf, www.hagia-chora.org, Telefon: 0 86 31/37 96 33, Fax: 37 96 34
- Nanda Thekla Kolbek, Seminare an Orten der Kraft, Naturerfahrung & Selbstfindung, Ernst-Ludwig-Ring 6, 61231 Bad Nauheim, Telefon und Fax: 0 60 32/92 87 57
- terra vivat, Werkstatt für Geomantie, Claudia Straßmann, Grüner Winkel 67, 77876 Kappelrodeck, Telefon: 0 78 42/6 03 90, Fax: 6 02 04

Internet

- www.lessing4.de/megaliths, europäische und deutsche Megalithstätten

Ausgewählte Literatur

P. Andreas, R. L. Davies, Das verheimlichte Wissen, Droemer Knaur Verlag, München 1986
Autorenkollektiv, Wanderatlas Sächsische Schweiz, VEB Tourist Verlag, Berlin/Leipzig 1969
D. Baatz, Limeskastell Saalburg (Ortsführer)
H. A. Behrens, Der Regenstein (Ortsführer)
Hans Biedermann u. a., Ullstein Kunstgeschichte, Band IV, Frankfurt 1964
Stefan Brönnle, Landschaften der Seele, Kösel Verlag 1994
Stefan Brönnle, Die Kraft des Ortes, Falken 1998
Brugger/Kunzmann, Altötting (Ortsführer)
Moyra Caldecott, Die Hohen Steine, Neue Erde Verlag, Saarbrücken 1988
Moyra Caldecott, Der Tempel der Sonne, Neue Erde Verlag, Saarbrücken 1988
Walter Cramm, Sagenwelt des Harz, Verlag Giebel und Oehlschlägel, Osterode
Barry Cunlifte, Die Kelten und ihre Lebensgeschichte, Gustav Lübbe Verlag, Bergisch Gladbach 1980
DDR-Touristikführer Naturdenkmäler, Stapp Verlag, Berlin 1988
Paul Devereux, Places of Power, Blandford, London 1990
Manfred Dimde, Die Heilkraft der Kirchen, mvg Verlag, Landsberg am Lech 1998
Dr. phil. Elfie Marita Eibel, Friedrich I. Barbarossa, Zentralinstitut für Geschichte, Berlin 1990
Stefanie Faber, Hildegard von Bingen, Heyne Verlag, München 1989
Hans Joachim Fröhlich, Bäume, Cornelia Ahlering Verlag, Hamburg 1989
Petra Gehringer, Geomantie, Neue Erde 1998
Gisela Graichen, Das Kultplatzbuch, Hoffmann & Campe Verlag, Hamburg 1988
Hans Gsänger, Mysterienstätten der Menschheit, Die Kommenden, Freiburg i. Br. 1964
Georg Eike Hensch, Radiästhesie im ländlichen Bauen und Siedeln, Arbeitskreise zur Landentwicklung, Wiesbaden 1987
Joachim Herrmann, Archäologie, Konrad Theiss Verlag, Stuttgart 1989
Joachim Herrmann, Archäologie in der DDR, 2 Bde., Urania Verlag, Leipzig 1989
Joachim Hotz, Wallfahrtskirchen in Europa, Keyser, München 1983
J. Jünemann, Die Externsteine im Licht der Geomantie, Eigenverlag, Dransfeld 1998
Landesamt für Denkmalpflege Hessen, Die Milseburg in der Rhön, Wiesbaden 1985
Landesvermessungsamt Baden-Württemberg, Archäologische Denkmäler in Baden-Württemberg, Stuttgart 1990
Karl Lemke/Hartmut Müller, Naturdenkmale, Stapp Verlag, Berlin 1988
H. Lüdeling, Handbuch der Radiaesthesie, Schwerpunkt Grifflängentechnik, 3. erw. Aufl., Nienburg 1998
I. Lüdeling, Steine, Bäume, Menschenträume, Freiburg 1997
I. Lüdeling, Zeitnischen, das verborgene Wissen der Externsteine, Nienburg 1998
Walter Machalett, Die Externsteine, Hallonen-Verlag, Maschen o. J.

Maurice Magre, Die Kraft der Frühen Himmel, Edition Tramontane, Bad Münstereifel 1985
Lisa Malin, Die schönen Kräfte, Zweitausendeins, Frankfurt/M. 1986
Blanche Merz, Die Seele des Ortes, Herold Verlag Dr. Wetzel, München 1988
Blanche Merz, Orte der Kraft, Herold Verlag Dr. Wetzel, München 1988
John Mitchell, Die vergessene Kraft der Erde, Mutter Erde Verlag, Frauenberg 1975
John Mitchell/Waltraud Wagner, Maßsysteme der Tempel, Neue Erde Verlag, Saarbrücken 1982
Helga Möbius, Der Dom zu Magdeburg, Union Verlag Berlin
Jens M. Möller, Geomantie in Mitteleuropa, Aurum Verlag, Freiburg i. Br. 1988
Wilhelm Nyssen, Heiliges Köln, Luthe Verlag, Köln 1975
Nigel Pennick, Das kleine Handbuch der angewandten Geomantie, Neue Erde Verlag, Saarbrücken 1985
Nigel Pennick, Einst war die Erde heilig, Felicitas Hübner/Oesch Verlag, Zürich 1987; Goldmann Verlag, München 1989
Nigel Pennick, Magazin 2000 Nr. 70, September 1987
Marko Pogačnik, Die Erde heilen, Diederichs Verlag, München 1989
Marko Pogačnik, Schule der Geomantie, Knaur Verlag, München 1996
Marko Pogačnik, Wege der Erdheilung, Knaur Verlag, München 1997
Rudolf Pörtner, Bevor die Römer kamen, Econ Verlag, Düsseldorf 1961
Ernst Probst, Deutschland in der Steinzeit, Bertelsmann Verlag, München 1991
Jörg Purner, Radiästhesie – Ein Weg zum Licht? M & T Verlag, Astrotera, Zürich/Chur 1988
Jörg Purner, Im Zeichen der Wandlung, Novalis Verlag 2000
S. Radunz, Der Staffelberg (Ortsführer)
Sybille v. Reden, Die Megalith-Kulturen, Köln 1989
Marion Röbkes, Esoterischer Reiseführer Hessen, Schleswig-Holstein, Sachsen-Anhalt, Thüringen, Niedersachsen, Windpferd Verlag, Aitrang 1997/98
F. Ronig, Die Liebfrauenbasilika zu Trier (Ortsführer)
Martina Schäfer, Die magischen Stätten der Frauen, Sphinx Verlag 2000
Michael Schmidt, Die alten Steine, Hinstorff 1998
Martha Sills-Fuchs, Die Wiederkehr der Kelten, Droemer Knaur Verlag, München 1986
G. Stein, Judenhof und Judenbad (Ortsführer Speyer)
Charles-Marie Ternes, Die Römer an Mosel und Rhein, Reclam Verlag, Stuttgart 1975
Mellie Uyldert, Mutter Erde, Hugendubel Verlag, München 1987
Hans Weisweiler, Das Geheimnis Karls des Großen, Bertelsmann Verlag, München
Hans-Heinrich Welchert, Wanderungen zu den Domen und Burgen am Rhein, Rainer Wunderlich Verlag, Tübingen 1976
Hans-Heinrich Weichert, Wanderungen zu den Burgen und Domen in Hessen, Hermann Leins Verlag, Tübingen 1970
Hans-Heinrich Welchert, Wanderungen zu den Burgen und Klöstern in Bayern, Societäts-Verlag, Frankfurt/M. 1974
Hans-Heinrich Welchert, Wanderungen zu den Domen am Rhein, Societäts-Verlag, Frankfurt/M. 1974
Hans-Heinrich Welchert, Wanderungen zu den Schlössern und Klöstern in Schwaben, Societäts-Verlag, Frankfurt/M. 1976
Klaus Eberhard Wild, Die Wildenburg, Hunsrückverein e.V., Kempfeld/Wildenburg 1984

Register